国家社会科学基金项目

"西部地区对农信息传播有效性研究"(12BXW034)

西部地区对农信息传播有效性研究

闵阳 岳琳 黄丹 李静 杨彩虹 著

中国社会科学出版社

图书在版编目(CIP)数据

西部地区对农信息传播有效性研究/闵阳等著.—北京:中国社会科学
出版社,2017.7

ISBN 978 - 7 - 5203 - 0440 - 5

Ⅰ.①西… Ⅱ.①闵… Ⅲ.①农村—传播媒介—研究—西北地区
②农村—传播媒介—研究—西南地区 Ⅳ.①G206.2

中国版本图书馆 CIP 数据核字(2017)第 117328 号

出 版 人 赵剑英
责任编辑 周晓慧
责任校对 无 介
责任印制 戴 宽

出 版 中国社会科学出版社
社 址 北京鼓楼西大街甲 158 号
邮 编 100720
网 址 http://www.csspw.cn
发 行 部 010 - 84083685
门 市 部 010 - 84029450
经 销 新华书店及其他书店

印 刷 北京明恒达印务有限公司
装 订 廊坊市广阳区广增装订厂
版 次 2017 年 7 月第 1 版
印 次 2017 年 7 月第 1 次印刷

开 本 710×1000 1/16
印 张 19.5
插 页 2
字 数 293 千字
定 价 86.00 元

目　　录

导　　论

　　民为邦本，国事农先。一部中国的社会发展史，"三农"问题始终是一个无法绕过而且必须直面的难题。解决好"三农"问题，就找到了中国发展的钥匙。邓小平同志告诫我们："中国经济能不能发展，首先要看农村能不能发展，农民生活是不是好起来。"[①] 江泽民同志也一再强调："农业、农村、农民问题是关系改革开放和现代化建设全局的首要问题。"[②] 自党的十六大到十八大，历任党中央和国务院最高领导的胡锦涛、习近平、温家宝、李克强同志都多次指出，反复强调，解决好"三农"问题是全党工作和政府全部工作的重中之重，全党同志决不能有丝毫松懈。胡锦涛同志在党的十八大报告《坚定不移沿着中国特色社会主义道路前进　为全面建成小康社会而奋斗》中指出："坚持把国家基础设施建设和社会事业发展重点放在农村，深入推进新农村建设和扶贫开发，全面改善农村生产生活条件，大力促进农民增收，保持农民收入持续较快增长。"[③] 党的十八大以来，以习近平总书记为核心的新一届党中央领导集体高度重视"三农"问题，同前几届中央一样，始终把"三农"工作放在事关国家经济社会发展的空前高度，充分体现了"三农"工作在实现中华民族伟大复兴的"中国梦"征途中的重要战略地位。

　　2017年2月5日，中共中央、国务院一如既往，仍以"1号文件"的形式，印发了《关于深入推进农业供给侧结构性改革　加快

---

　　① 《邓小平文选》第2卷，人民出版社1994年版，第77—78页。
　　② 《江泽民文选》第1卷，人民出版社2006年版，第82页。
　　③ 胡锦涛：《坚定不移沿着中国特色社会主义道路前进　为全面建成小康社会而奋斗——在中国共产党第十八次全国代表大会上的报告》，人民出版社2012年版，第21页。

培育农业农村发展新动能的若干意见》。自 2004 年以来，基本上每年的中央"1号文件"都是关于"三农"工作的安排和部署。到 2017 年，党中央、国务院已连续发布了 14 个关于"三农"工作的"1号文件"，与 1982—1986 年连续五年发布"三农"主题的史称"五个1号文件"相映生辉。以中央"1号文件"的形式持续十多年高度关注"三农"工作，在共和国的历史上绝无仅有。党对"三农"工作的高度重视，既是对农业基础地位理论的继承和发展，同时也是始终毫不动摇地坚持把农业作为国民经济的基础，并将其体现为党和政府的重大意志。这不仅是中国农村改革发展的思想之源、理论支撑和决策基础，也是未来相当长一个时期里中国农村社会经济改革发展的指导方针。

纵观十多年来对"三农"工作的高层决策，可以发现，在当今全球信息化的背景下，党和政府持续关注中国农村信息传播和信息化发展。中央"1号文件"第一次明确提出了"加强农业信息化建设"，始于 2005 年的《中共中央国务院关于进一步加强农村工作　提高农业综合生产能力若干政策的意见》，① 自此以后，中央连续 10 年的"1号文件"都对农业农村信息化一直保持着高度关注，把推进农业信息化建设作为"三农"工作的重点。2012 年，中央"1号文件"提出："全面推进农业农村信息化，着力提高农业生产经营、质量安全控制、市场流通的信息服务水平。整合利用农村党员干部现代远程教育等网络资源，搭建三网融合的信息服务快速通道。加快国家农村信息化示范省建设，重点加强面向基层的涉农信息服务站点和信息示范村建设。"② 2013 年中央"1号文件"又进一步要求："加快用信息化手段推进现代农业建设，推动国家农村信息化试点省建设。发展农业信息服务，重点开发信息采集、精准作业、农村远程数字化和可视

---

① 《中共中央国务院关于进一步加强农村工作提高农业综合生产能力若干政策的意见》，新华网（http://news. xinhuanet. com/newscenter/2005 – 01/30/content_ 2527052. htm）。

② 《中共中央国务院关于加快推进农业科技创新 持续增强农产品供给保障能力的若干意见》，人民网（http://theory. people. com. cn/GB/16996451. html）。

化、气象预测预报、灾害预警等技术。"① 在中国经济发展进入从高速增长转向中高速增长的新常态下，2015 年的中央"1 号文件"提出了"三个必须"，即"必须破解在经济增速放缓背景下继续强化农业基础地位、促进农民持续增收重大课题；必须面对在双重挤压下创新农业支持保护政策、提高农业竞争力的重大考验；必须应对在资源环境硬约束下保障农产品有效供给和质量安全、提升农业可持续发展能力的重大挑战"②。在这种形势下，中央特别强调，要"深入推进农村广播电视、通信等村村通工程，加快农村信息基础设施建设和宽带普及，推进信息进村入户"③。而在 2016 年的中央"1 号文件"中则用了很长的篇幅来表述对加强农业信息化建设的指导意见，要"大力推进'互联网 + '现代农业，应用物联网、云计算、大数据、移动互联等现代信息技术，推动农业全产业链改造升级"，"促进农村电子商务加快发展，形成线上线下融合、农产品进城与农资和消费品下乡双向流通格局。加快实现行政村宽带全覆盖，创新电信普遍服务补偿机制，推进农村互联网提速降费。加强商贸流通、供销、邮政等系统物流服务网络和设施建设与衔接，加快完善县乡村物流体系。实施快递'下乡工程'。鼓励大型电商平台企业开展农村电商服务，支持地方和行业健全农村电商服务体系。建立健全适应农村电商发展的农产品质量分级、采后处理、包装配送等标准体系。深入开展电子商务进农村综合示范，加大信息进村入户试点力度"④。这一系列表述无不显示了党和政府坚决推进农村信息化的意志和决心。

正是在这种背景下，《全国农业农村信息化发展"十二五"规划》于 2011 年颁布，该"规划""认真总结了我国农业农村信息化发展现状，科学分析我国农业农村信息化发展形势，是未来五年指导

---

① 《中共中央国务院关于加快发展现代农业 进一步增强农村发展活力的若干意见》，人民网（http：//theory. people. com. cn/GB/16996451. html）。
② 中共中央国务院：《关于加大改革创新力度加快农业现代化建设的若干意见》，人民网（http：//theory. people. com. cn/GB/16996451. html）。
③ 同上。
④ 中共中央国务院：《关于落实发展新理念加快农业现代化 实现全面小康目标的若干意见》，中国农业新闻网（http：//www. farmer. com. cn/xwpd/btxw/201601/t20160127 _ 1176258. htm）。

全国农业农村信息化发展的纲领性文件，是推进农业生产信息化、农业经营信息化、农业管理信息化和农业服务信息化的重要依据"①。

自古以来，农业、农村、农民在中国经济和社会结构中具有举足轻重的地位，一直是影响中国社会发展走向的决定性因素，至今"三农"问题依然事关我们能否实现"中国梦"，走向中华民族的伟大复兴。由于历史和现实的种种原因，"三农"问题积弊已久。在中国向现代化迈进的征程中，城乡差距扩大的趋势还没有发生明显改变，农民的弱势地位也并未得到显著改善。自 20 世纪 90 年代初以来，由"三农"引发的种种现实问题引起社会的强烈关注，对农信息传播领域里所存在的问题和困境也日渐凸显，如传播资源分配不均，对农民群体的媒介边缘化，农民缺少话语权等。

中国是当今世界上最大的发展中国家，更是传统农业大国，"三农"问题的长期存在，为中国的历史、文化、国情和现实所决定，更是社会转型期的必然现象。中国农村是否稳定，经济是否发展，事关国家兴衰，因此它始终都为决策层及学术理论界所高度重视、密切关注。

近十年来，理论界关于"三农"问题的研究如火如荼，成为一大热点，而且成果丰厚。但其多以政治、经济、社会等学科为主，在传播学界内，从信息传播学的专业视角开展的"三农"问题研究则相对薄弱。自 20 世纪 90 年代始，以部分高校从事新闻与传播学教学和研究的教师为中坚力量形成了一个致力于农村信息传播研究的群体，在理论研究和实证研究两个方面也均有建树，但总体看来还比较零散：一是传播学界对于"三农"问题的重视程度不足；二是在解决"三农"问题的过程中，对属于发展传播学的对农信息传播研究应该扮演何种角色、发挥什么作用、提供什么帮助定位不准。正因为如此，传播学界迟迟找不到在对农信息传播领域的发力点，更缺乏运用先进的传播技术、传播手段帮助解决"三农"问题的有效途径。

---

① 农业部：《全国农业农村信息化发展"十二五"规划》，http：//www.moa.gov.cn/ztzl/sewgh/。

一　中国对农信息传播研究概述

中国传播学界开展对农信息传播的研究实际上开始于改革开放后的 20 世纪 80 年代后期，在此之前的 70 年代，中国才系统引入了西方传播学的理论和方法，因此开展对农信息传播问题的研究迄今不过 40 年左右。在这几十年里，中国的农村信息传播研究虽然从无到有，填补了传播学研究领域的空白，但由于种种原因，尚未完成理论体系的构建，也没有出现经典性、代表性的理论和学派。但是毕竟对农村信息传播的研究在不断推进和深入，从初始阶段的农村大众传播研究，扩展到组织传播、人际传播、群体传播研究等，随着研究领域的开拓，研究视野的扩展，研究成果的积累，未来繁荣可期。在这一过程中，适时总结经验、吸取教训，对今后农村信息传播研究的改进和提高很有必要。"温故而知新"，回顾前人的研究，系统梳理已有的研究成果，对我们的农村信息传播问题研究大有裨益。

（一）农村信息传播研究的兴起与发展

传播学自 20 世纪三四十年代在美国兴起，70 年代末开始被介绍、引入中国，来自新闻学、政治学、语言学、社会学、心理学、人类学、经济学、市场营销学、统计学和信息学等多学科的学者，从各自学科出发，研究信息交流传播活动的过程、规律和效果，对信息传播与传播技术在社会进步、经济发展等方面的作用做了很多深入全面的研究，取得了丰硕的成果。

国外传播学界对农村信息传播领域的关注始于 20 世纪 70 年代，许多传播学者将理论的普遍性与农村信息传播的特殊性相结合，在传播理论和传播实践这两个维度上展开大量开创性的研究。一些欧美国家对此已有相当的研究规模和深度，特别是在理论研究方面，相继产生了如韦尔伯·施拉姆的媒介与社会发展理论，艾弗雷特·罗杰斯的创新推广理论，杰克·法奎尔、内森·迈克比的健康传播理论等具有代表性的经典理论。

但是，中国对于农村信息传播方面的系统性研究起步不久，距离形成比较系统和成熟的、切合国情的对农传播理论体系尚需时日。近年来，传播学的本土化一直是中国传播学界的热门话题，很多学者在这个问题上争论不休。在中国这样一个农耕文明传统深远的农业大国里，任何外来理论的本土化都必然会植根于特定的文化积淀、知识传承、社会背景等文化情境中，只有从中国具体国情和传播实际出发进行具有中国特色的传播学研究，才有可能产生"中国特色的传播理论"。如果传播学研究脱离了中国特别是中国农村的信息传播现实，传播学的本土化就毫无意义。在"三农"问题已经成为中国经济社会发展的重大关键问题之时，对中国农村信息传播的研究就显得格外迫切和必要。这种迫切性和必要性不仅仅只显现在理论意义和学术意义的层面上，更是关系到国家今后的生存与发展的重大课题。

20 世纪 80 年代，国内已有学者开始了对农村信息传播的研究，此后渐成气候，其进展的速度与时间节点和国内传播学科发展大体一致。初期的研究主要在两个方面展开：一方面翻译、介绍西方传播学的理论，1988 年第 4 期《国际新闻界》刊发刘燕南翻译的美国传播学者艾弗雷特·M. 罗杰斯的《传播事业与国家发展研究现状》可谓开此先河。① 此后又有以马歇尔·麦克卢汉的《理解媒介——论人的延伸》、尼克·史蒂文森的《认识媒介文化——社会理论与大众传播》等为代表的一批西方传播学经典理论著作陆续被介绍、引进到了国内；另一方面表现为陆续展开的农村信息传播实证研究，尽管比较零散，但也取得了一些成果，尤其是大众传媒与农村社会发展的实证研究，其中祝建华的《上海郊区农村传播网络的调查分析》比较具有代表性。② 在此前后，江苏社会科学院也曾针对农村居民的媒介接触和新闻传播状况进行了两次以该省农村居民为对象的调查。

国内的对农信息传播研究在 20 世纪 90 年代渐入佳境，突出表现为对农传播实证研究的规模不断扩大，认识不断深入，一些研究者也开始结合中国国情对西方传播学理论加以求真证伪。由于对农传播实证研究的深入，这个阶段的研究成果无论是在数量上还是在质量上都有了明显提高，出现了一批专门研究农村大众传播问题的论著，复旦

---

① 陆双梅：《回顾与展望：传播学在中国的 30 年》，《南方都市报》2005 年 8 月 30 日。

② 孔正茂：《大众传播与农村社会发展研究综述》，《青年记者》2008 年第 17 期。

大学裘正义的《大众传播与中国乡村发展》堪为代表。

进入21世纪，国内传播学界对农村信息传播领域的研究无论在广度还是深度上都有所拓展，已经摆脱了初始阶段对西方传播理论的简单解读和求证格局。随着中国信息化建设的发展，农村信息传播的现实状况引起更多研究者的密切关注，以"受众本位论"为视角的对农信息传播研究成为一大热点。而此前开始的大众传媒与农村社会发展的实证研究也收获颇丰，一大批研究成果相继发表。特别是当以互联网为代表的新媒体的触角已悄然伸向农村，将有可能改变传统的农村信息传播固有格局时，引起了一些学者的高度关注，如段京肃、李惠民、王锡苓的《互联网在西北农村的应用研究——以"黄羊川模式"为个案》等，还有部分研究者将信息传播在城乡之间、发达与欠发达地区农村之间的严重失衡纳入研究视野，刘圣仁、赖浩锋的《中部农村传媒生态现状与发展策略——以江西农村传播状况为例》，赵永华等人的《农村传媒歧视及其成因分析》是其中的代表。尤其令人欣喜的是几部对农信息传播研究专著的出版，如谢咏才等人的《中国乡村传播学》、李红艳的《乡村传播与农村发展》等。但就信息传播与农村经济社会发展的关系研究领域而言，最具代表性的当属南京师范大学新闻传播学院方晓红教授的《大众传媒与农村》。该书以四次对江苏南部农村的较大规模调查为依据，描述了农村发展与大众传播、农民生活与大众媒介的关系，并通过实地考察和调查数据，分析评估了大众传媒在农村的传播效果。

"大众传媒的城市化现象"和"传播过程中的城乡知识鸿沟"也是此时的一个研究热点。由于中国长期以来的"城乡二元结构"，导致城市和农村经济社会发展严重失衡，国内发达地区与欠发达地区的区域差距和城乡差距十分明显而且有日益扩大的趋势，表现在信息传播上，最主要的差别之一就是信息的不对称，即信息差距。① 中国社会科学院新闻与传播研究所研究员陈崇山指出，信息传播过程中普遍存在的"重城市，轻农村"倾向是导致农民成为信息传播流通领域中弱势群体的主要原因。李良荣教授认为，中国的对农信息传播不仅

---

① 周鸿铎：《区域传播学导论》，中国纺织出版社2005年版，第57页。

在内容上无法满足农民的信息需求，同时在信息供给数量上严重不足。① 方晓红在她的《大众传媒与农村》中说道："与城市相比，农村受众一直是大众传播媒介从业者与研究者忽略的对象，大众传播媒介和受众研究者，主要注重城乡差别，而将高度同质化的农民群视为一个无差异的受众群体。"② 她特别强调新媒体在中国农村巨大变革中的作用："随着城镇化进程的推进，中国现今农村阶层出现分化，彻底改变了农村人口的结构，一元的农民结构层次分解为多元的结构层次。处于新的结构层次中的农村受众，其接触媒介，尤其是电子媒介的频度不断提高，其对新闻内容的选择也与传统农民存在很大的不同，表现出更多的传播参与意识。"③ 复旦大学的童兵教授认为，农村受众一直是大众传播媒介所忽略的对象，随着中国的城镇化进程，又出现了农村受众资源流失、信息消费能力衰减等一系列亟待解决的问题。但是在大众传播媒介对农村社会发展的影响方面，北京大学的陈昌凤教授和一些研究者的共同看法是，这一影响是有限的，而且是不充分的、不平衡的，并没有提升农村的文化本质。④

近年来，随着中国农村的信息化建设全面展开，如何利用信息传播技术全面推进农业农村信息化、促进农村信息化发展成为传播理论界的重大课题，关于这方面的研究方兴未艾，也取得了不少成果。

（二）缺憾与不足

实事求是地讲，虽然近几十年来学术理论界在中国的农村信息传播领域进行了广泛、深入的探索和研究，也做了大量的工作，但迄今为止，我们还没有真正形成具有代表性的农村信息传播理论体系。特别是在当前新媒体环境下，农村传统的信息传播形式正日益没落，而新的农村信息传播体系又尚未完全建立，对农传播面临着前所未有的困难和挑战。在这种背景下，中国传播学界关于农村信息传播研究的短板也暴露无遗。首先是理论准备不足、理论支撑不够，罕有以科学理论为基础的学理研究。很多研究由于缺乏基础理论的支撑而失之肤

---

① 孔正茂：《大众传播与农村社会发展研究综述》，《青年记者》2008 年第 17 期。
② 方晓红：《大众传媒与农村》，中华书局 2002 年版，第 12 页。
③ 方晓红：《农村的变革与大众媒介发展的互动关系》，《新闻知识》2003 年第 1 期。
④ 孔正茂：《大众传播与农村社会发展研究综述》，《青年记者》2008 年第 17 期。

浅，经验的总结常常局限于一隅，缺少基于理论的批评性考察与解析。其次是对农传播的学术研究虽有进展，但相较于其他传播学研究领域仍显单薄，没有形成全局性的对策研究，因而很难对农村信息传播中的实际问题产生指导意义和实际效用，比如信息的传播和扩散、新技术新品种的推广、信息传播有效性的改善、农民媒介能力的提高等。最后是跨学科的研究几乎还是空白，虽然对农传播与相关学科的交叉研究已成为常态，但是与非相关学科的整合研究却极少，缺少多维度、多视角的推进，就很难有思维与方法的创新。

"三农"问题一直是实现中华民族伟大复兴历史进程中事关国家经济社会发展全局的重中之重，作为促进农村社会进步、经济发展重要力量的对农信息传播，在中国这样的农业大国如何发挥其作用，其意义也因此超越了单纯的农业科技推广和市场信息传播等技术层面，而具有为其他国家和地区特别是发展中国家提供示范和借鉴的世界性意义。

二　对农信息传播有效性的概念及意义

近年来在对农信息传播研究领域，专家学者们从不同角度对农村信息传播的问题做了大量的研究和阐述，其研究大多集中在对农广播、电视、报刊、网络传播等大众传播方面，在百度上搜索"农村信息传播"词条，找到相关结果1180万个，已经成为典型的"热词"。但总体上看，一是沿袭传统理论和方法的研究多，研究成果呈现出很高的重复性和相似性，能够创新对农传播理论和研究方法的少；对于当前农村信息传播的现状和存在的问题，研究者也大多集中在技术与操作层面上，属于"头痛医头，脚痛医脚"之类的对策性研究成果较多，而关于对农信息传播效果的研究则很少。二是对于农村信息传播的有效性问题很少有人进行探讨，中国知网的"对农信息传播有效性"主题检索结果只有119条，百度搜索结果虽有81万条，但是其中绝大部分与"对农信息传播有效性"并不相关。即使有个别关于农村信息传播有效性的论著，也只是停留在比较肤浅的感性认知层面，能够从理论上全面、系统地阐释对农信息传播有效性的研究还是空白，更没有比较精确的量化统计分析和研究。三是对农村信息传播有效性缺少科学、合理的界定，没有形成特定的研究领域与核心概念。尤其是关于"农村信息传播有效性"概念的阐释更是少之又少，学术边界模糊不清。唯有黄丹在《农村信息传播有效性评估模型：农民视角》中做过简单的表述，即"农村信息传播有效性是以农村信息传播活动在多大程度上满足农民需要为依据的价值判断，是有效果、有效率、有效益三者的统一，也就是农民在农村信息传播活动中以最小的代价获得最大化正价值的结果，达到农村信息传播活动功能和效益的最大化"①。四是随着国家信息化战略的推进，农村信息化建设也不断加速，网络、手机等新媒体已经开始走进普通农户家庭并发生巨大的影响，而学术理论界对于新媒体环境下农村信息传播的研究明显滞后，尚未给予应有的重视。自西部大开发战略实施以来，对于西部农村的信息化建设，政府高度重视，中央和各级地方财政以及企业投入了大量的人力、财力资源，但是效果究竟如何，却一直是一笔说不清道不明的糊涂账，因而无论是在传播理论还是在传播实践上，对农信息传播的有效性就成为一个亟待解决而又很有研究价值的课题。

综上所述，在农村信息传播的研究领域内，"信息传播有效性"形成了明显的研究空白。因此，研究新媒体环境下农村信息传播有效性，有利于我们对农村信息传播的内在规律进行更为深入的认识和探索，对农村信息传播的现状及未来的发展方向有清晰的把握，从而指导农村信息传播的实践，探索提高农村信息传播有效性的路径与方法，同时也为农村的传播效果研究提供一种新的范式。

（一）信息传播效果研究的简要回顾

信息传播有效性是针对信息传播效果展开的研究，因此有必要回顾一下近百年来传播学领域关于信息传播效果研究的历程。

什么是传播效果？一般认为，是由传播主体出于特定的目的将信息通过某种（或多种）传播渠道传递给受众，受传者在接受信息之后，经过解读，从而导致某种变化的发生，主要体现在态度、心理、行为等方面所发生的某种程度的改变上。而这种变化就成为衡量传播

---

① 黄丹：《农村信息传播有效性评估模型：农民视角》，《理论改革》2013 年第 3 期。

效果的尺度，即传播主体的意图是否已经实现，传播者的目的是否已经达到。当然，在更广泛的意义上，传播效果还意味着不论是直接或间接的，也不论其有意或无意，传播活动总是会对受众和社会产生各种各样的影响或结果。

传播学领域里研究时间最长、内容最丰富、成果最丰硕的莫过于对传播效果的研究。综观传播效果研究的历史与现状，回顾和梳理其演进脉络与发展逻辑，可以较为清楚地看到，"传播效果研究"的命题实际上产生于20世纪，它是在20世纪传媒产业快速发展以及在社会发展中所扮演的重要角色和产生巨大影响的背景下，由社会科学家思考和建构起来的"学术话语"。复旦大学周葆华教授认为，传播效果的研究大致经历了五个阶段：

第一阶段：美国佩恩基金会所展开的大众传播效果研究，被认为是这一研究的起始，起始阶段的研究是以受众作为个体对象，从认知、情感、态度、行为等方面考察传播效果，其主要代表特征是逻辑实证主义。

第二阶段：该阶段的研究开始转向，将受众作为劝服对象，通过目标受众接受劝服的程度来考察传播者的意图是否实现。这一研究的理论基础是由霍夫兰提出的"S-R刺激—反应"理论，又经德弗勒修正后所形成的"个人差异论"。

第三阶段：以拉扎斯菲尔德等人为代表的哥伦比亚学派学者将传播效果研究扩大到了社会结构、人际关系等领域，以考察信息传播的效果在"人际环境"中如何受到影响和制约。

第四阶段：美国社会学家E.卡茨提出的"使用与满足"理论是该阶段的标志，"使用与满足"理论将传播效果研究引进了一个全新的天地并使其发生了重要的转折。该理论基于受众的立场来探讨传播效果，认为受众使用媒介完全出于个人的特定的动机和需求，其媒介接触活动就是获得满足的过程，这个过程直接影响着传播效果的实现。

第五阶段：对传播效果的研究主要集中在基于格式塔心理学之上的认知理论所派生出的受众"p认知"，解释了受众从接受信息开始直到问题解决的一系列信息加工处理过程。①

回顾、梳理关于传播效果研究的历史，不难发现，传播效果研究的核心问题归结到一点，就是传播的信息内容、信息传播的方式与途径是否有效，能不能满足受众的需求并引发预期的受众变化以达到传播的目标。

（二）有效性概念的解析

"凡是在一种情况下能减少不确定性的任何事物都叫做信息。"②这是香农与韦弗当年在《通信的数学理论》中给出的关于信息的定义。该定义不仅解释了什么是信息，更重要的是，说明了人类对信息产生需求的原因：无论是信息本身的内容，还是信息的表现形式，并不能代表信息需求的真正原因。而真正的原因是外部世界的不确定性所造成的人类认知上的种种疑惑和困境，只能试图通过信息的占有和解读，来减少自己对外部世界认识的不确定性，提高适应、把握外部世界的能力。因此，一方面，要达到信息传播的完整性和有效性，就意味着传播者应该尽量地向受传者传递那些能够帮助他们减少不确定性的信息即有效的信息。另一方面，受众也应尽量对所接受的信息进行识别，做出判断，剔除那些无法减少不确定性的信息，提取出能够为己所用的有效信息，即经过信息加工处理后能够被赋予实际效用的信息，从而实现预期的传播效果。

比较权威的《现代汉语词典》（中华书局 2009 年版）对"有效性"的释义："一是能实现预期目的；二是有效果。"因此，"有效性"即指能够实现预先设置或计划目标的一种状态，或是取得了某些效果的状态。《中国大百科全书》则认为有效性就是效度，其意义为"效度（validity）：测验在多大程度上测量了它想要测量的东西。衡量测验质量的重要标准，又称有效性。效度的高低受被试的品质、样本的同质性以及计算方法等许多因素的影响"③。这一解释是从研究与

---

① 周葆华：《效果研究：人类传授观念与行为的变迁》，复旦大学出版社 2008 年版，第 248 页。

② 转引自董天策《传播学导论》，四川大学出版社 2002 年版，第 29 页。

③ 中国大百科全书编纂委员会：《中国大百科全书》，中国大百科全书出版社 2009 年版。

测量的角度把"有效性"理解为目标达成度。

对农信息传播的有效性在性质上是信息传播的效果研究，因此正确理解农村信息传播的有效性并对其进行概念界定，就必然要将其放置在传播效果的理论框架之内，在这样的理论基础和背景下给予论述。

在理论层面上，"有效性"被看作一种价值判断，将客体的活动结果对主体需要的满足程度作为价值依据和判断标准。沈壮海在《思想政治教育有效性研究》中指出，"有效性所指的是特定实践活动及其结果所具有的相应特性，这种特性在实践活动及其结果与相应价值主体构成的价值关系的互动中，通过相应主体需要得到满足而表现出来。离开了实践活动及其结果的特定属性，有效性便没有了得以确立的根基；离开了特定的价值关系，有效性也同样无从谈起。"[1] 也就是说，有效性意味着要"遵循实践活动的客观规律，以尽可能少的时间、人力和物力投入，实现特定目标，取得尽可能多的效果，以满足社会和个人的价值需求"。[2] 我们还可以从是否有效果、效率和效益三个方面的价值关系来对有效性做出解释：第一，是否有效果，实质上就是一种程度的评价，常常用来衡量实践活动的结果与预设目标的相符程度；第二，是否有效率，即指实践活动过程中资源投入与所获结果的比例，也可以将其看作成本与收益的比值；第三，是否有效益，即对实践活动的预设目标和结果与实际的社会或个人需求的满足程度所进行的价值评判，它是实践活动的价值实现程度和需求满足程度的体现。

由此我们认为，在对农传播中，应该充分发挥大众传播、政府主导的组织传播及乡村社会人际传播的作用，加强农村信息基础设施建设，改善农村信息传播环境，提高对农信息传播效果，以实现信息在农业生产经营和农村社会管理等方面的有效价值，推动农村的现代化进程。在此基础上，我们将"对农信息传播有效性"界定为是以信

---

① 沈壮海：《思想政治教育有效性研究》，武汉大学出版社2008年版，第4页。
② 戴仁俊：《网络教学有效性的内涵分析》，《中国远程教育（综合版）》2009年第2期。

息传播活动能否满足农民需要以及满足的程度为依据，对传播的效果、效率、效益进行全面考察的一种价值判断，即农民能否在信息传播活动中通过各种传播媒介和信息渠道获得有效、有用、有益的信息，并对自己的生产经营活动和生活产生积极影响，从而实现信息的价值和传播效益的最大化。

（三）农村信息传播有效性的概念内涵

根据上文对于有效性概念的定义，"对农信息传播有效性"自然也就是对农村信息传播活动和结果的一种价值判断。信息传播的价值是否实现，以及在何种程度上得以实现，都是农村信息传播有效性研究必须解决的问题。

具体来讲，"对农信息传播有效性"的概念包含了效果、效率和效益三个层面的含义：

第一，农民是否可以通过对农信息传播媒介既获得能够满足自己需要，同时又是真实有效的信息，即在信息获取和知晓层面上的传播效果。[①] 根据"使用与满足"理论，受众一般都是出于某种信息需求而接触和使用媒介的，在信息接收的过程中来满足需求。据 2010 年人口普查数据显示，在中国 13.39 亿人口中有 6.74 亿为农村人口，占全国总人口的 50.32%。[②] 而不争的现实情况是，在这样体量庞大的农村信息市场里，农民所能获得的有效信息却十分有限。对数亿农民来说，面对变幻莫测的市场，真假难辨的海量信息，难以获取真正需要的信息。

第二，农民是否能够以最少的时间、精力、物力、财力获取各类信息，即农村信息传播的效率。著名传播学者施拉姆所提出的有关"传播获选的或然率公式"表明，无论是一条不起眼的信息，还是一家大型媒介，能否引起人们对它的关注和选择，与人们能否从中得到报偿以及报偿的价值程度成正比，同时又与人们在获取它时所付出的代价（投入的时间、精力、货币等）成反比。这是由于在市场经济

---

① 黄丹：《农村信息传播有效性评估模型：农民视角》，《理论与改革》2013 年第 3 期。

② 国家统计局：《2010 年第六次全国人口普查主要数据公报》（第 1 号）。

的作用下，农民必须要在投入和收益之间进行仔细掂量，反复权衡，然后才会做出他们认为合理的决定。正如诺贝尔经济学奖得主、美国经济学家西奥多·W. 舒尔茨在《穷国的经济学》一文中所说："全世界的农民都在与成本、利润和风险打交道，他们都是时刻算计个人利益收入的'经济人'。"①

第三，对农信息传播活动是否能给农民带来收益，从而促进农村经济社会的发展，即对农信息传播的经济和社会效益。② 它考量的是信息传播对于农民所产生的经济的或非经济方面的价值。根据传播学界目前基本相同的观点，传播效果的产生有其自身的逻辑性和阶段性，依序表现为从感知到态度，再到行为三个层面：首先是认知效果。即外部信息刺激人的知觉和记忆系统并发生作用，其效果表现为信息加大了人的知识存量，发生某种认知改变。其次是心理与态度效果。由于认知的变化，必然会对人的思想观念产生影响，像多米诺骨牌效应一样引发了心理或感情的变化。最后由于心理和感情的改变而最终转化为行动，即成为行动效果。在这里，"信息传播效益"特指信息传播效果的正价值。因此，对农信息传播效益就表现在农民在认知层面、心理和态度层面、行为层面都产生正面的、积极的效果。

涉农信息在农村的传播效果如何？各级政府和传播机构投入大量人、财、物力的对农信息传播活动效率、效益怎样？单凭主观感受和推测是远远不够的，也是不科学的。要准确地回答上述问题，就必须构建对农信息传播有效性的评价指标体系与测度方法，以科学的方法和技术测量信息传播的价值实现程度，通过定量比较不同地区对农信息传播的绩效差异，总结中国对农信息传播的发展规律，寻找提高对农传播有效性的对策与措施。基于上述认识，体现在信息传播有效性的研究上，应该将这样几个问题作为重点：首先是对信息传播有效性概念的理论阐释和内容的界定。其次是衡量信息传播有效性的标准与尺度。即构建科学合理的评价指标体系，确定具体的评价维度，以此

---

① 西奥多·舒尔茨：《穷国的经济学》，《农业经济问题》1981 年第 9 期。
② 黄丹：《农村信息传播有效性评估模型：农民视角》，《理论与改革》2013 年第 3 期。

对于信息传播的有效性及有效性程度做出判断和评价。再次是发现影响信息传播有效性的因素，总结分析其内在规律，探索实现信息传播有效性的途径与方式。最后是在前述问题的基础上，制定提升信息传播有效性的措施。

（四）农村信息传播有效性研究的意义

在中国现当代史上，有组织、大规模的对农信息传播活动并不鲜见，从第一次国内革命战争时期共产党举办的农民运动讲习所、三四十年代国民党政府推行的大西北开发和旨在进行国民教育的"新生活运动"，乃至新中国成立后的多次政治运动，如土地改革、镇反肃反、扫盲运动、农业合作化、"大跃进""四清"运动乃至知识青年插队落户农村等，虽然无不具有直接的政治、经济和军事目的，但是都留下了面向农村的传播印记和经验。从乡村传播的视角来看，"它们或是由政府发动提倡，知识分子和当地农民相互配合，或是知识分子在农村进行的社会改革。其目的都是以改造乡村社会以及农民素质为出发点，大多采用自上而下、由外及内的传播模式，希望以科学知识和技术为工具，促进中国农村社会的发展"。[①]

目前中国的对农信息传播体系主要由大众传播媒介、政府相关部门、涉农企事业机构团体和乡村人际传播所构成，主要的传播模式是："党和政府制定出台有关三农问题的政策和措施，媒体设置相关议程跟进宣传报道"。[②] 这种传播模式的弊端显而易见：作为各项"三农"政策实施主体的农民本应是对农传播的主要目标受众，但在传播过程中，却奇怪地被隔离在受众群体以外，而常常只是作为新闻报道对象出现在其他受众的面前。在这种传播模式下，对农传播就经常性地被政策宣讲、经验介绍、专题报道等取代了。我们不否认宣传报道的必要性，但如果认为这就是对农信息的有效传播，那就走入了认识上的误区。因为"在这样的传播过程中，政府一直扮演着被报道的角色，而较少地起到真正主导的作用"。[③] 在中国现

① 李红艳：《乡村传播与城乡一体化》，社会科学文献出版社2009年版，第19页。
② 陈力丹：《论传媒在"新农村建设"中的作用》，《当代传播》2006年第3期。
③ 张发扬：《政府为主导的对农传播模式探索》，《当代传播》2007年第6期。

行宣传体制下，对农传播一般是由党委和政府相关部门主管，由传播机构负责实施，尽管传播技术与手段不断发展进步，但是多年来农民并没有因此改变自己被动接受信息者的角色，"被传播"的弱者地位也未能得到改观，因此对农传播效果不佳，传播主体的预期目标往往难以实现。

　　一直以来，国内传播学界在检视和批判对农信息传播的缺陷与不足时，对农村传播生态环境的恶化，大众传媒的商业化、政府的调控缺位等问题与现象的分析不可谓不全面、不详尽，也提出了不少关于加强领导、增加投入、整合资源、优化配置、加快推进农村信息基础设施建设的速度和技术装备水平、提高农民的信息获取和利用能力等建议。但无论是问题研究还是对策研究，仍然沿袭着传统"传者中心论"的思维和话语，并没有将农民作为传播主体来对待。对于这样一个带有根本性质的问题，我们常常有意或无意地视而不见，依然把农民视作纯粹的传播客体和对象，实际上是对他们传播地位的否认和权利的剥夺。时下，对于农民群体在对农信息传播中应该具有主体地位的问题已为学界和业界所公认，在理论上也不存在任何异议，但在现实的传播过程和媒体表达中，农民实际上并没有得到与主体地位相应的礼遇，其弱势地位依旧。对农传播大多还是由上而下的"我说什么你就听什么"的单向度传播，农民与传播者无法交流互动，更没有话语权，"你说什么我就得听什么"只能是唯一的选择。农民在传播过程中的弱势地位，就造成了对农传播者"更多依照自身宣传需要入手选择传播内容、设置传播议程，最终导致传播的信息不能到达真正需要的地方，而真正需要信息的受众又无法取得相应信息的窘境"。①

　　改革开放三十多年来，中国的农村信息传播状况已经发生了巨大的变化，但是关于农村信息传播的效果评价，目前尚无系统、深入的研究，这是国内农村信息传播研究的一个空白。

　　1. 对农信息传播的有效性远未引起重视

　　目前中国对农信息传播的现实效果并不乐观，在传播效果研究领域，无论是传播者视角的批判研究还是对农信息传播的政治经济学研

---

① 黄蓉：《论农村广电传播中的农民参与》，《中国广播电视学刊》2009 年第 2 期。

究，研究者主要的关注点还是集中在信息资源和传播渠道上，对于信息传播的有效性研究则几近空白。

2. 对农信息传播有效性评价体系缺失

关于对农信息传播的效果评价，目前尚无人进行研究，这不能不说是对农信息传播研究的一个重大的缺失。现在亟须构建对农信息传播效果的评价体系，以测定信息传播的有效性，才能采取针对性的措施，提高对农信息传播的效果。

3. 对新媒体环境下西部农村信息传播关注较少

学界和业界的研究历来常常局限于传统媒介上，在新一轮西部大开发背景下，对西部农村信息传播的新变化、新趋势以及互联网、手机、移动电视等新媒体对于缩小城乡信息鸿沟的可能性，数字媒体在西部农村使用和发展中所存在问题等的研究还是盲点。

正是在上述对农信息传播的历史和现实图景之下，我们提出并形成了"农村信息传播有效性"的研究设想，就是基于农民受众视角，以农民为受众本位，立足于解决"三农"问题的实际，通过对农村信息传播有效性进行定量测度的设计，构建可核查、可复制、可推广的农村信息传播有效性的评价指标体系与测度方法，全面考察对农村信息传播的效果及各种制约因素，认识和掌握对农信息传播活动的特点与规律，探讨对农信息传播的优化路径与改善措施，为对农信息传播提供理论依据和方法支撑。

在对农信息传播实践上，通过构建对农信息传播效果的评价指标体系，用量化的手段来测定信息传播的有效性程度，通过定量比较不同传播媒介、不同传播途径、不同地区对农信息传播的绩效差异，深化关于对农信息传播效果的认识，正确把握对农信息传播规律，进而采取针对性的措施，整合、优化农村信息资源配置，提高农村信息传播的效果，推动农村信息服务体系建设，改善农村信息传播现状，促进农村经济社会的快速健康发展。

第一章 西部地区农村信息化发展概况

中国西部地区地域广阔，各省、区的自然条件和经济发展水平差异甚大，直到 20 世纪末，西部不少边远、贫困地区的农民仍处于"信息孤岛"状态，无法收听广播，收看电视，更不知计算机、互联网为何物。为解决这一问题，国家有关部门投入大量人力物力实施了一批重要基础设施建设工程，农村广播电视网络、地面通信基础设施和农村空中远程通信网络的建设全面铺开，诸如广播电视"村村通"工程，"电话通村、宽带通乡"工程，"西新工程""农家书屋"建设工程，"信息下乡"工程等，不仅提高了西部地区农村的信息化水平，推动信息基础设施建设上了新台阶，而且极大地改变了长期以来西部对农信息传播的落后面貌。

第一节 西部农村信息基础设施建设

西部农村的信息基础设施建设已远远落后于中东部地区，要改变其落后面貌，加强信息基础设施建设是关键环节。只有基础设施建设达到一定的规模和水平，才能为推广信息技术和开展信息公共服务提供必需的技术支撑。在全国"村村通"等工程的推动下，西部各省区大力改善农村信息传播质量，加快农村互联网建设，并且与"三网融合""信息下乡"等信息化深度应用项目紧密结合，推动了西部农村信息基础设施建设迈上新台阶。

一 西部农村广播电视网

在西部的农户家庭，电视已成为广大农民重要的日常生活内容，是他们获取信息最直接的媒介，也是最有效的信息传播途径。在我们的调查中，西部农民对国家的惠农政策，农业新品种、新技术，农产品市场等信息的获取，在很大程度上仍要依赖广播电视网。

1998 年，中央决定在全国范围内开始实施广播电视"村村通"工程。中央和地方财政共投入 118 亿元，经过 10 余年的努力，成绩斐然。"村村通"工程大幅提高了中国广播电视的覆盖率，1997 年，中国广播节目综合人口覆盖率为 86.02%，电视节目综合人口覆盖率为 87.68%，到 2015 年末，已分别提高到 98.20% 和 98.80%。[①] 根据国家统计局提供的数据，2010 年底全国尚有 716663 个广播电视未能覆盖的"盲村"，其中西部地区 488083 个，占全国总数的 68%。而如今中央无线广播电视已全面覆盖了西部十二个省、市、自治区的全部行政村和 20 户以上通电自然村，村村通广播电视的目标已基本实现。目前，西部地区正在从"村村通"向"户户通"推进，通过直播卫星实现覆盖方式由村到户、覆盖质量由模拟信号到数字信号的双飞跃。特别是地处大西北的宁夏回族自治区，仅用不到一年时间，就在全国率先实现了广播电视的"户户通"。全区 300 多万农牧民由此受益，通过"中星 9 号"卫星收看收听免费的 60 余套电视节目和近 20 套广播节目，广播电视覆盖率分别达到 93.14% 和 92.78%。从"村村通"到"户户通"是宁夏农村信息传播史上的一次跃升，是宁夏对农信息传播的历史性突破，更为西部其他省区的对农信息传播创造了一个样板即"宁夏模式"，有着重要的政治、文化和经济意义。

在实施农村中央广播电视节目无线覆盖工程之前，中央人民广播电台和中央电视台第一套节目的农村无线覆盖率只有 61% 和 38%，2012 年后，分别提高到了 85% 和 93%，而央视七套节目的全国农村人口无线覆盖率则从原来的不到 10% 跃升到了 69%，[②] 西部的绝大多数农民已经告别了听不到广播、看不上电视的生活，农村群众的基本文化需求得到了保障（见图 1 –1）。

---

① 国家统计局：《中华人民共和国 2015 年国民经济和社会发展统计公报》。
② 中国广播电视年鉴编辑部：《中国广播电视年鉴 2014》，中国传媒大学出版社 2015 年版。

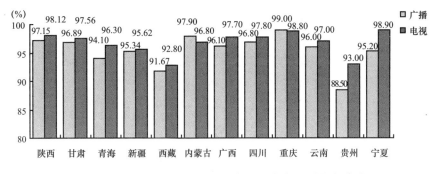

图 1-1　西部省、市、区广播电视综合人口覆盖率统计

　　"村村通"工程还给西部农村广播电视传播带来两个明显的变化：一是"十二五"期间，西部十二省、市、区基本建成了较为完善的农村广播电视公共服务体系，有效解决了边远地区农民收听、收看广播电视难的问题。目前"村村通"工程建设正向着更高水平的"户户通"发展，对于改变西部农村地区信息传播的落后局面，建立农村公共信息服务体系发挥了重要作用。二是西部农户可收听收看的广播电视频率、频道数量大幅增加，如表 1-1 所示，2005—2014 年，西

表 1-1　　2005—2014 年西北、西南地区家庭可接收电视频道　　（个）

年　份	西北地区	西南地区
2005	28.8	23.5
2006	34.4	28.4
2007	38.4	33.0
2008	41.9	33.7
2009	43.5	36.8
2010	43.7	41.7
2011	48.7.	49.8
2012	55.0	52.3
2013	58.2	56.2
2014	62.0	60.8

　　资料来源：2005—2014 年《中国广播电视年鉴》。

北、西南地区城乡居民家庭可接收的电视频道数量不断增加，10 年间增长了 2.15 倍，其主要原因是由于农村居民可收看的电视频道数量迅速增长。广播电视频率、频道数量的增加意味着可接收信息量的增多，不仅电视节目套数多，收视效果也不错，且有农民喜闻乐见的众多卫视节目，深受边远山区、贫困地区广大农民的喜爱。

在西部农村居民家庭的媒体拥有比例中，电视高居榜首，达到了 97.6%。在各类媒体接触率上，电视也以 98.4% 的比重遥遥领先。毫无疑问，电视已成为西部农村最主要的媒体形式。同时在媒体依赖度上，电视也是西部农村居民的首选，超过 9 成的受访者表示每天都会看电视，每周收看电视节目的时间会在 20 小时以上，即人均每天有将近 3 小时是在电视机前度过的。我们认为，在目前和今后一段时期里，西部农村的主要媒体形式仍然以电视为首，其传播力和影响力毋庸置疑。

在电视没有普及前，农村广播的普及程度和利用率均高于电视，20 世纪 50—80 年代，广播曾是农村中唯一利用电子技术的大众传媒工具，农村广播（主要是有线广播）对传达政策、发布信息、动员群众等发挥了重要的作用。但进入 21 世纪，相较于电视，农村广播表现出明显被冷落的局面，虽然各级广播电台加大投入，改善农村广播接收效果，扩大农村覆盖人口，但是效果并不明显。在广播接触率上，近年来，城乡两极分化的趋势越发明显，城市居民的广播收听率远远高于农村，农民对于电视的热情和对广播的冷漠形成明显反差。尽管电视机和影碟机等设备的购买价格和使用成本都远高于收音机，但收音机在农村家庭中的普及率却很低。中国广视索福瑞媒介研究有限责任公司（CSM）曾在 2007 年进行了一次全国性的收听率调查，调查结果显示，农村调查对象中仅有 12% 左右的人家里拥有收音机，由于农村居民收音机普及率偏低，广播信号的到达情况明显受到制约，收听率也自然不高。① 除此之外，农村听众的收听习惯、广播内容与农村听众的现实生活贴近性较差，服务性较弱等也限制了广播媒体优势的发挥及专业农村频率的发展潜力。根据我们 2010 年对陕南

---

① 左瀚颖：《农村广播发展情况概述》，《北方传媒研究》2008 年第 4 期。

地区部分乡镇农户的调查，只有 5.4% 的受访者能每天收听广播，而且大都是 60 岁以上的老人，在半年内零零星星收听广播的不足 30%，而从来不听广播的则高达 72.39%（见图 1-2）。

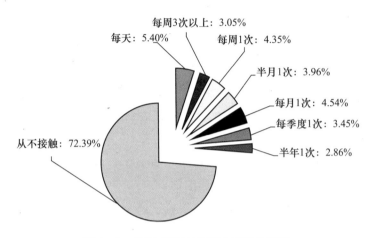

每周3次以上：3.05%
每天：5.40%
每周1次：4.35%
半月1次：3.96%
每月1次：4.54%
每季度1次：3.45%
从不接触：72.39%
半年1次：2.86%

图 1-2 2010 年农村居民广播收听频次

2003 年，陕西广播电视台的农村广播频率正式开播，开新中国成立以来农村专业广播之先河。此后部分省市也纷纷效仿，目前中国已有十多家专业农村广播频率。专业农村广播的出现，是在全国上下高度重视"三农"的背景下，广播媒体对于社会责任的自觉担当。面向农村，服务农民，为满足农民的信息需求而量身定做的农村专业广播，是对农传播体系中一支重要的媒体力量，在农村经济社会发展中发挥了积极作用。但总体上看，专业农村广播整体收听表现平平，在信号到达、内容制作和节目编排等多个方面尚需不断探索和完善。

二 西部农村固定、移动电话

2014 年，中国电话用户总数突破 15 亿户大关，达到 153552 万户。年末固定电话用户 24943 万户，其中，城市电话用户 16021 万户，农村电话用户 8922 万户。移动电话用户达到 128609 万户，在电话用户总数中所占的比重达到 83.75%，是固定电话用户数的 5.15 倍。中国电话普及率达到 103.2 部/百人，固定电话普及率达到 20.7

部/百人，移动电话普及率达到82.6部/百人。①

中国的"村村通电话"工程自2004年开始启动，这项耗资约460亿元的惠民工程至2009年基本完成，使得全国13万个行政村和自然村受益，而西部地区很多乡村也由此结束了不通电话的历史。2009年，工信部又确立了"完善基础设施、建设信息平台、开展信息下乡"三大目标任务，目前基本上实现已通电地区"村村通电话，乡乡能上网"的农村通信发展目标，西部农村通信状况和水平有了较大的提高。

"村村通电话"工程的实施，加强了农村通信基础设施的建设力度和进度，让全国99.86%的行政村和93.4%的20户以上自然村开通了电话。根据工信部统计，西部十二省、市、区农村91.98万个村庄中已有88.3万个实现了村村通电话。②

在依托农村电话网的信息平台建设方面，乡、村两级互联网接入率分别达到99.3%和91.5%，③中国电信、移动、联通公司的"农信通""信息田园""金农通"已成为覆盖全国的农村信息综合性服务平台。

在信息下乡活动中，由政府推动，企业实施，政企密切配合，形成合力，依托农村通信网和业务平台的县、乡、村三级农村信息服务网点建设全面铺开。目前，全国已建成农村信息服务站11.8万个，西部地区的不少乡村也建起了服务站，信息服务进乡入村工作已取得一定的进展。例如，陕西省已有农村信息综合服务站1.7万多个，500多个"一村一品"行政村实现了网络安家，网上交易。发布各类信息近8万条，农产品网上成交额达到20多亿元。④

但是，相对于城市和中东部农村通信的快速发展，西部地区农村通信还存在不少问题，突出表现为投入不足，发展迟缓，基础设施建设落后，城乡之间通信水平存在较大差异。尤其是西部农村的通信消

① 国家统计局：《中华人民共和国2014年国民经济和社会发展统计公报》。
② 工业和信息化部：《关于扎实推进村村通工程 发展农村信息服务的意见》。
③ 王政：《全国91.5%的行政村通互联网》，《人民日报》2010年1月6日。
④ 周应萍：《加快陕西省农村信息服务发展的几点思考》，《农业图书情报学刊》2010年第8期。

费还处于较低水平，高成本低收益的运营亏损往往使得企业面对农村通信市场驻足不前。在西部农村的现实条件下，乡、村一级的信息服务站建立起来后，如何巩固发展，真正发挥作用，还有很多问题亟待解决。诸如信息从何而来？如何有效整合条条块块的各种服务？如何贴近实际，将乡、村工作和农民的需求相结合？这些因素都影响、困扰着农村通信的可持续发展。

实现"村村通电话"固然令人鼓舞，但这只是在农村信息化的漫长征程中迈出的第一步，更重要的是怎样充分发挥"村村通电话"工程这个基础平台的作用，真正做到为"三农"工作提供信息服务，所以农村信息化建设依然任重道远。目前，西部农村的信息贫困现象依然普遍存在，而农业政策、劳务用工、农产品市场、农业生产科技、农业气象等方面的信息闭塞、匮乏现象尤为突出。

三 西部农村互联网

中国仅用了十余年的时间就全面进入网络时代，更以百米跑的速度，在短短几年里就跨进了移动互联网世界。新世纪，互联网在中国迅速发展，网民人数增长屡创新高，互联网普及率不断提升。根据中国互联网络信息中心（CNNIC）2016 年 1 月 22 日发布的第 37 次《中国互联网络发展状况统计报告》统计，2015 年，全国网民数净增 0.395 亿人，已达到 6.88 亿人，互联网普及率达到 50.3%，比上年末提高 2.4 个百分点。更为可喜的是，随着国家不断加大农村信息化建设的政策支持力度，农村互联网基础资源得到持续增加，农村网民规模持续加大的势头不减。2015 年，全国农村网民数净增 1694 万人，达到 1.95 亿人，占全国网民总数的 28.4%。报告还显示，中国手机网民规模已达到 6.2 亿人，使用手机上网的人群占比从上年的 85.8% 增至 90.1%。新增网民最主要的上网设备是手机，使用率为 71.5%。[①] 这意味着自从 2012 年手机首次超越台式机和笔记本电脑成为第一大上网终端以来，手机已经成为上网的主要设备，在网民中高度普及，为拉动网民规模加大注入了强劲的动力，手机网民已成为网

---

① 中国互联网络信息中心：《第 37 次中国互联网发展状况统计报告》。

民的主流人群（见表1-2）。

表1-2 2012年西部地区互联网宽带接入、电话普及率分省统计

	互联网宽带	移动电话	固定电话	移动电话
	接入端口（万个）	交换机容量（万户）	普及率（部/百人）	普及率（部/百人）
全　国	26835.5	182869.8	20.7	94.5
内蒙古	514.9	5148.3	14.8	105.0
广　西	678.1	3865.5	12.9	82.1
重　庆	567.3	3715.0	19.7	90.7
四　川	1020.4	13749.2	16.7	87.1
贵　州	413.0	4106.8	11.0	87.9
云　南	592.5	5182.1	11.3	84.6
西　藏	32.8	342.0	13.4	93.4
陕　西	718.5	4924.4	20.6	94.2
甘　肃	384.1	2502.8	14.7	83.8
青　海	76.6	773.0	18.0	94.3
宁　夏	93.6	967.8	16.4	105.0
新　疆	355.5	4122.0	23.5	92.1

资料来源：《工业和信息化部2014年通讯运营业统计公报》。

随着中国城镇化进程不断加速，户籍制度的改革，人口的自由流动性大大提高。大量农民纷纷离开家园向城市转移，农村人口比例持续减少。21世纪，中国农村人口在总人口中的占比连年下降，至2012年底，中国农村人口占比为47.4%，农村常住人口首次低于城镇常住人口规模。到了2015年末，农村人口占比已降至43.9%。①即使在这样的态势下，农村网民数量不降反升，仍保持着连续增长，这种情况说明了互联网正在中国农村迅速普及（见图1-3）。

---

① 国家统计局：《中华人民共和国2015年国民经济和社会发展统计公报》。

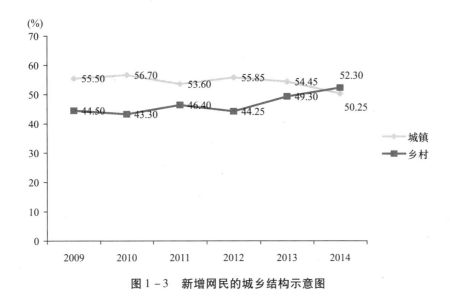

图1-3 新增网民的城乡结构示意图

目前，中国以手机作为终端上网的网民已超过6亿人，远远高于使用其他设备上网的网民比例。手机网民的增速在2009—2010年有过一波快速增长，这一轮增长周期结束于2010年上半年。经过一年多的沉寂之后，随着3G和4G网络的普及，手机价格不断走低，智能手机也普遍降价，市场上出现了售价不到千元的智能手机，而且便携易用、功能完善，使移动网络终端的使用条件和技术门槛大大降低，大批过去囿于种种条件限制而无法上网的普通手机用户纷纷向手机上网用户转化，国内大规模的信息基础设施建设又为他们提供了使用互联网的可能性。于是从2011年下半年开始，网民增速重拾升势且发展十分迅速。显然，新一轮增长的重要推手是终端的普及和上网应用的创新。

在互联网快速发展的同时，还应看到，尽管近年来中国农村的网民规模和普及率不断增长，但城市和乡村的差距仍然十分明显，而且有不断扩大的趋势。据中国互联网络信息中心发布的数据，截至2014年底，城镇互联网普及率为62.8%，农村互联网普及率仅为

28.8%，两者相差34个百分点。①互联网发展的失衡不仅表现在城乡之间，而且在不同地域、不同行业之间也是如此。比如，在东部与西部地区、农业与其他行业之间就存在着巨大差异。2015年，在互联网普及率低于全国平均水平的内地17个省份中，西部地区就有9个。②同时从网民普及率、每万人域名数和每万人网站数三项指标的统计上也可见一斑，如表1—3所示，东部地区网民普及率是西部地区的2倍多，东西部每万人平均域名数和网站数大约相差5—6倍，互联网资源占用的差异说明了城乡之间、东西部地区之间所存在的严重的数字鸿沟，清楚地反映了西部与东部地区的差距。

表1-3　　　　　　　　互联网东中西部差距比较

地域	网民普及率（%）	每万人域名数（个）	每万人网站数（个）
东部	15.7	62.9	12.9
中部	7.4	10.0	2.2
西部	7.4	11.1	2.0
全国	10.5	31.4	6.4

资料来源：中国互联网络信息中心。

再从东、中、西部网民分布比例来看，由表1-4可见，中国农村网民六成以上集中在东部农村地区，西部地区仅占15%左右，二者相差4倍。

表1-4　　　　　　东、中、西部网民分布比例　　　　　　（%）

	东部地区	中部地区	西部地区	合计
城镇网民比例	58.5	22.6	18.9	100
农村网民比例	63.8	20.8	15.3	100

资料来源：中国互联网络信息中心。

---

① 中国互联网络信息中心：《2014年农村互联网发展状况研究报告》。
② 中国互联网络信息中心：《第37次中国互联网络发展状况统计报告》。

　　自西部大开发以来，在中央和各级政府的支持下，西部农村信息化建设步入快车道，西部农村信息传播的落后面貌已经有了很大改观。但是若与发达地区相比，西部农村的信息基础设施普及率仍然较低。根据表1−5所示，西部地区农村互联网普及率仅为3.5%，低于东部地区近11个百分点，仍处于很低的水平。

表1−5　　　　　东、中、西部城乡互联网普及率对比　　　　　（%）

	东部地区	中部地区	西部地区	总体网民
城镇互联网普及率	33.0	21.0	23.1	27.3
农村互联网普及率	14.4	4.4	3.5	7.1

　　资料来源：中国互联网络信息中心。

　　国务院2013年8月17日发布的《"宽带中国"战略实施方案》明确了从2013年到2020年中国宽带发展目标、技术路线和发展时间表。按照《"宽带中国"战略及实施方案》的规划，至2015年，"固定宽带用户超过2.7亿户，城市和农村家庭固定宽带普及率分别达到65%和30%。3G/LTE用户超过4.5亿户，用户普及率达到32.5%。行政村通宽带比例达到95%。城市家庭宽带接入能力基本达到20Mbps，部分发达城市达到100Mbps，农村家庭宽带接入能力达到4Mbps"[1]。但是从农村地区的实施情况来看，要在规定的时间内达到这个要求相当困难。尤其是远离中心乡镇和公路干线、地处偏远的山区，其瓶颈效应十分明显。现在西部地区已通宽带的乡村，其宽带接入能力大多低于2M，月均消费为50—80元，一年下来将近千元，在西部农村家庭已是一笔不小的开支。同时，西部农村的宽带市场缺乏公平竞争，中国移动和中国联通等电信运营商以及其他二级分销商很难进入这个由中国电信高度垄断的市场与其争锋。由于"就此一家，别无分店"，在宽带提供商和资费方面，农民没有任何选择权。近两年来，虽然国务院多次要求电信企业宽带"提速降价"，三大电信运营商也有所应对，出台了相应的举措，但是"提速降价"的效果在

---

　　[1]　国务院：《关于印发"宽带中国"战略及实施方案的通知》。

农村并不明显，农民得到的实惠并不多。西部农村普遍存在的宽带网速不快、资费过高的问题还没有得到真正解决。

虽然如此，但是互联网在西部农民的信息接触和获取中的重要性已经开始显现，尽管目前还无法取代电视在农村居民媒介消费模式中的主导地位，但是它对其他媒介的冲击效果已经开始凸显，这在经济较为发达的中、东部地区农村尤为明显。[①] 有学者提出"互联网与家庭电脑在我国农村的扩散皆处于'临界数量'之前的初步扩散阶段"，[②] 但由于西部农村地区经济的欠发达和农民关于计算机与网络知识的贫乏，这一过程可能相当漫长。

第二节　西部农村信息资源

关于在对农信息传播过程中提供数据支持的农村信息资源，党中央国务院多次明确提出，农村信息化的基础性工作和突破口在于加强农村信息资源建设，要充分利用整合农业信息资源，加强农业信息服务。在当前中国农村正由传统农业向现代农业转型升级的背景下，农村信息资源建设就显得尤为重要和紧迫。

一　农业网站

中国的农业网站于 20 世纪 90 年代初才开始出现，迄今不过 30 年。虽然起步晚，但发展速度却很快。1994 年，由政府部委主办的"中国农业信息网"和"中国农业科技信息网"相继开通运行，在对农传播历史上无疑是一个具有里程碑意义的事件，它是在中国农业领域里应用信息技术的一个标志，也意味着现代信息技术与传统农业的结合进入了新的历史时期。经过 30 年的发展，中国农业网站在数量上已有了相当的规模。据农业部统计，农业网站已经从 2000 年的2200 多个增加到 2015 年的近 4 万个，但是除各地各级农业行政主管

---

① 闵阳：《新媒体环境下西部农村信息传播的变化与影响因素——以陕南农村为例》，《新闻界》2012 年第 13 期。

② 张明新：《我国农村居民的互联网采纳的探索性研究》，《科普研究》2006 年第 6期。

部门建立的 4000 多个公益性网站外，绝大多数是由涉农企业和社会机构主办的营利性农业网站，这种情况一方面反映出由于经济发展对农产品市场信息需求的增加，另一方面又说明了公益性农业网站的数量与规模尚不能满足广大农村的需要。除此之外，西部地区农业网站建设还存在着分布失衡、信息供给不足等主要问题。

（一）网站地域分布不均衡

西部地区农业网站发展程度与东部发达地区相比存在着明显差距，突出表现为农业网站地域分布的严重失衡。据农业部信息中心2009 年进行的相关调查表明，北京、浙江、江苏、山东、广东等农业网站集中的前五个省市集中了全国近一半的农业网站数量。[1] 中国2000 个代表性农业网站近 70% 位于北京、上海和江浙、广东、福建等沿海省份，而作为中国西部农业大省的四川、陕西、新疆等拥有的网站数量所占比重与其农业地位很不相称。

（二）网站服务质量与功能欠佳

西部地区农业网站提供的农业信息资源和农业信息服务的质量与功能尚有很多不足。一是所提供的信息质量良莠不齐，真假难辨，信息的原创性和及时性较差；二是网站提供的各类信息服务以发布涉农信息为主，所占比重过大，而涉农电子商务和农业决策支持等高级信息服务功能供给严重不足。

目前，西部农业网站大多还停留在信息发布的功能上，静态页面多，没有或少有开设"在线论坛""专家答疑"之类的互动栏目。至于农业专业信息分类数据库、农业专家系统、农业电子商务功能等技术含量高的内容则很少涉及或基本没有。

（三）网站信息资源质量水平不高

对于网站信息资源质量的评价有两个十分重要的指标，即时效性与原创性。当前西部的农业网站普遍存在着信息陈旧，更新不及时，内容严重雷同化的现象。信息的原创性、时效性差，信息价值不高，难以吸引用户。由于网站的信息资源与信息服务贫乏，导致用户访问量少，被接受程度不高。据成都信息工程学院孙艳玲、贺盛瑜的调查

---

[1] 农业部信息中心：《中国农业网站发展报告》，中国农业出版社 2009 年版。

统计，西部农业网站能够每周内及时更新网页的只有 48.61％，其中农、林、牧、渔类服务业网站信息的无效率竟高达 87.5％。① 而中国农科院信息所 2010 年的相关调查也印证了这一结论——在 2000 个代表性农业网站中有近 3 万个栏目，其中有超过 16％ 的无效栏目，绝大部分栏目内容为空，或大量转载其他信息，3 个月不做更新，基本上处于一种低水平的重复建设状态。

二　农业信息服务平台

信息服务平台是近年来在电子商务领域里出现的一种新型信息服务形式，其主要特点是面向终端用户提供共性的信息服务，帮助用户实现使用方便、低成本的"一站式"信息资源利用与处理。

信息服务平台已经开始进入中国农村信息传播体系，它集成、整合各类信息资源，具有强大的信息综合功能和信息利用效率，覆盖面广，成本低廉等特点，使得农业网站能够突破传统的农业产业范畴，将视角瞄准与"三农"相关的社会、生产、生活等各方面，为农村提供综合性全方位的电子政务、电子商务以及相关信息资源服务。截至 2012 年，中国投入运行的大型农业信息平台已达 100 多个，农业信息服务平台已经成为农业信息服务的重要形式与手段。

农村综合信息服务平台的发展有效解决了农业网站发展中所存在的资源分散与服务范围有限等问题，对在新农村建设背景下中国农业信息服务的发展，进行了关于管理、技术、体制与机制诸多方面的有益探索，推动了农业信息服务的蓬勃发展，但也暴露出一些应该引起重视的问题。

（一）农村综合信息服务平台匮乏

目前，大部分农村综合信息服务平台主要集中在京、沪、浙、粤等农业信息化水平较高的地区，西部地区的综合信息服务平台数量极少。这种在农业网站发展中的区域失衡现象再次发生，又重复出现在综合信息服务平台建设过程中。究其原因，客观上是西部地区农村经

---

① 孙艳玲、贺盛瑜：《西部农业网站建设现状及发展对策》，《图书情报工作》2009年第 17 期。

济社会发展滞后，相关基础设施建设投入不足，农业网站发展缓慢；更深层次的根源则在于西部农业信息化的发展理念落后，没有深刻认识到综合信息服务平台的强大功能和在农业信息传播系统中的重要地位。

以云南的大马帮网为例。该网是云南省"十一五"建设规划项目及电子商务和农村信息化示范项目的专业农副产品网上市场，自2006年6月投入运行，通过发布供求信息、展会代理推广、参与组织各类大型农业会展、网上购销会等形式多渠道地为广大农户及涉农企业提供服务。截至2007年2月8日，促成了各类农副产品的交易，交易总额达3.8亿元，曾进入国内涉农网站的前20名，在"2006中国农业网站100强评比"中跻身百强。但是，这样一个西部农村综合信息服务平台似乎也是好景不长，自2008年以后就难觅踪影，无论是用搜索引擎，还是在中国农业网址大全网页上都无法查找到该网站。个中原因当然难为外人所知，但像这样的短命网站多少也折射出西部农村综合信息服务平台建设发展的困境和现状。

东部地区的农业发展经验表明，农村综合信息服务平台能有效解决传统农业在市场、生产中所面临的一些问题，进一步深化农业科技服务和推动农业信息化发展水平；电子商务可以有效缓解农产品的"买难、卖难"，解决农业信息服务"最后一公里"的问题，从而在整体上推动区域农业的发展。西部地区各级政府农业主管部门和涉农信息服务行业应该从东部农业发展的实践中学习经验，提高认识，通过试点，帮助广大农业生产经营者获得实实在在的好处和效益。只有这样才能加快西部农村综合信息服务平台的建设发展，进而形成平台与农业生产和农村发展的良性循环。

（二）信息平台服务功能较弱

目前，西部地区农村综合信息服务平台的服务功能仍处于较低水平，有针对性的、能够带动当地或较大区域农村产业发展的涉农综合信息平台不多。如新疆的中国农副产品交易市场网、陕西的联通电子农务网等，虽然也都开设了具有特色的面向西部农村的信息服务，但平台总体规模小，影响力不大。在为数不多的西部农村综合信息服务平台中，都程度不同地存在着内容泛泛、面孔雷同、缺乏特色信息，无效链接多等通病。而且数据库质量参差不齐又无统一的标准，信息的查准率不高，信息利用价值很低，严重影响了信息资源的共享。

由于西部地区大规模实行农产品电子商务的环境尚未形成，西部农村综合信息服务平台的电子商务功能普遍较弱，有的平台虽然涉及电子商务功能，给农户带来了一定的商机和收益，但从整体上看，能够在平台上实现电子交易的总量很少。

（三）西部农民的信息弱势和知识弱势抑制了平台功能的使用与发挥

农村综合信息服务平台虽然信息种类多样化，服务功能强大，但是由于西部农村长期以来的贫穷落后，很低的教育水平和信息判断能力在相当程度上影响着农民对于信息服务平台的利用，抑制了平台功能的使用与发挥。比如电子商务在带来快捷、高效、低成本的同时，也大幅度增加了相关业务操作的复杂性，而绝大部分农民对此并不熟悉。西部地区农民群体的信息获取能力和信息判断与分析处理能力原本就很弱，由于信息不对称而形成的信息弱势，导致电子商务参与者面临很大的风险。

第三节　西部农村信息服务体系

在信息技术革命的推动下，农业信息服务体系于 20 世纪七八十年代面世，它是一种基于信息技术的全新信息服务系统。2005 年 11 月，由农业部牵头、国家粮食局配合建设的 12 个国家重点电子政务项目之一的"金农工程"启动，至 2014 年 6 月，一期项目竣工验收，历时 9 年建设，中央和西部各省、市、区投资几十亿元，基本建成了县级以上的农业信息服务网络，初步形成农业信息服务体系，在一定程度上完善了农村信息服务组织，对农信息传播资源的整合、农业信息资源的开发取得了一些进展，西部地区农村信息服务总体水平得以提升。

但是，西部地区的农业信息服务水平与发达地区相比仍有较大差距，就是在西部各地之间的发展也不够均衡，仍然存在着信息供给与信息需求之间矛盾突出、建设资金缺口较大、网络入户进展缓慢、信息资源分散零乱、信息应用效果不佳、缺乏对农业信息服务系统进行客观评价的指标体系和科学评价方法等一系列问题，制约着西部农业信息服务体系的发展。

一　信息服务总体水平不高

西部地区农业信息服务的总体水平与经济发达的东、中部地区相比差距明显。一是能够覆盖西部地区的农业信息服务网络严重不足。西部地区拥有计算机的农民家庭不多，推行"互联网＋"发展模式的物质基础尚未形成，电视传播和人际传播仍然是很多农民最重要的信息来源。就是在西部农村网络比较普及的地方，如中心城镇周边和国道、省道沿线，互联网和电视、广播、报纸等传统媒体也未能做到优势互补，形成合力，共同推进农业信息化建设。二是西部地区农业信息网站数量严重不足，尚不到东部的 25%。不少农业网站名存实亡，无法与中国农业信息网、农产品产销信息网等大型网站形成链接或实现信息共享。三是信息资源质量差，权威性和时效性不高，更缺少本土化特色，对推动本地发展特色农业的作用不甚明显。四是不能运用先进信息技术实现对信息的采集、加工、处理、存贮和传播，信息利用率长期在较低水平上徘徊。

二　信息供需矛盾比较突出

当前农业、气象、粮食、供销、科教等农业信息的供应方，主要分布在政府各部门，大量资源为部门所有，部门之间相对封闭，难以有效实现信息的互联互通，信息共享程度很低。在中央政府层面，种植、畜牧、水产等产中环节的管理归口农业部，而粮食、棉花、油脂的购销、农资供应等农业产前、产后环节的管理则由别的部委承担。在省、自治区和直辖市一级政府层面，西部多数省区的农业口在机构改革中实行合、并、转，其职能与农业部基本相符，但仍有一些省保持了原有机构，职能划分更为分散。这种行业分工越来越细的政府管理体制，给农业信息资源的共建共享造成很大阻力。作为信息、数据所有者和信息供应者的政府部门，在同级别的行政部门之间协调难度增加，加大了部门间信息沟通的成本，难以实现信息资源的共建共享和互联互通。相关信息和数据常常出自多门，口径不一，数据混乱，影响了农业信息的最佳配置。加之利用大数据技术探索在信息化条件下的农业信息数据库建设滞后，在数据库整体技术框架、建设原则、构建方式，以及信息采集储存和应用环境等方面迟迟不能形成统一的标准体系。在发布信息、提供科技服务、引导生产经营等方面的准确性和权威性不高，很难满足不同区域、不同层次农民的个性化信息需求。

三 农业信息队伍建设滞后

目前，西部地区农业信息化队伍的整体素质较低，无法满足现代农业信息服务发展的要求，其知识结构和服务能力与农业信息化要求有较大的差距：一是由于编制、经费、岗位、管理体制等多种因素的制约，引入专业人员困难。队伍年龄老化、知识老化现象严重，技术呈逐渐弱化趋势。二是知识更新缓慢，现代农业信息服务能力明显不足。三是有水平、有能力的信息开发专业人才极少，缺乏信息开发能力，面对海量信息资源只能望洋兴叹。

西部是中国重要的农业生产大区，农业信息队伍的现状，不仅与农业大区的地位极不相称，而且远远落后于现代农业的发展要求。

今天，以全球互联网技术为代表的新一代信息技术的迅速发展，正在加速重造社会的物质基础。世界经济紧密地连为无法分割的一体，全球化、信息化和网络化的社会特征日益突显。

改革开放以来，中国农村信息化建设的成就令人瞩目，但是这一发展却极不平衡，突出地表现为不同地区之间、城乡之间、人群之间的信息差距不断加大，这种信息差距甚至大大高于经济发展水平的差距。[①] 自 21 世纪初西部大开发战略实施以来，西部农村的信息化建设发展的速度并不慢，但与全国相比，在基础设施和信息技术方面仍有不小差距，尤其是很多农民还没有迈进信息社会的门槛，既无信息意识，又无信息获取和利用能力，因此在生产经营活动中的弱势地位就难以改变。

---

① 闵阳：《陕南农村大众传播状况调查》，《陕西理工学院学报》（社会科学版）2006年第 1 期。

虽然中国已进入工业化时代，但依然是农业大国，农业的国民经济基础地位并未发生改变，在全球信息化背景下，如何综合运用信息技术，提高农业资源利用效率、降低生产成本、提高农产品市场竞争力、增加农民收入、培养新型农民，是西部地区农村经济社会发展的重要课题。

第二章　新媒体环境下的西部地区
对农传播现状调查

　　新媒体的出现，不仅在技术上重构了信息传播的格局和传播环境，而且改变着我们的思维方式和生存状态，无论对于经济社会的发展，还是信息科学技术的进步，新媒体都具有重大的意义。在对农信息传播领域，新媒体为信息传播的空间扩展、时效的加速和方式的改变提供了无限的可能性。

　　基于数字技术的新媒体在信息的加工处理、信息传播的速度和广度、信息载体的多样化、信息的共享与互动等方面，都具有传统媒体所无法企及的优势。

　　由于新媒体的崛起，西部地区对农信息传播的传统格局和农民的信息生活出现了很多新的变化和特点，在新媒体环境下，以互联网为代表的新兴媒体成为农民获取信息的重要手段，正在深刻地影响着西部农村的现代化进程。[①]

第一节　调查基本情况

　　西部地区在中国的经济社会发展格局中，贫困面最广、贫困人口最多、贫困程度最深，分布着全国 11 个集中连片特殊困难地区中的 10 个。由于自然环境、财政投入、政策制度、产业结构、人力资源等多种因素的制约，西部地区农村经济发展缓慢。农村仍以传统的粗

　　[①]　闫阳：《新媒体环境下陕南农村信息传播状况调查与分析》，《陕西理工学院学报》（社会科学版）2012 年第 4 期。

放型农业为主，农业生产主要是解决生计问题，农村工业不发达，不能充分利用优势的农牧业产品进行加工增值；第三产业占生产总值的比重偏低，农村城镇化建设动力不足、生态环境恶劣等，依然是西部农村的真实写照与发展困境，而信息的闭塞与传播的阻滞在西部农村社会经济发展过程中的制约作用更为明显。中国当前正在全力实施的新一轮"西部大开发""一带一路"和"扶贫开发攻坚"战略，使西部地区进入了宝贵的战略机遇期。抓住机遇，加快发展，是西部向现代化社会转型的当务之急。在这个历史进程中，如何结合西部农村的实际现状，在落实中央精准扶贫的战略导向下，实现涉农信息的精准传播与有效利用，改善、提高对农传播的有效性，学界和业界对之应该高度重视并力争有所作为。为了准确了解和把握当前新媒体环境下西部农村信息传播的有效性，我们于 2012 年 9 月至 2013 年 3 月，对西部十二省、市、自治区进行了对农信息传播有效性的实证调查和研究。

一　问卷设计及调研概况

（一）调查问卷的设计

在本书中，数据的收集主要采用问卷调查方法和深度访谈相结合的形式，并依据数据进行相关研究和分析。问卷题目的设计是调查问卷的重点。在正式调查之前，课题组分别在陕西汉中、安康、平利等地农村进行了三次以不同年龄、身份、文化者为访问对象的小型试验性调查，每次调查后都根据情况对问卷进行修改。在试调查中，由调查员按问卷提出问题，被访者根据实际情况作答，双方围绕问卷中的问题作进一步深入交谈，旨在了解被访者对于问卷题目设计是否存在异议或有填答理解上的困难；在试测之后，又经课题组成员多次讨论，最终确立了问卷的主要内容。调查问卷于 2013 年初定稿，由四部分构成：（1）农户所在村庄的基本情况：包括全村总户数、人口数；全村固定电话、手机、有线电视、电脑拥有情况；报刊订阅情况以及全村年人均纯收入。（2）农户个人基本情况及基本信息行为：性别、年龄、文化程度、本人职业、年平均收入、信息需求类型、信息获取渠道等。（3）农户对报刊、广播、电视、网络、手机、政府宣传、农科院所、涉农企业、村能人以及亲朋熟人等传播途径的接触频率，对各类途径信息传播的可信度、及时性、反馈度的主观评判。（4）不同媒介传播有效性的主观评价：选取报刊、广播、电视、网络四种大众传媒，政府组织（村委会）及农村人际传媒途径，从可信度、时效性、理解度等方面分别考察它们在传递市场信息、科技信息、政策信息以及生活信息等方面的传播效果。

（二）调查样本量的确定

在问卷设计完成后，课题组于 2013 年 1—3 月对西部十二省、市、自治区农村进行了问卷调查，陕西理工大学的 200 余名在校研究生和本科生经过严格的培训担任了调查员的工作。为了保证样本的代表性，在确定各地投放样本数时，课题组通过查询国家统计局的地区数据库，获得了西部十二省、市、自治区的乡村人口数，然后根据各地农村人口数确定了问卷投放比例（见表 2 - 1）。

表 2 - 1　　2011 年西部十二省、市、区乡村人口数及问卷投放数

地区	四川	广西	云南	贵州	陕西	重庆	甘肃	内蒙古	新疆	宁夏	青海	西藏
人数（万）	6987.8	4221.2	3740.8	3370.3	2750.9	2324.5	2080.3	1327.7	1096.7	412.7	381.0	245.4
问卷份数（份）	380	300	260	240	220	210	200	180	120	110	100	80

（三）各地调查样本的确定

在各地样本发放量确定以后，课题组就根据分层取样原则，首先在每个地区分别选取经济富裕村镇、一般村镇和贫困村镇若干，然后在被选定的每个村镇里，通过与村委会沟通，分别选取 3 名富裕户、5 名一般农户及 2 名贫困户进行访谈，以保证样本的完整性。

调查共发放问卷 2400 份，回收 2027 份，其中有效问卷 2024 份，有效回收率为 84%。调查地域涉及了西部的十二省、自治区和直辖市中的 76 个市、212 个县（区）、761 个村（见表 2 - 2）。调查结束后将问卷数据进行编码录入，使用 SPSS17.0 统计分析软件进行相关分析。

表 2 - 2　　　　　　　　　　　　问卷调查地域统计

省份	四川	陕西	甘肃	重庆	广西	贵州	云南	新疆	宁夏	内蒙古	青海	西藏	合计
市	14	9	9		9	8	7	6	5	5	2	2	76
县区	38	43	30	23	17	17	12	7	8	9	4	4	212
村	105	246	133	74	35	39	41	14	28	22	17	7	761

　　其中，四川 348 份，陕西 220 份，重庆 210 份，甘肃 200 份，贵州 181 份，云南 180 份，内蒙古 155 份，新疆 97 份，宁夏 95 份，青海 67 份，西藏 62 份（见图 2 - 1）。

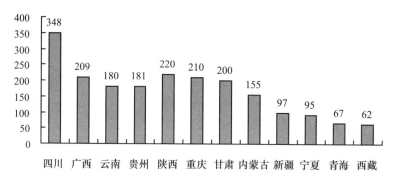

图 2 - 1　样本地域分布统计

　　从有效样本的地域分布数来看，各地域分布与各省人口数排序略有差异，主要原因是在云南、贵州、内蒙古、新疆、宁夏、青海、西藏等少数民族集中地区，调查员在发放问卷时受到交通不便以及语言交流方面的影响，所以问卷回收率略低。但由于本次抽样采取了多重分群抽样，因此保障了样本所具有的较好的代表性。

二　样本基本情况分析

　　从调查对象的性别结构上看，样本中男性比例偏高，占 2/3 强，女性比例很低（见图 2 - 2）。这主要是受到农村家庭"男主外、女主内"传统思想的影响，当夫妻双方都在家时，女性通常不愿意接受采访，她们认为这些事情应该去问"当家的"即男性。

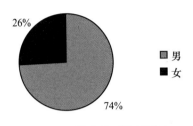

图 2 - 2　样本性别比例统计

从年龄上看，由于课题组规定访谈对象年龄应在 18—55 岁，所以农村中 18 岁以下的年轻人及 55 岁以上的老人均未参与本次调研。从年龄分布来看，26—35 岁的受访者比例偏低，这恰好反映了当前农村年轻人大多外出打工的趋向，符合当下西部农村人口构成现状（见图 2 - 3）。

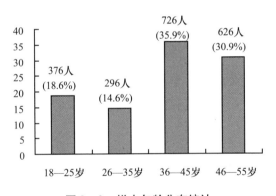

图 2 - 3　样本年龄分布统计

从文化程度上看，一半以上的受访者都为初中及初中以下学历，大专及以上学历人口较少，与中国西部农村人口文化素质的基本情况相符（见图 2 - 4）。

如表 2 - 3 所示，截至 2011 年末，全国初中以下文化程度的人口占 74.48%。而西部十二个省、市、区中，除新疆、重庆、陕西以外的其余九省、市、区初中以下文化程度人口占比均高于全国平均水平，而西藏更是高达 89.76%。由于 55 岁以上的农民均未参与本次调

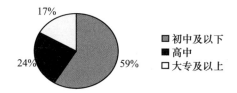

图 2-4 样本文化程度比例

查，本次调查样本的受教育程度略高于西部实际。

表 2-3　　　　　　　　　西部各地人口受教育程度　　　　　　（%）

	未上过学	小学	初中	初中以下合计	高中	大专以上
全　国	5.50	27.57	41.41	74.48	15.46	10.06
重　庆	5.39	33.58	33.95	72.92	15.56	11.51
四　川	7.27	35.52	37.06	79.85	11.85	8.30
贵　州	11.20	40.01	33.24	84.45	7.32	8.24
云　南	8.66	42.99	32.48	84.13	8.89	6.98
西　藏	29.89	43.82	16.05	89.76	5.35	4.97
陕　西	5.80	24.44	43.07	73.31	16.54	10.16
甘　肃	9.97	33.51	33.11	76.59	14.58	8.84
青　海	11.99	38.15	28.31	78.45	12.44	9.09
宁　夏	8.05	30.64	38.75	77.44	13.58	8.96
新　疆	3.95	29.92	37.32	71.19	14.66	14.15
广　西	4.61	32.84	40.62	78.07	13.14	8.80
内蒙古	4.67	25.39	39.85	69.91	17.44	12.65

资料来源：国家统计局：《中国统计年鉴2012》。

　　另外，从职业分布上看，西部农民的职业呈现出多样化形态，除了从事种植业与养殖业之外，更多的村民选择外出务工，这一部分人群比例最高，为36.5%，有11.1%的农户以经商为主，另外19.7%的人从事其他职业（见图2-5）。

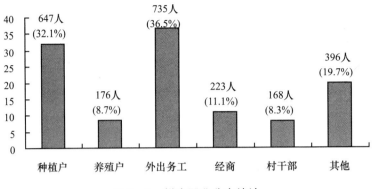

图 2 - 5　样本职业分布统计

从人均收入看，大多数农户年收入在 1 万元以下，占 73.7%，7000 元以下人口比例为 55.1%（见图 2 - 6）。采访样本的人均年收入略高于 2012 年《中国统计年鉴》公布的"西部农村人均纯收入5246.75 元"的水平，这一方面是因为本次调查是在 2013 年初进行的，人均收入应该比 2011 年末有所增长，另外，由于研究内容的需要，我们抽取的样本中选取了 30% 的富裕农户。

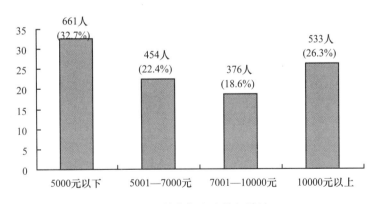

图 2 - 6　样本年人均收入统计

三　西部农民信息需求分析

（一）农民的信息需求类型

对农信息传播以满足农民的信息需求为基础，也是考察对农信息传播有效性的起点，结合近年来其他对农信息传播研究成果以及前期调研的结果，我们将农民的信息需求类型归纳为政策信息、市场信息、科技信息、生活信息及娱乐信息五大类，并在每类之下列出了细目供被访者进一步判断并作答（见表2-4）。

表2-4　　　　　　　　　　农民信息需求类型

信息类型	信息细目
市场类信息	农产品价格行情，农产品供求行情，农产品市场分析预测，化肥、种子、农药价格，致富项目，就业信息
科技类信息	病虫害防治技术，旱涝灾害应对技术，实用种养殖技术，农产品加工技术，农产品品种信息，清洁能源技术
政策类信息	土地政策，农业贷款政策，医疗政策，养老政策，计划生育政策，补贴政策（农业保险补贴、农资补贴）
生活类信息	法律知识，消费资讯，子女教育信息，健康保健知识
娱乐类信息	文艺节目，影视、文化活动等

调查显示，农户对以上五大类信息都有需求，但农民对政策类信息需求最高，最低的为科技信息（见图2-7），这和信息服务机构的初衷相违背。但分析其原因，实际上并不是农民不需要科技信息，而是要有效利用科技信息，并不是仅仅凭借农民的主观愿望就可以完成的。例如有些地方，农业科研机构和技术人员耗费大量心血、资金和时间培育成功的农作物新品种，送到农民手中，不但不能达到预期效果，反而在短短几年内就会出现严重退化，最后只好弃耕弃种，造成巨大的浪费。既非作物新品种不好，也不是农民不尽心尽力，而是由于农业生产资料所有者大多都是松散的农户，这种一家一户的分散种植模式受到自然资源的限制，根本无法提供新品种所必需的生长环境，在育种育苗、播种、测土、配方、施肥等田间管理各环节也很难达到种植要求。从农业科技发展的角度来看，农业新技术、新品种只有在集约化、规模化、专业化的生产环境中才能实现效益的最大化，目前，西部农村这种单家独户式的小农经济生产模式显然无法适应现代农业发展和农业科技的要求。同时，任何一种农业新技术、新品种的推广和普及都是一个系统工程，要从构思设想、开发设计、样品改

进、调适生产直到变为新农艺和新产品，并经过推广扩散，才能实现经济和生态效益。这是一个完整的技术传播周期，而绝非只是把新种子、新农艺和相关图片资料提供给农民那么简单。有观点认为，只需让农民读一读农技辅导材料，收看收听一下电视广播节目，或者让农技人员讲讲课，就可以普及优良品种和新技术，提高农业生产力，实现脱贫致富的目标。这些人其实并不了解农村实际，与现实的农业生产和乡村生活脱节甚远。所以从总体上看，西部的农业科技服务仍处于较低水平。

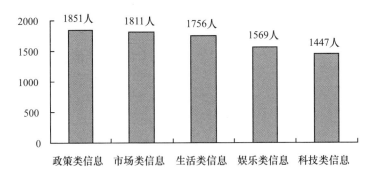

图 2-7　西部农民的各类信息需求统计

（二）农民获取信息的渠道

近年来，新媒体迅速发展，其触角伸向了广大农村，改变着中国农村的传播体系和格局，也深刻地影响着乡村社会生活的各个领域。在西部农村的传播生态里，虽然电视以其声画兼备、视听合一、生动形象的特点仍然在农村信息传播中占有相当高的比例，但随着移动通信技术的普及和发展，手机作为"第五媒体"在西部农村颇受农民青睐，同时互联网络也开始在乡村生活中扮演着日益重要的角色，成为村民获取信息的重要途径。根据中国互联网络信息中心报告，截至 2015 年底，中国网民中农村人口占比为 28.4%，规模达 1.95 亿，相比 2014 年，农村网民数净增 1694 万人。① 虽然目前

---

① 中国互联网络信息中心：《第 37 次中国互联网发展状况统计报告》。

农村的互联网普及率相对于城市还相距甚远，但西部农村对互联网的需求却十分迫切。由于西部农村地广人稀，农户居住集中度低，在非互联网的传统信息环境下，农民获取信息、沟通交流、商品交易之类的活动比较困难，成本很高。而互联网交流共享信息资源的便利、迅速，使用成本低等优越性，当然会受到农民的喜爱，在农村有着广阔的发展前景和市场。部分农村网民已开始利用网络出售产品或寻找市场机会。由于新媒体的崛起，传统的报刊、广播等的传播作用日益弱化，而农科院所和涉农企业在对农信息传播中的作用则是微乎其微（见图2-8）。这说明农科院所未能将产学研很好地结合起来，实验室成果还没有广泛地用于指导生产实践，其社会角色还需要进一步强化。而涉农企业的表现也不尽如人意，国外和国内发达地区已经很成熟的"订单农业"在西部农村起步艰难，成功的范例就更为少见。"公司＋农户订单"合作模式的成功主要取决于企业的经营理念和服务，关键是企业能否通过全程技术指导和全方位的信息服务促进农业生产标准化，提升农产品质量。但从当前的情况来看，企业在种养殖全过程的管理服务和信息的搜集发布上还未能很好地关注到农民这个群体。

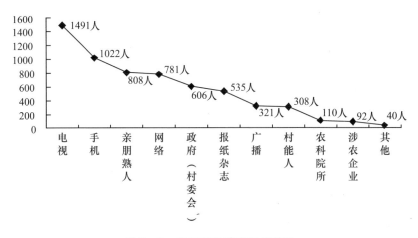

图2-8　农民信息获取渠道统计

我们比较关注西部农民的手机使用情况，调查数据显示，在农民的获取信息渠道中，手机仅次于电视，并超过了亲朋熟人而排在第二位。我们的调查也印证了中国新闻出版研究院 2011 年 4 月 21 日公布的"第八次全国国民阅读调查"结论，该报告显示，手机阅读群体中农村居民占 52%，超过了半数。[①] 这表明，有越来越多的农民使用移动电话，手机的普及率屡创新高。他们不仅把手机作为通话的工具，也开始使用手机获取信息，用来发短信、看新闻、玩游戏等。农村网民将手机作为上网终端的人数远远超过台式机，手机上网已成为主流。中国农村互联网的普及和发展，在一定程度上也是依靠农村网民的强力推动（见图 2－9）。

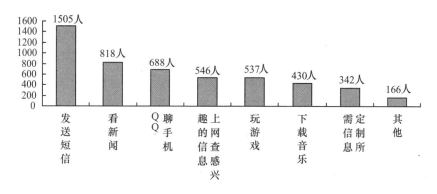

图 2－9　关于农民手机用途的统计

（三）西部农民的信息能力

　　获取和利用信息能力是媒介素养构成的重要因素，是指对于自己在什么时间、什么情境中需要什么信息有着明确的意识，能运用一定的技术、手段与渠道去主动寻求和获取信息，并且对所获信息加以鉴别和评价以解决自己所面临的问题。西部农民的信息能力对于信息传播的有效性研究也具有非常重要的意义，因此问卷专门设计了两个问题作为考量：

---

　　① 《第八次全国"国民阅读调查"成果发布》，中国出版网（http：//www.chuban.cc/yw/201104/t20110421_ 87112. html）。

1. 当你获取信息后，能否评价信息的真假、好坏？

A. 能　　B. 不能

2. 当你确认信息有用后，你会怎么做？

A. 立即付诸实施　B. 再等等看　C. 告诉他人　D. 继续关注

在 2024 位受访者中，有 70.7％ 的人表示他们能评价信息的真假好坏，认为不能的有 29.3％。另外，当确认信息有用后，有 10.4％ 的人表示会立即付诸实施，而 55.4％ 的受访者表示会再等等看，11.4％ 的人选择了告诉他人，而 22.8％ 的人则表示会继续关注。虽然有高达七成的农民认为他们能对信息的真假好坏做出判断和评价，但考虑到受访者在接受调查时的环境和心理，比如出于自尊、"面子"等方面的原因，因而不能据此认为他们已经具有了信息能力。

关于西部地区农民的信息意识、信息需求和信息行为等问题我们将在第三章里做专门分析。

第二节　政策传播的途径与满足

中国基本国情的一个主要特点是农业人口众多，因此，国家"三农"政策的制定和导向不仅对于农业现代化、农村经济社会的治理和发展、农民生活水平的提高具有相当重要的意义和影响，而且也正因为各项政策的实施，政府才将处在社会架构另一端的农民与自己连接在了一起。"政策作为国家、政党或政治集团为实现一定目标和任务而制定的活动计划和行为准则，成为影响农民日常生活和命运的因素。中国共产党正是依靠政策将亿万分散而又散漫的农民组织到政党和国家体系中来的。"① 把天性自由、散漫的农民聚拢、集中到作为权力中心的政府周围，政策信息传播发挥了巨大的作用。

从宏观角度看，农村的社会、经济和文化结构方式基本上是由国家各项政策所决定的，但政策是否有效并发挥作用，在很大程度上要依靠传播的效果和落实的程度。"政策合法性是政治认同的产物，而

---

① 徐勇：《"政策下乡"及对乡土社会的政策整合》，《当代世界与社会主义》2008 年第 1 期。

信息传播是政治认同产生的必要条件。"① 因此，涉农政策信息的传播不仅关系到党和政府各项政策能否落地实施，而且事关农村经济社会发展的进程。

以互联网和电视为代表的大众传播、以政府科层体制为基础的组织传播和以"熟人社会"为背景的人际传播构成了西部地区农民了解国家涉农政策的媒介环境。② 在这样的信息传播环境中，什么样的传播方式与农民更具有接近性？何种传播途径对农村更为有效？上述三种传播链条在政策的上通下达过程中是如何相互作用并形成农村复杂的政策传播环境的？农民对于国家政策信息的认知状况与态度又是如何？只有深入了解和掌握了这些情况，才能更好地把握农村政策传播的现状并为寻求提高政策信息传播有效性的途径和方法提供基础。

一 农民的政策信息接触途径

在新媒体环境下，西部地区农民对于政策信息的接触途径较之过去已发生了很大变化，因而政策信息的接收渠道常常是由他们对媒介的接触状况来决定的。

中国农村居民家庭的电视拥有率为 97.6%③，在很多县城、中心乡镇周边和主干公路沿线附近的乡村，数字电视也有相当的普及，因而对于电视媒介的接触程度远远高于报刊、图书和广播。虽然互联网这一新媒体已经越来越广泛地渗透到农民的信息生活之中，但对于大多数西部农民而言还显陌生，还有相当数量的农民从未接触过电脑和互联网。电视在农村的普及决定了它已成为农民获取各种信息的主要渠道，当然，这并不能说明电视是他们接受政策信息的唯一渠道，除此之外，还必须考察组织传播和人际传播等渠道。

从表 2 - 5 的调查统计数据可知，在政策信息传播中，大多数农民将电视作为了解国家涉农政策信息最主要的渠道，有六成以上的村

---

① 蒋旭峰，唐莉莉：《政策下乡的传播路径及其运作逻辑———项基于江苏省 J 市 10 个乡镇的实证调查》，《学海》2011 年第 5 期。

② 闵阳：《新媒体环境下陕南农村信息传播状况调查与分析》，《陕西理工学院学报》（社会科学版）2012 年第 4 期。

③ 张鹤：《"村村通"到"内容通"》，《新闻战线》2010 年第 8 期。

民表示主要是通过电视知晓党和政府的农村政策。其次是亲朋友邻，比例将近20%，成为了解政策信息的重要渠道之一。同时，互联网、手机等新媒体也起到了一定的作用。而传统的政策信息传播方式，如报纸杂志、村委会和村干部、宣传栏和标语口号等发挥的作用则日渐萎缩，所占比例很小，甚至远远低于后起的网络等新媒体。

表2-5　　　　　　　农民接触国家涉农政策传播途径统计　　　　　　（%）

途径 使用情况	很多	有一些	很少	没有
电视	65.2	23.1	9.5	2.3
报纸、杂志	9.5	16.7	18.1	55.7
村委会、村干部	6.8	19.5	27.6	46.2
公告、宣传栏	1.4	25.8	21.3	51.6
标语、口号、横幅	2.3	26.7	25.8	45.2
宣传单/册、图书	3.2	23.5	19.9	53.4
亲朋友邻	19.9	42.5	20.8	16.7
互联网、手机	13.1	10.4	5.4	71

　　由此可见，以电视为代表的电子媒介在涉农政策信息传播过程中效用显著，而新兴的网络等新媒体的作用也不可小觑，所占比例为13.1%。但是村民将基层组织代表的村委会和村干部当作他们了解政策信息主要渠道的比例很低，还不到7%。另有将近或超过一半的人表示没有从报刊图书、宣传栏和标语横幅等传播途径中得到过政策信息，而这些传播渠道又大多掌握在村委会和村干部手里。调查显示，大部分村民认为，在政策传播过程中，基层组织和基层干部常常处于无所作为的状态。

　　表2-6在相当程度上显示了当前西部农村的基层组织在宣传国家涉农政策过程中的状态，如村民会议、入户宣讲、宣传单、村务公开栏和宣传栏、标语口号等在农民日常生活中随处可见的传播方式很少发挥其应有的效用。造成这一状况的原因，除了大众传媒的影响力不断扩张外，税费改革后，基层组织权威性的衰落以及城镇化的提速

表2-6　关于村民所接触的基层组织宣传国家涉农政策渠道统计　　（%）

传播渠道 \ 接触频度	很多	有一些	很少	没有
村民会议	7.7	23.1	31.7	37.6
入户宣讲、动员	1.4	18.1	27.1	53.4
发放宣传单/册、图书	2.3	26.7	18.6	52.5
村务公开栏	8.1	28.1	18.1	45.7
乡镇村广播站	2.3	11.3	7.2	79.2
宣传栏、黑板报等	3.2	30.3	16.8	49.8
标语、口号、横幅等	4.5	33.5	28.5	33.5
互联网、手机	0.9	2.7	7.7	88.7

也加剧了农村生活状况的原子化，以集体性为特点的组织传播方式的日渐式微也就不可避免。

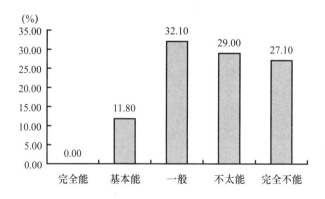

图2-10　关于基层组织国家涉农政策信息传播能否满足农民需求的统计

　　如图2-10所示，农民认为，单纯依靠基层组织的传播就完全可以满足他们对政策信息需求的比例为零，而有超过一半以上的受访者认为，他们对政策信息的需求得不到满足。造成基层政策信息传播不顺畅的现象有多方面的原因，诸如组织传播信息渠道单一，基层干部在执行政策时不顾本地实际只为达到上级要求的简单粗暴方式，政策实施过程中的暗箱操作，为应付检查搞形式主义等。种种情况表明，在西部农村，基层组织的政策信息传播总体状况并不理想，农民对此很不满意，基层组织的国家涉农政策信息传播方式、方法亟待改进。

虽然很多农民对于基层组织和干部在对农政策传播方面的工作不太认可，评价不高，但是也应该看到农民自身的局限，如寻求信息主动性不足，缺少利用各种不同类型媒介收集他们所需信息的能力。比如通过访谈我们了解到，农民很少主动到村委会了解村务公开栏上的信息，对常见的墙体标语口号、横幅等也很少关注留意，认为与他们没有关系。这也说明了农民的媒介使用习惯，尤其是主动寻求信息的能力亟须培养。

二　农民对政策信息的态度及需求

在农民的认知体系中，对党中央和国家政策的认同感十分强烈，与对基层组织的态度形成很大的落差。农民普遍认为，中央制定的"三农"政策都是好的，问题在于基层对中央政策的执行和实施，不少农民说："地方的歪嘴和尚念歪了好经。"从表面上看，农民针对的是基层组织执行政策不到位的问题，但更深层的原因则是农民对于基层组织的不信任。政府组织历来采用的科层制管理体系，可以凭借政治权威保证决策高层信息的下达，但由于从中央政府到地方基层政府之间有若干不同层面、级别的政府机构和组织，政策在传达和执行过程中的失真和走样就不可避免。最明显的就是有的地方政府以"上有政策，下有对策"的手段来变通中央政策，符合它们利益的便全面传达贯彻，对有悖于它们利益的政策则淡化处理甚至隐瞒。而当今大众媒体的全覆盖又使得农民可以通过多种渠道及时了解国家的相关政策，一旦基层组织对政策的传达与农民从媒介上了解的有出入，便会激起农民对基层组织的不满和怨恨，进而加剧了基层组织权威性和影响力的衰落。[①] 同时更让我们认识到政策信息的有效传播对于政策实施的效果至关重要。

---

① 闵阳：《新媒体环境下陕南农村信息传播状况调查与分析》，《陕西理工学院学报》（社会科学版）2012 年第 4 期。

改革开放以来，党和政府一直把解决"三农"问题作为全党工作和全国经济社会发展的重中之重，以前所未有的决心和力度，出台了一系列强农惠农政策，大力扶植、促进发展各项农村社会事业，加快了中国农村现代化建设步伐。裹挟于农村现代化进程中农民的需求是国家制定各项涉农政策的最重要依据，因而重视农民在政策方面的真实需求是有效传播政策信息并有效实施政策的基点。

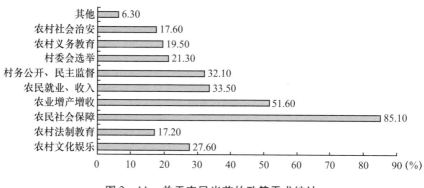

图 2-11　关于农民当前的政策需求统计

图 2-11 显示，目前，在西部农民最为迫切的政策需求中，社会保障问题以占比 85.10% 高居榜首，远远高于其他方面。以医疗保障为例，根据卫生部 2015 年公开发布的统计数据，截至 2014 年底，全国参加新型农村合作医疗制度的人口数量达 7.36 亿人，参合率为 98.9%。[1] 但是，根据国家统计局《2014 年全国农民工调查监测报告》提供的数据，2014 年，全国农民工总量约为 2.74 亿人，其中外出农民工约 1.68 亿人。西部地区农民工占全国农民工总量的 26.6%，约为 0.73 亿人，外出农民工约为 0.53 亿人。在西部外出农民工中，参加基本医疗保险的只占 13.6%，低于 17.6% 的全国平均数 4 个百分点，也就是说，有 86.4% 的外出农民工还没有医疗保障。[2] 上述数据表明，在中国的城镇常住人口中，还有两亿多人不能

① 国家卫生和计划生育委员会：《2014 年我国卫生和计划生育事业发展统计公报》。
② 国家统计局：《2014 年全国农民工调查监测报告》。

享有医疗保障，而其中大部分是农民工。或者换个说法，即占中国总人口 10% 以上的农民工并没有被医保所覆盖。应该承认，在深化医疗体制改革的推动下，中国正在加快建立健全全民医保体系，基本医疗保障的覆盖面不断扩大，但是绝大部分进城务工的农民仍然没有最基本的医疗保障，成为被医保体系遗忘的庞大群体。这是一个严峻的现实问题，急需政府出台政策采取措施加以解决。

其他依次为增产增收问题（51.6%），就业、收入问题（33.5%），村务公开、民主监督问题（32.1%），农村文化娱乐问题（27.6%），村委会选举问题（21.3%），农村义务教育问题（19.5%），农村社会治安问题（17.6%），农村法制教育问题（17.2%）。由此可见，处于城市化进程中的农民最为关切的问题是社会保障、收入和基层自治问题。因此，根据当前农村的实际，在增加农民收入、解决农民的社会保障，完善基层村民自治方面，尚需国家出台相关政策。

三　涉农政策有效传播的影响因素

改革开放 30 多年的历史清楚地表明，在中国这样的农业大国里，农村经济与社会事业的发展与国家的"三农"政策和农业科技的进步息息相关。而涉农政策能否有效传播，直接影响着国家各项政策的真正落实和农村经济社会的发展进程。

新中国成立以来，国家的政策一直是由中央通过省、市、县（区）直到乡镇各级地方政府自上而下逐级传达，这既是国家各项政策的主要传播途径，同时也形成了极具科层制特征的组织传播体系。在过去相当长的时间里，组织传播曾经是农民获知国家政策的主要信息源。而现代媒介在农村的崭露头角，完全打破了这种科层制的信息垄断，农民不再只能依赖组织传播渠道以获取政策信息，其信息途径和渠道也从过去的单一性向多样化发展。同时，在中国乡村信息环境中，熟人半熟人历来是信息传播的重要媒介，因而不论是现代大众媒介在乡间的崛起，还是组织传播在农民中的日渐凋零，人际传播依然有着无可取代的影响和作用。

虽然人类已跨入信息社会，但是，目前西部农村还存在着信息极度缺失的现象。这种缺失突出地表现在政策信息传播过程中的曲解、变形、截流等方面。有研究者尖锐地指出："一方面大众媒介提供了大量的信息，但是这些信息中又严重缺乏农民所需要的有价值的、对自己有用的信息……在政策传播的过程中，信息在不同层次的传播环节中缺失了，许多有利农民的政策并没有落到实处。"① 综合来看，影响国家涉农政策的有效传播有以下几方面的因素。

（一）组织传播功能的退化

在中国的政策传播过程中，组织传播通过制度性的组织关系实现信息传递和沟通，一直是党和政府最主要的信息传播途径，从中央到地方各级党政组织依靠严密的层级式体制架构与网络，保证了政策传播的权威和顺畅通达。

然而，"文本形态的国家政策在进入基层成为实践形态的政策之时，会按照某种特定的逻辑开始运转，最终的政策结果往往并不取决于当初政策制定时的理论预设和良好的愿望，而在于这种逻辑在实践过程中对政策的修正程度，在于实践本身"②。也就是说，在政策的执行过程中，文本上的国家政策与实施中的国家政策并不完全相同，经常存在着一定的差异，有时甚至差异很大。农民最看重的是实效。在农民群众看来，一项政策的好坏优劣，并不在于政策文本的话语表达，他们要看政策的实际效果是否能给他们带来实实在在的好处。因此任何政策的制定意图和实施预期，总会与实践效果发生吻合度上的差异，差异越小，农民的认同度和接受度就越高，反之则越低。

虽然在各级党政组织的体制内部，组织传播的运行机制和重要性仍然一如既往地发挥着作用，但是在农村社会领域里的传播功能已明显削减。首先是因为广播电视和移动网络等传播媒介在乡村的普及，极大地改变了传统的信息接收方式，当电视走进千万农户家庭，被当作新兴信息接收终端的手机在农村广为普及的时候，"政策信息的传递模式就从以前组织传播模式'层层过滤推进'变成了大众传播式

---

① 邱新有、肖荣春、熊芳芳：《国家农村政策传播过程中信息缺失现象探析》，《江西社会科学》2005 年第 10 期。

② 蒋旭峰、唐莉莉：《政策下乡的传播路径及其运作逻辑———一项基于江苏省 J 市 10 个乡镇的实证调查》，《学海》2011 年第 5 期。

的从中央到农民的'直达'"①。农民与国家的这种"零距离"接触，其深刻意义已远远超越了信息传播本身。其次，乡村社会的人际传播方式也有着不可低估的作用，会在对国家政策的解读、认知和实践方面产生影响，而组织传播的效果往往因为这些客观因素的存在而被弱化和衰减。

在新媒体环境下，西部农村的组织传播无论在理念还是手段上，尚未建立起"与时俱进"的自觉，大多还承袭着传统套路，对传播条件和传播环境的变化以及对组织传播产生的影响视而不见、听而不闻，依然一副"呆板枯燥""生硬乏味"的面孔：不同层级间以文件为主，组织内部以会议为主。而其他的一些传播途径如宣传栏、横幅、墙体标语等则基本无人关注，作用也极其有限。虽然广播电视在西部农村已相当普及，互联网、手机等也开始成为政策传播的重要载体，但是一些地方的政府基层组织似乎还没有掌握新的传播途径和方法，上述种种都导致了组织传播难以发挥应有的传播效果，使政策信息常常处于缺失状态。

（二）大众媒介的传播错位

大众媒介的政策传播最具有公开性和直接性，大众媒介利用其覆盖力和影响力，将国家政策的信息毫无阻碍地直接传达至农村的每一个角落，使得农民享有了获取信息的平等权和对国家政策的知晓权，与等级分明、控制严密、逐级传递的组织传播相比，大众媒介使农民实现了与国家政策的直接"面对面"，完成了普通农民和国家最高权力之间"直通车"式的全新关系建构。

虽然大众媒介由于其广泛的覆盖面和强大的影响力成为农民知悉国家政策的主要渠道，但是，大众媒介对于占全国人口将近半数的农民受众群体却并不十分关注。它们的受众定位大多以满足城市受众的需求和口味为主，服务对象高端化、传播内容娱乐化、传播风格小资化，是时下很多大众媒介的通病。这种有意识地避开弱势群体，选择性地遗忘农村和农民，在本质上是一种传媒歧视和传播错位。自新闻

---

① 车英、袁松、张月盈：《试论新闻传播在乡村治理中的反作用》，《武汉大学学报》（人文科学版）2008 年第 1 期。

出版体制改革后，大众传播媒介被推向市场，成为自负盈亏的市场经营主体，为了自身的生存与发展，必然将营销重点放在经济更为发达、信息消费水平更高的城市。以农民为目标受众的农村媒介市场不仅无法带来可观的收入，而且很多对农传播的媒体或节目严重亏损，成为被淘汰的对象。比如，中央电视台推行"末位淘汰制"后，第一个下岗的就是《农业新闻》；曾广受农民欢迎、在农村颇有影响力的农业科技栏目《金土地》，由于达不到央视要求的收视率和广告收入指标而停播，其时段被"告诉城市观众到乡村怎么玩"的《乡村俱乐部》所代替。至于那些过去有着不错发行量的农村报纸也难以为继，大多都已停刊，仅存的几家也是勉力支撑，处境艰难。

在市场经济条件下，如何实现经济效益最大化，在激烈的媒介市场竞争中求得生存与发展，是媒体在商业化背景下的必然选择。因此，当农村市场还没有向媒体展示出明显的商机和盈利可能性时，媒体在无法预测的市场风险面前只能驻足不前甚而退避三舍。从另一个角度来看，西部农村经济发展水平低，媒介市场发育不成熟，信息消费不旺的客观现实也影响、限制了媒体开拓农村媒介市场的意愿和动力。

同时，大众媒介在国家农村政策的传播中，还缺少一种基于对农民的信息接收和解读能力关怀的表达转换机制，能够把官方文本形态的政策信息转化成通俗易懂、简单易记的话语表达形式。时下很多大众媒介在对农传播中仍然板着一副"都市脸"，操着一口"城市腔"，造成农民接受和解读政策信息时的诸多困难，形成内容表达和受众之间的"信息鸿沟"。其原因还是在政策制定、传达实施以及政策评价的各个环节中，农民既无法参与，也极少有机会发声以表达他们的意愿与诉求，往往都处在"被传播""被实施"的地位上，本来是政策受惠对象的农民却因为话语权的缺失而经常被置于"失语"状态。

由于上述各种因素的叠加，农村受众在大众传播中的缺位与大众传播对农民的传播错位就成为对农政策传播中的经常性现象。

（三）体制内外传播的交织与抵消

国家政策的传播和实施是国家治理和行使权力的重要体现。在农村的传播环境里，组织传播和大众传播是最重要的两种政策传播途径。以严密的组织层级构架体系为依托的组织传播，具有鲜明的体制特征，保证着传播的权威性。国家政策在农村的组织传播，主要是区县和乡镇两级的党委、政府以体制内的组织传播方式接收、了解政策，然后通过村委会、村党支部等基层组织实现政策信息的传播。这种以科层制的组织体系、党和政府的权威为特点的传播方式，能够实现大规模的政治动员并保证政策的有效传播，曾在中国乡村的历史上发挥了重要作用。

在中国党管媒体的制度和新闻出版行政管理体制下，大众传播也应该属于体制内的传播方式。大众传媒在国家和农民之间起到了政策传播"直通车"的作用，以其覆盖面和影响力强化了国家政策的传播效果。

在组织传播和大众传播这两种体制内的传播方式外，农村"乡土人情"社会的人际传播方式虽然不属于体制内传播，但在农村特定的传播形态和传播语境下，对于国家政策信息的传播却有着重要的作用，是国家政策在农村被解读和被传播的关键因素，在很多情况下，其传播效果是体制内传播难以达到的。

在西部农村，政策传播一般呈现着体制内传播和体制外传播的鲜明特点，这两种类型具有不同的传播形态和传播方式。体制内传播具有广泛的普遍性，着眼于农村的整体共性，并不考虑各地农村的具体性；体制外的人际传播在农村历史悠久，虽然长期以来被学界和政府所忽视，却常常发挥着体制内传播无法达到的作用和影响。在国家与农民的关系结构中，体制内传播和体制外传播、正式的传播渠道与非正式的传播渠道相互扭结交织在一起，使得政策信息传播表现为一种复杂的格局。

令人担忧的是，在这样的传播格局中，对于国家的涉农政策，体制内的组织传播和大众传播与体制外的乡村传播往往并不能形成合力，反而相互抵消，削弱了传播的有效性和政策功能。造成这种局面的原因，一方面是组织传播功能的弱化，另一方面是大众传媒"直达"式的政策信息传播模式所造成的农民只相信媒体，不相信政府，对于当地基层政府和干部的普遍怀疑与抵触，再加上舆论领袖、乡村精英对于政策的"另类解读"，使得国家涉农政策在农村的传播效果很不理想，更影响了农民对于政策的认同和政策的实施。

国家政策在农村的传播，不能仅仅凭借某种单一的传播渠道和途径，除了依靠体制内传播之外，还必须重视各种非体制、非正式的传播，整合各类传播形态和传播方式，形成合力，优势互补，让国家的惠农强农扶农政策措施尽快"落地"，消除政策实施的"堰塞湖"现象，改善当前西部农村政策信息传播状况，提高政策传播的有效性。

第三节　致富信息的获取与困境

回顾改革开放以来中国农村经济发展变迁的历程可以发现，中国农村的经济发展实际上是国家政策性强力推动和市场导向、调节作用的过程。无论是普遍实行家庭承包经营制、大力发展乡镇企业，还是建设社会主义新型农村、城镇化提速、农民进城等，都是以利益为导向的发展结果。进入 21 世纪以来，中国农村经济发展已从解放生产力，以土地为核心的经济制度改革向现代农业、农村的现代化方向转变，市场与政策性的调控和博弈，使农村经济现代化的任何一个议题本身都涉及市场信息传播的有效性问题。

市场信息的概念外延十分广泛，根据当前西部农村的实际，我们的研究将市场信息传播定位在致富信息类型上，这不仅是因为致富信息本身属于市场信息的一部分，也是因为其更切合西部农村经济发展的需要，更具有现实意义。

致富信息的内涵比较宽泛，凡是能够加以利用并从中获得经济效益，改善原有生活方式，提升生活经济水平的信息，都可以认为是致富信息。它通常包括国家的农业经济政策信息、农业科技信息、农业市场信息、农民就业信息、农民保障信息、农民创业信息等。

一　西部农民的经济观念

在中国改革开放的进程中，农民这个庞大的群体出现了剧烈的角色转变和阶层分化。由于土地收入已经无法满足农民的基本生活需要，多数农村劳动力投向非农产业，真正传统意义上的农民已经不多，农民这一特定的"躬耕土地"角色内涵已开始有了较大的迁移，呈现出农民的社会角色多元化的现代特征。

　　农民传统的经济观念与土地紧密相联，过去依赖土地为生的农民将其视为安身立命的根基。但是伴随着农村的普遍副业化，大批青壮年农民的进城务工，以土地为核心的农村经济格局已被完全打破，真正意义上的农民已不再成为农村的主体，所以西部农民的经济观念发生了质的变化，基于致富欲望之上的信息需求也不断扩大。

　　我们在考察中发现，对于土地的态度最能反映当前西部农民经济观念的变化。大多数 50 岁以上的农民认为，"农民就是要种地，没有了土地吃什么？""地是全家人的命根子，有土地才会有保障"，或者"虽然种地不赚钱，但至少能吃饱"。而大部分青年农民却认为，"进城务工或做小生意比种地赚得多，来钱快"，"有没有土地无所谓"。由此可见，在西部农村，长久以来形成的以土地为经济基础的根深蒂固的观念发生了很大的变化，在土地经济、土地价值实现等问题上已经分化为带有历史遗留的保守经济观和充分利用劳动力价值以获取最大经济收益的现代经济观两种观念。这两种经济观并存，相互交织，构成了今日西部农民经济学层面的群体特征以及经济观念。

　　我们通过对西部农民是否了解一些现代的经济名词或术语的调查，可以考察其是否具有现代经济观念（见图 2 - 12）。

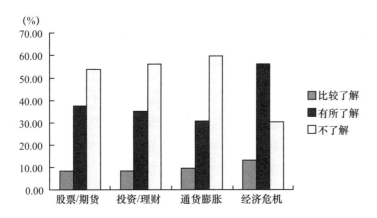

图 2 - 12　关于现代经济名词或术语了解程度的统计

　　由调查可见，对诸如"股票/期货""投资/理财""通货膨胀"

和"经济危机"这样一些现代性很强的名词或术语，均有超过五成的农民表示不了解，反映出其现代经济理念相对薄弱，也较少参与如投资理财之类的经济活动。但对于"经济危机"一项，却有56.2%的人表示有所了解。这是因为自2008年开始的全球性经济危机也通过各种方式直接或间接地影响到了西部农民的经济生活，比如，农民工的"返乡潮"、工资性收入和经营性收入的下降等，使他们感同身受，也必然使得他们通过各种信息渠道去关注和探究原因。虽然很多农民并不了解那些经济名词、术语的含义，但相当数量的受访者有主动获取和了解现代经济知识的意愿，以期学习和形成现代经济观念。要达到这一步当然还有相当遥远的距离，但毕竟是西部农民在经济观念上的历史性进步和提升。

二 西部农民的脱贫致富意识

在与西部各省、市、区农民的交流中，如何尽快脱贫致富是他们最愿意参与的话题。他们普遍对未来家庭生活和经济条件的改善有着更多的期待和愿望，这既是一种急切的需求，也是农村民生的重点议题。

通过何种方式脱贫致富，农民有着各种各样的想法，致富途径呈现出多样化的特点。如图2-13的统计所示，有41%的农民愿意通过寻找收入更高的打工机会来赚钱；38.2%的人想以做小生意这种个体经营的方式实现家庭致富；28.7%的人想要自己创业，投资办厂；16.9%的人想承包更多的土地，扩大种养殖规模以提高收入。而通过家庭作坊、农产品加工、风险投资或经过学习某种专门技术来获取收入，实现致富的农民比例则很小。可以明显看出，农民认为最现实的致富途径是外出打工和个体小本经营，也是最容易实现的致富方式，其所占比例要明显高出其他致富的方式选择。这是因为，首先，外出打工和小本生意的经营风险很小，投入的资本不大，不会超过一般农民能承受的风险范围；其次，不需要获取和了解大量信息，只需通过亲朋好友的聊天交谈和简单观察就能得到信息；其三，无需专业技术和市场营销经验，只需要有劳动体力和少量资金就能实现。据此可以得出如下结论，西部农民的致富意识十分明确和强烈，致富需求也极为迫切，但是实现致富的途径不多，致富信息贫乏，而自身的致富能力也较低，在一定程度上折射出西部农民强烈的致富需求所面临的现实困境。

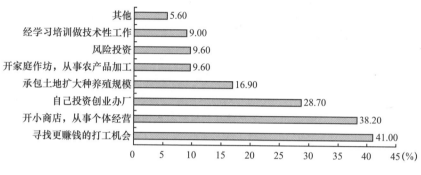

图 2 - 13 关于农民希望的致富方式统计

三 西部农民的致富信息渠道

中国农村实际上存在着丰富多层的传播体系，既有以政府行政管理部门为信源的组织传播系统，也有以大众传媒为信源的大众传播系统及日益兴起的网络、手机等新媒体传播，还有民间经纪人、中间人等的个体人际传播，在这些不同的传播系统中还有着极其复杂的传播互动现象。

在调查中，有 35.6% 的农民表示获得过致富信息，而 64.4% 的人表示从未获取过，这与他们对于致富信息的强烈需求形成了鲜明对比。

在表示获得过致富信息的对象中，如图 2 - 14 显示，50% 的人源于电视，31.9% 的人是从网络上获得致富信息的，通过亲朋好友得到信息的占 27.7%，26.6% 的人通过报纸杂志获得信息；而从标语横幅、宣传栏/宣传单、村委会/乡镇政府、专业合作社/专业协会来获得致富信息的人群比例分别只有 4.3%、6.4%、5.3% 和 2.1%。可见绝大多数农民是通过大众传媒和人际传播的方式获得致富信息的，其中电视仍然是主渠道，但是网络等新媒体在信息传播与利用中的角色也越来越显重要。

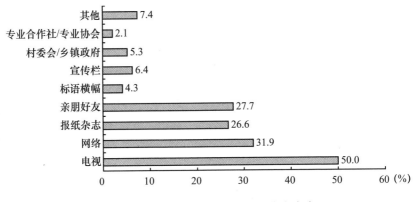

图 2 – 14　关于致富信息获取渠道的统计

（一）政府组织传播的缺位

各级地方政府在传播农民致富信息，引导和组织农民创业，开展农业新技术和职业技能培训、提供就业信息、农产品市场信息服务等方面负有重大职责。但总体来看，西部很多地方的情况并不理想。对地方政府提供的致富信息服务满意度调查统计数据显示，只有不到15%的农民表示了满意，而有45.4%的农民则予以否定，表示不满意或很不满意（图2–15）。

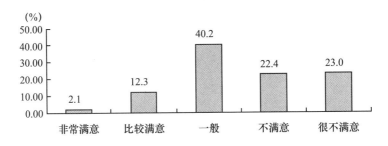

图 2 – 15　关于政府提供致富信息满意度的统计

为什么如此之多的农民对于政府提供的致富信息服务满意度如此之低？从访谈中了解到，首先是地方政府没有提供这种信息服务，许多农民无法从政府传播渠道中获取致富信息；其次是一些地方虽然也开展了这方面的信息服务工作，但常常是为了应付上面的检查，形同虚设，被农民看作形象工程；最后是政府提供的信息内容本身不实用，与当地实际情况相差较大，没有什么利用价值，因此农民并不买账。这样的信息服务与农民的实际接触和感受之间形成巨大的反差，组织传播的缺位和不尽如人意现象十分明显，农民对此的评价不高也就在情理之中了。

（二）大众传播的效果有限

在经济领域的致富信息传达上，以电视和互联网为代表的大众传媒无疑占有相当的优势。通过对农民经济类节目的收视调查统计可知，有53.5%的人喜欢看农民致富故事，他们对电视报道的农民致富典型和致富经历很感兴趣。除了农民致富故事外，还有46.5%的农民关注国家的宏观农村经济政策，包括农业补贴、税费改革等。此外，有30.2%的人关注农业科技信息，有29.6%的人比较注意地方政府的惠农举措，对于农民创业、农民就业和保障、农业市场等信息也有相当数量的受访者关注（见图2-16）。

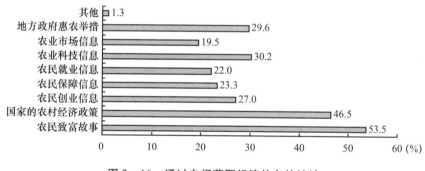

图2-16　通过电视获取经济信息的统计

虽然西部农民对电视所传播的致富信息关注度很高，但是有相当多的受访者认为对于他们的生活没有什么影响，不少人说："看了也就看了，没啥用处。"如在农民中很受欢迎的中央电视台财经频道的《生财有道》，其宗旨为"专注于农村致富专题的制作，挖掘最具指导性的致富故事，为农民朋友学习交流致富经验提供更多的实际帮助"①。每期都讲一个农民通过自己的努力，历经挫折，战胜重重困难，终于致富的故事。其表现手法轻松活泼，情节曲折，使观众在愉悦中获得致富信息，学习致富经验。我们连续跟踪收看了自2014年8月28日至9月17日播出的16期《生财有道》节目，其中涉及种植业的有5期，养殖业的有10期，但无论是通过养鳄鱼、娃娃鱼、藏獒、野鸡、大王蛇，还是种蔬菜、水果、茶叶，或是开发旅游观光农业来实现致富梦想，都有两个关键问题必须解决：一是初期投入资金量很大，少则三五十万，多则上百万；二是需要大片土地进行规模经营，而这对于刚刚解决了温饱问题的西部农民来说，这种"生财之道"距离他们太过遥远，只能望洋兴叹，其娱乐意义远大于实际意义。

又如陕西农林卫视，它依托有着"中国农科城"和"中国农业硅谷"之称的国家级农业高新技术产业示范区杨凌雄厚的农业科技资源而开办，本来是全国2000多个电视频道中首家真正意义上从事农林科技推广的专业卫星频道，覆盖了华北、西北两大区，在北京、天津、河北、山西、内蒙古、陕西、甘肃、宁夏、青海、新疆10个省（市、区）的城镇和农村地区落地。但因为地理环境差异悬殊，农户很难找到适合自己情况的致富信息，同时又由于提供的经济类供求信息不够及时与准确，在信号覆盖区内农民群众中的传播影响力并不理想，实际传播效果远远低于预期。

脱贫致富作为西部农民内生性的强烈需求，大众传媒上的致富信息对于农民的影响主要只是被送达至到达层面，对于信息的理解和利用则非常缺乏，无法在行动层面起到推动和指导的作用，而且具有明显的娱乐化色彩，成了农民消遣娱乐的内容。由于多数农民不能通过自身的认知和加工完成对信息的消化与利用，于是普遍的到达率与有限的效果就成为大众传媒致富信息传播的典型特征。

（三）人际传播的"亲友效应"

正如前文调查统计数据所显示的，27.7%的被调查农民表示其致富信息来自亲朋好友，而且信任度较高。比如，在关于致富信息来源

---

① 央视网（http://cctv.cntv.cn/lm/shengcaiyoudao/index.shtml）。

的可信度调查中，有 53.6% 的农民表示比较相信亲朋好友提供的致富信息，因为亲友不会说瞎话损害自己的利益。而 19.2% 的人比较相信专业人员提供的信息，包括农业科技、法律、医药健康等方面的专业人员，因为他们在这些方面具有权威性。15.6% 的人表示来自农民企业家的信息可信度更高，因为这些人的致富能力比较强，所以在致富信息的获取上渠道更广，信息更真实，可用性更强。但也有部分农民认为，这些乡村的经济精英只顾自己的经济利益，一般不会或很少向邻里乡亲提供有用的信息。14.4% 的人表示相信村干部提供的信息，因为这是其工作的一部分且具有官方背景，应该相信。12.0% 的人表示相信专业合作社或协会带头人，8.4% 的人会相信种养殖业大户所提供的信息。虽然有一部分仍在务农的村民对于专业合作社和种养殖业大户提供的致富信息表示认同，但由于西部农村中大多数农民离开乡村进城务工，所以这部分人所占比例较低。调查中有一个比较奇怪的现象，就是 22% 的人选择了相信其他人提供的致富信息，其比例仅次于对亲朋好友的信任，这表明农民对于可以获取的致富信息多种人际传播渠道的信任度普遍较低（见图 2－17）。

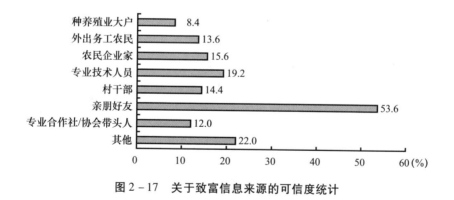

图 2－17　关于致富信息来源的可信度统计

由调查可见，选择"亲朋好友"选项的比例远远高出其他选项，反映了多数农民在致富信息的可信度上高度依赖自己的亲朋好友，而对其他信息来源的信任度则较低。这种现象表明，在当前的农村社会中，虽然传统的地缘、血缘纽带已不像过去那样紧密，也不能再像过去那样发挥其功能，但是亲朋邻里关系仍具有强大的影响力，对于亲朋好友的依赖和信任仍是乡村社会信息传播的交往核心。

从西部农民获取致富信息的渠道来看，广播、电视、网络等大众媒介的有限传播效果，对于组织传播的忽视与不信任，以及人际传播的亲友效应，这样的传播格局与农民自身的需求形成了强烈的反差。因此，要改变当前对农致富信息传播的尴尬局面，就要坚决落实中央"精准扶贫"战略，因地因人施策，实施精准传播，通过各种媒介和渠道传播、扩散农民用得上、能致富的信息。还应充分发挥组织传播和人际传播的劝服功能，帮助他们找到"脱贫致富生长点"，实现经济创收，提高致富信息传播的有效性，促进农村经济的可持续发展。

第四节　科技信息传播的缺位与新媒体的期待

农业科技是实现中国农业现代化的关键，中国农业发展的根本出路在科技。

所谓农业科技信息传播，即将农业科技知识信息通过各种渠道的扩散传达到不同的受众群体或个体，从而实现农业科技知识信息的共享，促进现代农业的发展。在中国农业发展过程中，农业科技有力地推动了农业发展，解决了被外国人称为世界"超级难题"的13亿人吃饭问题，创造了以世界7%左右的耕地养活世界20%人口的奇迹。但同时，当前中国农业科技成果的转化率和贡献率都相对较低。"十一五"期间，农业科技成果转化率只有40%左右，"十二五"期间突破了50%，即便如此，仍远低于发达国家80%以上的水平。[1] 而农业科技对农业增长的贡献率为53.5%，[2] 发达国家的农业科技进步贡献率一般为60%—80%。造成这种差距固然是多方面原因共同作用的结果，但是农业科技传播的有效性不高也是重要的影响因素之一。

---

[1]　余靖静、王政：《我国农业科技成果转化率仅四成左右》，新华网（http://news. xinhuanet. com/fortune/2011－11/08/c_ 111153743. htm）。

[2]　管建涛、许正：《科技进步对我国农业增长贡献率达53.5%》，中国政府网（ht-tp://www. gov. cn/jrzg/2012－08/12/content_ 2202543. htm）。

　　近年来，西部农村的科技传播服务体系建设有了较大的改善，培育、建立了多层级的农业科技传播主体，广泛开展了各种形式的农业技术培训和新品种、新技术的推广，农民的科技素质也有很大的提升。但是农村科技传播服务仍然存在很多问题，如科技信息传播供需脱节，农民的科技需求未能得到有效满足；农业科技传播资金投入较少，科技成果推广缺乏资金支持；科技人员专业水平与素质不高，主动服务意识不强，等等，给农民学习、了解农业科技新知识、掌握和使用农业新技术造成障碍，直接影响到农民收入的提高和农业科技的发展。

一　政府农业科技传播的缺位与失位

　　虽然现在西部农民也能够从其他的传播渠道获取农业科技信息，可供选择的媒介较多，如电视、网络、图书等，已呈现出多样化的特点，但是政府主导下的农业科技传播仍然是其主渠道，它主要由各级农技推广中心构成，形成了由政府领导，农业行政部门主管的从中央到县、乡镇的农业技术推广体系，机构比较健全，技术力量较强，具有较好的传播能力。

　　但是在调研中，我们对一些地方的农业科技推广现状深感忧虑，即政府组织的农业科技推广传播服务存在着比较普遍的"缺位"和"失位"现象，并有明显的走过场、树政绩的倾向。看似轰轰烈烈，十分风光，实际上却没有任何效果。相当数量的农民其实并没有享受到政府主导下开展的各项农业科技传播服务，也没有机会通过这种渠道获取所需的农业科技知识，影响了农民对于农业科技信息的认知与使用。

　　我们在甘肃平凉市、陕西汉中市和贵州毕节市建立的长期跟踪观察取样点的 12 个行政村调查显示，虽然当地也做过一些农业技术培训，但仍有 55.4% 的农民表示村里没有关于种田、养殖和水果蔬菜的农业技术培训，有 26.8% 的人表示不清楚村里是否有农业技术培训，只有不到 20% 的农民明确表示参加过此类培训活动（见图 2 - 18）。

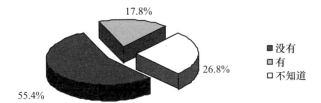

图2-18　关于所在村是否开展农业技术培训的统计

通过专业培训掌握脱贫致富的技术和手段，是当前西部农民十分急切的信息需求。但政府职能部门的不作为阻断了他们获取农业科技信息的渠道，也就堵住了脱贫致富的大门。这种政府职责的"缺位"不仅拉开了与农民的距离，同时也降低了农民参与的积极性。

除了在农业科技传播工作上的"缺位"外，还有一种政府职能的"失位"现象也较为突出。各地政府每年都会通过各种形式展开"科技下乡"活动，主要的活动形式一般为：设专家咨询台以解答农民的种养问题；发放各种宣传册、传单等科技资料；赠送科技图书；放映农业科技和科普电影或录像等。这些活动吸引了部分农民参与，在提高农民的科技素养和对农业科技的认知方面发挥了一定的作用。但是从对参加过"科技下乡"活动的农民的调查来看，不少人对此评价不高。如图2-19所示，28.5%的农民认为，"科技下乡"活动是乡镇村干部们搞的突击宣传，没有什么用处。23.4%的人认为，"科技下乡"活动就是做样子，领导来转一圈，拍拍照片就走人。而在各选项中相当数量的农民则选择了"不好说"，所占比例最高，只有21.8%的农民对"科技下乡"活动持肯定态度。这就表明很多农民对这种活动形式并不认可，而且有近三成的农民对此持否定态度。

政府主导下的农业科技传播服务的缺位与失位，反映了在行政体制运作模式下农业科技信息传播的弊端。国家实施"科教兴农"战略自然要运用行政权力，以行政措施来强力实施某些农业项目，通过各级政府逐级落实到基层，是当下常见的政府行为。这种所谓"硬任务"或"硬指标"的推进模式虽然有易发动、速度快、效率高等优势，但在现实中也确实出现过很多问题，如脱离当地农村实际，违背农民意愿，在有些地方甚至蜕变为形式主义、政绩工程，农业科技传

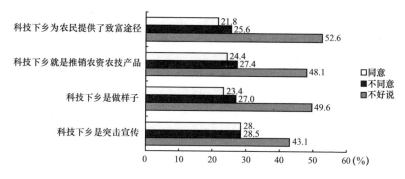

图 2－19　关于农民对"科技下乡"活动评价的统计

播的有效性更是无从谈起。

二　电视传播的尴尬

在各种大众传媒形式中，西部农民与电视媒介的接触率最为亲密。电视所具有的传播迅速、覆盖面广、声画兼备、视听效果好等优势，本应是农业科技推广最形象、最快捷的方式之一。然而实际情况却并非如此，农业科技类的电视节目在传播农业科技信息方面并没有有效发挥作用，影响了传播效果。

首先是农业电视专业频道的匮乏，目前全国只有中央电视台的CCTV—7即军事农业频道、陕西农林卫视、吉林电视台乡村频道、山东电视台农村科普频道、河北电视台农民频道、河南新农村频道 6 个农业电视专业频道，仅占全国 3985 个电视频道的 0.15 ％。① 而CCTV—7 又是通过有线播出，在西部农村很多地方无法收到。吉林电视台乡村频道、山东电视台农村科普频道、河北电视台农民频道、河南新农村频道信号均不在西部落地，农民也无法收看。实际上西部地区农村只有一部分农民能看到 CCTV—7 和陕西农林卫视的农业科技节目。

其次是农业科技类节目数量少，播出时间短，适用性不高。以CCTV—7 为例，《致富经》每期 30 分钟左右，《科技苑》每期 23 分

----

① 《中国广播电视年鉴（2012）》，中国广播电视出版社 2012 年版，第 2 页。

钟,《农广天地》每期12—20分钟,陕西农林卫视的农业科技节目也只有《科技大篷车》和《天天农高会》两档,每期20分钟。即便是能收看到央视7套和农林卫视农科节目的农民,也很难经常性地从中获取自己所需要的农业科技信息和技术。

西部各省级电视台由于自制节目数量有限,为了博取较高的收视率,大多为都市频道,以城市居民为目标受众,多数时间播放新闻、经济、影视和生活、娱乐节目,一般都没有开办对农频道,农村专栏节目也很少。

西部地区幅员辽阔,各地区农村的气候、作物、特产乃至种养殖技术有着很大的区域差别,而这正是地方电视台的优势所在。西部的市、县两级地方电视台本应利用地缘优势,通过直观、快捷的电视媒介,以本土农民为目标受众,以对农科技服务节目为知识信息载体,承担起农业科技推广,加快本土农业科技进村入户和农业科技成果转化的重任。然而,西部地方电视台一直在生存与发展的双重压力下艰难地拓展自身的生存空间,普遍面临着财政困难,专业人才匮乏,技术和设备落后的困境。以四川为例,受体制和经济发展水平的制约,州、县两级财政投入明显不足,导致州、县广播电视节目覆盖严重滞后,州、县广播节目的覆盖率仅为19.67%和14.15%,电视节目也只有52.26%和61.46%,[①] 这种状况严重影响和制约着农业科技信息的采制和传播。

电视农业科技信息传播的频道、节目数量与受众群体严重失衡,农业科技信息稀缺,供应不足,无法满足农民的需求,这正是当前以电视为代表的大众传媒在西部农村农业科技信息传播方面的尴尬现实。

三 新媒体的使用与期待

国家西部大开发战略的实施,使西部农村信息基础设施建设和发展跃上了新台阶,信息传播的落后面貌发生了巨大变化。目前基本实

---

① 《四川广播影视"十二五"发展规划》,http://www.doc88.com/p-517675742335.html。

现已通电地区的"村村通电话，乡乡能上网"，使得农民从网络上获取各种农业科技信息成为现实，丰富了农民信息来源的途径和渠道，提高了农民主动寻找获取信息的积极性，扩大了农业科技推广和传播的范围与力度。

虽然网络的普及率逐年攀升，但是对于农民这一文化教育水平较低的群体而言，他们在利用网络的过程中仍然存在着许多难以克服的困难。调查显示，在农村会上网的人数仅占27.2%，且多为年轻、文化水平相对较高的人群，绝大部分农民并不会上网。就是在会上网的农民中也仅有3.9%的人能经常性地通过网络查找有关农业科技信息；39.5%的人会偶尔在网上查阅相关信息，而会发帖询问农业科技信息的人只有4.3%（见图2-20）。

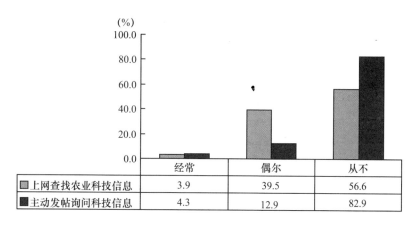

(%)	经常	偶尔	从不
■上网查找农业科技信息	3.9	39.5	56.6
■主动发帖询问科技信息	4.3	12.9	82.9

图2-20　关于农民通过网络获取农业科技信息频次的调查统计

制约和影响网络在农民中普遍使用的主要因素，一是西部地区农村大多处于山大沟深的偏远山区，网络基础设施建设相对落后，恶劣的地理环境使得网络宽带难以实现对乡村的覆盖；二是农民虽然对于网络信息的传播存在较强的接受愿望，但受制于家庭经济条件，多数家庭没有能力购置电脑和支付上网费用；三是西部农民文化水平低，传统观念影响深，又没有计算机操作技能，也限制了对网络的广泛使用。

而新媒体的另外一种信息工具——手机，目前在西部农村已经相当普及，16—50 岁的农村居民几乎人手一部。为了解决农村信息传播"最后一公里"问题，实现信息进村入户，手机短信作为一种增值信息业务，在西部农村地区得到了快速发展。但从实际调查来看，农民对于利用手机短信接收、获取农业科技信息并不积极，很多农民不会收发短信，也从不定制诸如农业气象预报、农业实用技术、市场行情、农副产品价格等短信服务，更多地表现出一种无所谓的态度，这与已将手机短信作为获取各种信息和与外界联系的主要手段的青年农民工截然不同。在我们的调查样本中，年龄在 18—35 岁之间的青年农民工几乎都会上网和收发短信。所有接受调查的农民工都意识到这是一种必须学会的技能，并不单纯是为了消遣和娱乐，更重要的是希望自己跟上科技时代的发展。这种在信息获取和信息交流上的巨大反差，其本质是现代工业文明与传统农耕文明的碰撞与冲突，反映出农民经济意识和观念上的变化：青年农民工接受了城市现代文明的洗礼，愿意购买信息并相信信息消费会带来回报，即承认"信息的含金量大于购买信息的费用"，[①] 这种观念的变化是农民进城融入现代文明，也是未来城乡经济社会发展不可或缺的条件之一。目前西部乡村的大部分农民并没有主动利用手机获取农业科技信息的意识和习惯，虽然通过手机可以接收到一些科技信息，这些信息往往由于农民知识水平和农业生产经验的不足而存在着盲点，有很多超出了其理解范围。囿于经济条件和知识水平限制，很多农民还不习惯求助于网络及时咨询，因此也无法得到及时有效的帮助和反馈，手机在传播农业科技信息方面的作用并没有真正发挥出来。如何利用网络、手机等新媒体获取科技、经济信息并带来经济效益，对于西部农民来说还是一个崭新的课题。

综观当前西部农村的农业科技信息传播，电视依然是最为形象直观、最快捷方便的传播方式，也是农民获取科技信息的重要渠道之一。但是农业科技类电视节目数量少，播出时间短，实用性不强等问题比较突出，在内容选择、播出时段安排等方面，与西部农民的实际

---

① 方晓红：《以经济信息促农村经济发展——试评〈新华日报·城乡大市场〉专版》，《新闻通讯》2001 年第 4 期。

相差较远，这就大大降低了农民接收、接受和进一步使用转化科技信息的热情与行动。报纸、书籍因其携带方便、易于保存等特点，也能在农业科技的传播过程中发挥一定的作用。但是受制于农民的文化水平与当地的经济发展程度，在农村的传阅率很低，很难提高农业科技信息传播的有效性。而作为农村信息化建设新锐的网络、手机等新媒体，虽然目前由于各种原因，在科技信息传播方面的作用还差强人意，但从其发展趋势来看有着广阔的前景和市场，为农民提供适时有效的科技信息服务，应该为我们所期待。

第五节　"文化下乡"与农民文化权益保障

近年来，各地各级政府在公共文化建设和服务方面已经做了大量的工作和有益的探索，促进了农村文化的进步和发展，但是由于城镇化进程对农村社会的冲击和影响，农村原本自给自足的传统文化体系在巨大的冲击下渐趋解体，而基于现代工业文明的新农村文化系统又尚未建立，造成了目前农村文化的真空化和虚无化，农村文化建设面临着重重困难，这是对农文化传播必须面对的现实。

一　农村公共文化设施匮乏与不均

从总体上看，西部农村的公共文化设施以乡镇文化站（文化服务中心）、农家书屋、文化体育器材等为主，基本上各乡镇都有文化站和一些文化体育设施，但分布很不均匀，一般都集中放置在乡镇行政中心附近，而农民生活和劳作的主要空间即村庄里的公共文化基础设施却不多，在一些村子里就见不到任何文化设施，供需矛盾比较突出。

公共文化基础建设在质量方面的差距悬殊。条件较好的文化站里阅览室、台球、乒乓球、健身房等设施齐全，但还有很多乡镇村文化站则徒有其名，里面空空荡荡，有的常年紧锁大门，寥寥无几的文化体育设施落满灰尘。

西部农村地域广阔，人口相对稀少，一般乡镇行政管理所辖范围较大。主要集中在中心乡镇的公共文化设施，对农民而言实际上并无多少作用，为享受一下文化体育设施而专门跑上几十里路到乡镇去，在他们看来是不可思议的笑话。因此公共文化设施的匮乏和资源布局失衡，不仅让很多农民无法得到公共文化服务，也导致公共文化设施的利用率极低（见图2－21）。

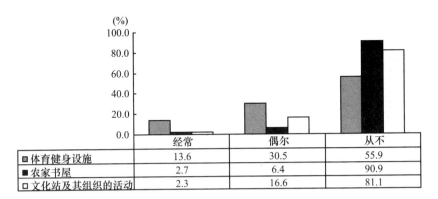

	经常	偶尔	从不
■体育健身设施	13.6	30.5	55.9
■农家书屋	2.7	6.4	90.9
□文化站及其组织的活动	2.3	16.6	81.1

图2－21　农民对公共文化设施使用情况的调查统计

如图2—21所示，农民对文化设施的实际使用情况与近年来政府重点投入的农村文化设施建设项目有很大出入，如农家书屋和乡村文化站，都是从中央到地方的各级政府花费大量人力、财力、物力重点建设的项目。以"农家书屋工程"为例，该工程2003年在部分省区试点，2007年初在全国农村铺开。按每个农家书屋2万元的配置标准，中央财政采取对东、中、西部地区分别补贴的办法，即按照西部地区80%、中部地区50%的比例下拨补助资金，东部地区则按建成数量和建设进度予以奖励。2007—2012年，中央财政累计安排资金59亿元，在全国建成标准书屋60多万个，实现了"农家书屋村村有"的目标。[①]再以陕西省为例，该省2007年3月正式启动农家书屋建设工程，历时5年，于2012年8月竣工。工程累计投入资金5.74

---

① 徐蕊、韩洁：《中央财政下达2012年农家书屋工程资金和"211工程"奖励资金共15.83亿元》，新华网（http://news.xinhuanet.com/fortune/2012－11/21/c_113755113.htm）。

亿元，建成标准农家书屋 27364 个，覆盖了全省所有的行政村。① 但是调查统计显示，使用过农家书屋的农民却不足 10%，和当初实施农家书屋工程的设想与预期相距甚远。西部农村公共文化设施使用效能低下的状况相当普遍，按照上述三项公共文化基础设施的平均使用率计算，有 75.9% 的农民表示从未使用过这些设施，只有不到 25% 的人有过使用体验，就是在这部分农民中，经常使用的人群所占比例也极小，总体上实际使用情况很不理想。公共文化设施的匮乏和分布不均所造成的后果明显表现在两个方面：一是社会公共服务并没有惠及大多数人群，只有少数人可以享受公共文化产品和服务，对多数农民而言有失公平。推进基本公共服务均等化，解决公共产品和服务在相应主体间分配不公平与不均衡的矛盾，是政府的重要职责。假若所提供的农村文化公共服务将多数农民排除在外，使其文化需求无法得到实现，就伤害了农民群众的基本文化权益。二是违反资源优化配置的客观规律，农村公共文化设施的闲置和使用效能低下，浪费了国家对农村文化事业的大量投入。不少农村文化站、农家书屋门可罗雀，无人问津。在西部农村，某些公共文化产品与服务的过剩和稀缺同时存在，这种奇怪现象事实上意味着公共财政资源使用效益的低下。

耗费巨资建成的农家书屋及其他文化设施的实际成效并不明显，农民对设施的使用兴趣如此之低，有关方面应该反思，如何科学合理地配置农村公共文化服务资源和设施？农民愿意接受什么样的文化服务内容？农民喜欢什么样的公共文化设施？要防止出现上述种种弊端，农村的公共文化建设就必须真正为农民所想所谋，围绕着农民的现实需要来规划、设计和提供农村公共文化服务项目，而不是单纯地追求建设规模和数字上的成绩。在公共文化资源的配置上应该充分满足农民使用的方便性，建设能够覆盖大多数农民的公共文化服务体系。在内容上要根据农民的喜好，并且结合当地的文化习俗，提供既丰富多样、饶有趣味又适合农民口味的文化体育设施和文体活动，才能对农民产生吸引力，真正发挥农村公共文化服务的效能。

---

① 杨小玲：《农家书屋覆盖陕西 27364 个行政村》，陕西传媒网—陕西日报，2013 年 2 月 23 日。

二 "文化下乡"和农民的评价

目前，西部农村的文化下乡活动主要表现为"电影下乡""送戏下乡"和"送书下乡"三种形式，但是这些活动的数量较少，频次较低，形式也比较单一。对相关地区的调查显示，在上述三种形式中，"电影下乡"最为普遍，名列第一，"送戏下乡"居中，"送书下乡"则排序最后（见图2－22）。

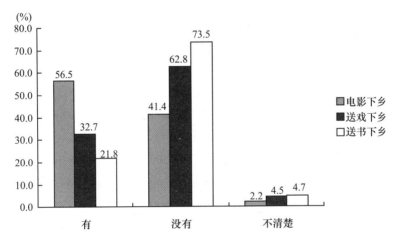

图2－22 关于"文化下乡"活动开展情况的统计

但是最受农民欢迎的文化下乡形式是什么？调查结果却与图2－22的统计大不相同。如图2－23所示，农民最欢迎的是"送戏下乡"，占62.3%，只有22.7%的人对电影表示有兴趣，仅高于"送书下乡"2个百分点，此外还有两成多受访者表示对这些活动均无兴趣。

把这两组数据加以对比，可见当前西部农村公共文化服务供需矛盾仍然比较突出，在一些地区表现为"供不应求"，而在另外一些地方则又表现为"供不符求"，说明"文化下乡"的活动形式和内容与农民的文化需求和喜好还有较大差异，以文化传播为目的的文化下乡活动的有效性自然不会太高。若在二三十年前，这样的农村公共文化

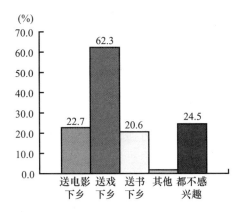

图 2 – 23 关于最受农民欢迎的文化下乡活动统计

服务能够适应农民的精神文化需求，也是颇为农民喜爱的。但在今天，随着时代的变迁，农民的文化需求已经发生了巨大变化，如果仍然套用过去的标准和方式，农民自然不会有什么兴趣。

比如电影，电影在中国农村有过辉煌的历史和无数观众，许多接受我们调查和采访的中老年农民至今还保留着对公社、生产队院场里露天电影的美好记忆。它既是过去年代里农民眼中相当奢侈的一种文化娱乐形式，又是能够获取外面世界各种信息的重要媒介，在农村和农民文化生活中的地位自然无可比拟。自 1998 年实施农村电影放映"2131 工程"和 2006 年开始在 8 个省、市、区启动农村电影综合改革和数字化放映试点工作以来，一村一月放映一场电影的目标已基本实现，"坐在家门口看电影"已经成为农村的常见景象。可是农民为什么对它兴趣不大？一是农村的电视普及率已很高，电视的频道众多、节目多样、选择性强、信息量大等特点，是电影无法取代的。会电脑操作的农民，更可以上网搜索观看喜爱的影视。二是在农村放映的影片无论内容还是题材都比较陈旧，或是带有很浓的意识形态色彩或宣教意味，因而无法吸引农民，尤其是青年农民。又比如原本在农村很有市场、广受欢迎的科教片，随着农村的"空心化"也日渐没落，没有了观众。加之科教片的生产周期较长，常常跟不上农业科技发展的速度，不少科教片内容陈旧落后，无法适应农民的需求。

目前西部农村的文化传播总体情况并不乐观，其根本原因在于对农文化传播没有突出农民的主体地位，政府提供的公共文化产品和服务与农民群众的实际需要相距太远，在很大程度上变为政府自上而下的硬性摊派和强令宣传。这种一厢情愿式的文化传播和文化建设没有内生性动力的支持，农民对国家文化动员的认同度自然难以提升。同时由于农民的媒介接触范围不断扩大，电视、电脑、手机等传播媒介在农村大量普及，在信息获取方面，城乡界限已经开始变得模糊。这种趋势使得农民和市民的文化需求越来越相同，文化选择也将慢慢趋于一致，因此只有立足于农民的文化需要，积极探索和改进农村文化建设的内容与形式，提高实效，才能真正使农民受益，满足农民群众日益增长的文化需求。

第三章 西部农民的信息需求与信息行为

　　中国西部地区占全国总面积 2/3 以上，大部分地区为高山、荒漠、戈壁、高寒地区，自然条件差。西部农村绝大部分地处山区、高原、偏远荒漠地区和地方病高发区，自然资源贫乏，生产、生活条件恶劣。

　　据中国社会科学院和国务院扶贫办联合发布的《中国扶贫开发报告 2016》数据，到 2016 年，中国农村贫困人口仍有 7017 万，其中西部地区占 57.0%；绝对贫困人口有 1175 万人，占全国农村绝对贫困人口的 54.7%。在全国省级贫困人口发生率最高的前十名中，西部占了六名，西部农村贫困地区发展滞后的问题还没有得到根本改变。① 恶劣的自然条件、复杂的地理环境和交通不便，严重阻碍了各种信息传递渠道的畅通，直接影响着这些地区经济的发展。目前，中国存在着东部与西部、城市与农村社会经济发展的不均衡，西部农村地区社会经济发展一直相对落后。在中国逐步迈向信息化社会的当下，经济发达的中、东部地区通过经济优势，在信息化建设中处于领先地位，将经济优势扩展到了信息层面，反过来信息优势又会促进经济的发展，再次形成经济优势，通过经济优势和信息优势的相互作用和相互补充，最终在经济和信息上形成"马太效应"。而"马太效应"所产生的另一个后果，就是西部落后贫困地区的农民变为信息弱势群体，形成由于信息贫困而导致的"信息孤岛"。随着时间的推移，信息贫

---

　　① 中国社会科学院、国务院扶贫办：《中国扶贫开发报告 2016》，社会科学文献出版社 2017 年版。

困不断加深，必然会影响并阻碍共同富裕的社会经济均衡发展和实现中华民族伟大"中国梦"的历史进程。

目前，在中国西部农村地区，信息需求和信息利用的主体仍然还是农民。农民是农村生产经营活动的主角，更是社会主义新农村的建设者，其信息意识、信息需求和信息行为都直接关系着对农信息传播的有效性，是决定农村信息传播效果的重要因素。

在对农信息传播研究领域里，开展农民信息需求与信息行为的研究，不仅十分必要，而且非常急迫。尤其是当前全国上下按照党中央和国务院的部署，进入扶贫开发攻坚阶段。在这个"啃硬骨头、攻坚拔寨"的冲刺期，扶贫开发中的信息传导和作用机制所存在的缺陷与问题也日渐突出，弊端逐步显露。如何认识和解决这些问题、缺陷，改革、完善对农信息传播方法，提高农村信息传播的有效性，使之成为扶贫开发工作的重要组成部分和推动力，不仅是严峻的考验，而且是对农信息传播的担当和责任。

扶贫开发"贵在精准，重在精准，成败之举在于精准"。① "精准扶贫"的前提是"精确识别"，基础是"精准传播"。"精准扶贫"很重要的一点就是做好信息的传播交流，提供更多更好的公共服务信息产品，覆盖更多的贫困人口，阻止贫困现象代际传递。因此，了解农民的信息需求，深入研究农民的信息行为，是实现"精准传播""信息到户"，努力提高对农信息传播有效性的必要条件，也是改变农村信息闭塞和信息不对称现状，更好地发挥农村信息化建设的作用，更高效地提供农村信息服务、满足农民信息需求，推进精准扶贫、精准脱贫，加快贫困地区全面建成小康社会步伐的发展方向。

第一节 西部农民的信息意识

信息意识属于意识形态范畴，是人们在认识世界和改造世界中对外部世界信息关系的理解。信息意识受到内在因素和外在信息环境因

---

① 唐任伍：《习近平的"扶贫观"：因地制宜"真扶贫，扶真贫"》，人民网（http://theory.people.com.cn/n/2015/1021/c40531-27723431）。

素的共同影响，一方面，由于长久以来中国农民在主观上对信息的理解比较狭隘和保守，另一方面，中国信息业发展滞后，农村信息环境建设缓慢无序，农民的信息意识总体上比较原始、简单和淡薄，在职业间、地域间和信息内容上呈现着明显的不均衡性。农民信息意识受多种因素的制约，主要包括外部环境和内部因素，具体有地理环境、政策因素、自身及家庭状况、流通环境等；农民信息意识的强弱直接影响着农民行为的改变，增强农民的信息意识有助于农民行为的改变。研究表明，农民信息素质低下的原因，在于农民的低信息意识和低信息能力所导致的信息需求水平低下，与农村信息供给不足形成了暂时性的低水平均衡。由于信息的不对称，较高的农民信息需求水平与较低的农村信息供给效率是目前西部农村信息供需矛盾的主要表现形式：一方面农民信息需求受信息意识水平和"不知去哪查""虚假信息""自身文化水平限制"等主观因素的抑制；另一方面农村信息市场不健全，供给主体少、政府信息服务职能不足、信息整合度低、供给滞后和重复资源浪费使得农村信息供给水平在总量和效率上严重不足。

马斯洛需求层次理论认为，人的需求受生活环境、经济状况、社会地位等因素变化的影响，可能需要生理、安全、社交、尊重和自我实现等不同层次的需求。[①] 信息需求作为人的需求的一部分，是为了解决现实中所遇到的各种问题，受到信息意识的影响，并通过各种信息行为表现出来。因此可以说，信息需求是实现各种层次需求的重要途径。按照信息素质过程结构理论，信息行为是信息素质的外在表现，并通过解决实际问题的步骤而逐渐进行。

信息素质构成终身学习的基础，因此，学习意识和学习行为是信息意识和信息行为最为核心的部分。人的信息行为遵循最小努力、利用与满足、游戏与娱乐等信息行为原则和理论，因此，人们在利用各种信息渠道选择和利用信息时，依据的标准主要是"适用易得"而不是"海量"或"最优"，因此信息获取渠道必须具有易获取性以满

---

① ［美］亚伯拉罕·马斯洛：《动机与人格》，许金声等译，中国人民大学出版社2007年版，第168页。

足信息搜寻者对信息源的主动选择要求。

根据效用理论，信息的效用取决于农民在消费信息时所形成的满足程度，而这一满足程度又取决于农民的个人兴趣与资源条件。个人兴趣的差异除了性格等先天因素外，在更大程度上受个人资源条件的影响。因此，农民的个人差异，对农村信息传播的有效性也可能产生影响。

一　信息价值意识和信息风险意识

从对种养殖业的新品种和新技术等信息的价值判断和风险评价的调查分析结果看，被调查者的交际范围越广，对信息的价值评价越低，对信息就越趋于风险规避。70%的被调查者的社交范围一般不超过三个群体，在联系频繁的社交群体中，家人比例最高，达到84.8%，邻居朋友次之，达82.7%，其他依次是种养殖同行（39.6%）、专业人员（26.6%）、村组干部（26.0%），而乡镇干部和网友均不足10%（见图3－1）。这表明农民的社交范围偏窄且同质化严重。交际范围的扩大可以使农民对信息的价值判断趋于客观，受限于收入水平，农民对风险的承受能力往往有限，因此对信息的使用趋于保守和理性。

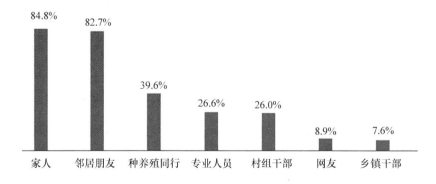

图3－1　关于西部农民社交群体的统计

二　信息搜集意识

从性别差异看，在调查中，男性受访者对农业种养殖技术节目的收看率占比达 59.6%，远高于女性的 40.4%；同时男性对农产品市场信息节目的收看率达 62.6%，也远高于占比 37.4% 的女性。从学历和收入引起的电视节目收看率差异来看，学历和收入的提高往往伴随着信息搜集意识的增强。这表明，提高农村教育水平和收入水平有助于强化农民的信息搜集意识。教育是帮助人们完善其认知能力和分析学习能力的最主要方式，农民所受教育的高低，直接影响着农民的知识结构，影响农民对信息的敏感程度。文化程度高，其所受教育的层次便高，受教育的时间越久，对信息就越敏感，其信息意识就越强；知识层次高，其表达能力就越强，对信息获取途径的学习能力也越强；分析能力增加，其对信息的选择评断就越科学，最终对所获信息的吸收利用也就越充分。随着农民文化程度的提高，其信息需求就会越多、越迫切；信息获取渠道的使用率增加，寻找信息的主动性越发积极，对有偿信息的接受率也就随之增加。

三 信息甄别意识

我们在调查中发现，男性受访者的信息甄别意识总体高于女性，而且年纪越轻甄别意识越强。学历和收入的提高伴随着信息甄别意识的增强。这表明，新生代农民在接受新事物较快的同时，对信息的真伪也越发注重。

值得注意的是，农村女性的信息意识普遍淡薄，呈现出一定的封闭性，主要表现为情报嗅觉迟钝，对网络信息这种新生事物持怀疑和不信任态度，认识不到信息的巨大作用，缺乏应用信息的积极性。在中国，在从事农业、林业、畜牧业和渔业的全部劳动力中，女性占了一半以上。中国正经历着"农业女性化"的问题，因为农村男劳动力都移植到城镇地区从事非农业生产。根据世界粮农组织的调查，农村妇女承担了世界上一半的粮食生产任务，妇女为保障粮食安全和家庭稳定发挥了重要作用。[1] 她们的劳动不仅服务于自己的家庭，也为了整个农村社区的稳定和发展。在对农信息传播的实践中，她们本应

---

① 孙秋、周丕东：《农业女性化对妇女发展和农业生产的影响》，《贵州农业科学》2008 年第 38 卷。

在信息传播过程中扮演重要角色。这一方面是因为女性作为家庭主要劳动力，拥有获取信息、利用信息和培养信息技术，提高媒介素质的权利；另一方面，女性在信息认知水平和能力上的提升，在维护农村社区和农业生产的可持续发展上具有积极作用。

四　学习意识

学习意识是信息意识的核心，调查显示，西部农民家庭成员的学习意识与家里是否有电脑、电视，是否经常上网或利用手机微信，是否有网友等具有明显的相关性，差异也比较显著。调查发现，在一些经济发展较好的乡村，电脑普及率已经达到40%以上，手机普及率也几乎达到100%。41.9%的受访者经常上网，但是和网友联系频繁的只占总体的11.5%。由于农民利用网络的水平较低，多数人仅仅是将它作为娱乐工具，因此在农村进一步提高网络普及率，同时提高农民应用网络的水平，扩大农民的网络社交范围，是提高农民学习意识和信息意识的重要途径（见表3－1）。

表3－1　　　　　西部农民个体特征与信息意识的相关性分析

项　　目	信息价值意识	信息风险意识	技术信息搜集意识	市场信息搜集意识	信息甄别搜集意识	信息利用学习意识
性别	－ 0.004	－ 0.013	－ 0.191	－ 0.157	－ 0.149	－ 0.130
年龄	－ 0.053	0.038	0.103	－ 0.130	－ 0.206	－ 0.194
学历	0.020	－ 0.026	0.188	0.152	0.202	0.258
人均年收入	0.090	－ 0.101	0.213	0.140	0.134	0.132
信息工具数量	－ 0.060	－ 0.038	－ 0.043	0.124	0.098	0.185
社交群数	－ 0.153	－ 0.175	0.099	0.126	0.076	0.152

第二节　西部农民的信息需求

信息化是中国农业的必然发展趋势。西部各地的农业信息化建设也正在积极推进，在取得一定成就的同时也面临着很多困难，比如信息共享效率低，推广成本高，信息内容陈旧，传播渠道单一，互联网等媒体没有得到有效开发等都是普遍存在的现象。信息的内容、传播速度、渠道在很大程度上决定着信息的质量和效果，对农业、农村发展的意义重大。特别是在"脱贫开发"攻坚中如何根据不同地区农民的需求，提供具有针对性、有应用价值的信息服务，就要求信息涉农服务机构深入研究不同地域、不同农户的特点，充分了解各地区农户的信息需求，开展因地、因时、因户、因人的精准传播，才能够提供有价值的信息服务，提高改善对农传播的有效性。

一　西部农民的信息需求特征

信息需求是引发信息消费、实现信息价值的原动力。农民的身份属性及所处经济、社会环境在某种程度上决定了农民的信息需求特征。

（一）信息需求意愿不强

信息需求量大小是信息需求意愿高低最直观的表现。从宏观的角度着眼，随着农业综合生产能力的提高，农村改革的进一步深化，农民生活的持续改善，农业经济稳定发展，农业现代化、市场化和国际化的发展步伐加快，农民对准确、及时、权威的政策类信息获得应该有着迫切的巨大需求。但我们发现，西部农民实际上对于农产品市场类和农业科技类信息的有效需求并不多，也远非人们所想象的那样迫切。其主要原因有四：一是西部农民普遍收入较低，种养殖规模小而散，生产经营基本上还停留在原始状态，自给自足的小农经济无论是对于信息技术的利用，还是对信息的搜集、分析、应用都没有什么需求；二是西部农村信息市场发育滞后，信息传递速度慢，交互性差，信息内容单调，信息产品和技术没有显著的实用性，农民获取信息的成本偏高，而且由于市场不规范所导致的假冒信息大量存在；三是农业和农村信息咨询服务落后，农户经营规模对信息消费者和生产经营者收益空间有着明显的制约作用；四是农民自身素质总体偏低，缺乏对农业科技的热情，对通过媒介学习和使用农业科技显得相当被动、淡漠。许多农民的务农积极性不高，尤其是青年农民，强烈的进城愿望使得他们很难把心思放在农业与农村上，就更没有这方面的信息需求意愿了。

（二）信息需求种类差别明显

西部农民对政策信息、市场信息、科技信息、生活信息及娱乐信息五大类信息都有需求，但农民对政策类信息需求最高，最低的为科技信息。这不仅表现出西部地区特别是贫困地区对于政府和国家惠农政策的强烈依赖，也是过去多年来我们对贫困地区采取的"输血式脱贫"所形成的惰性与习惯。

此外，信息需求类型的选择性明显。地域差异性和经济发展水平决定着农民群体不同的信息需求偏好，而人口学因素（如年龄、性别、经济收入等）相同或相似的农民群体在媒介的选择、内容的接触甚至对信息的反应上都有很多相同之处。比如，排在东部发达地区农村居民信息需求类型前五位的依次为国内外新闻、休闲娱乐信息、气象信息、政策信息以及农业技术信息，表现出与西部农民信息需求类型的显著差异。这种差异与职业背景有着密切的关系，发达地区农村居民多从事现代工业、旅游业、服务业、建筑业及个体经营等，而西部地区农村居民大多仍以传统农业为主。传统农业、兼业经营、专业化农户、非农性质的农户等若干种农户经济组织结构的差异使得农民个体的信息需求在经济层面也呈现出很多不同。

对应不同的信息需求类别，农民对信息的载体表现形式也有不同的期望。单单是语音、文字的信息无法满足他们的各种生产、交易需求，如新品种的栽培、果树的嫁接、禽畜的养殖，文字、声音信息无法表达清楚的，就需要多媒体的信息渠道，通过听专家讲座、看农技科普片的视频方式，会更加直观，容易理解。

实践证明，西部农村普遍存在的家庭经营模式已经无法适应现代农业在市场经济下的发展需要，当前农民亟待解决的问题是减少农业生产的盲目性，"谁能告诉我，今年种什么？"一到播种季节，农民种地只能随大流，"跟风种植"往往导致"种啥啥多、卖啥啥贱"，"伤心大白菜""伤心柑橘"事件屡屡发生。因此，准确、及时的农业种植养殖技术和农产品价格、销路、供求等市场信息应该有着巨大的需求。

（三）新媒体环境下的信息需求特点

随着西部农村信息化建设的发展，西部农民信息需求呈现出实用性、就近性、多样性等特征。

1. 实用性

农民所寻求的信息，大多是为了满足其生存需要或发展需要，具体表现为"生存信息"和"帮助信息"。生存信息指的是解决农民日常生活、生产需要的经济信息；帮助信息指的是能够帮助农民适应社会环境变化等需要的政治、文化信息。比如，农民为了减少病虫害或农药的污染，会多方打听信息，以便在实践中做出更好的预防。

2. 就近性

农民一般都习惯于在其生存空间范围内或是情感距离范围内寻求最便利的帮助对象。社会人际关系学认为，在社会交往中，"物理上的就近性"使人更愿意在周围寻找朋友、寻求帮助，西部农民的信息交往也同样符合这一规律。在调研中可知，农民喜欢从近距离的地方、最亲近的人那里获取信息。家人、邻居、朋友，是农民最首要的、最乐于接受的信息源，是他们获取信息最重要的渠道。因为这些信息在他们看来比较可信赖、可靠，而且获取成本比较低。

3. 多样性

农民的信息需求随着时间、地域等的变化和个体差异而有所不同。在信息需求内容上，农民需要农业信息、就业信息、健康信息、职业培训信息、政策信息、市场信息、技术信息、气象信息、致富信息、娱乐信息等多个方面不同层次的信息，既需要即时性的信息也需要潜在的长期信息。在区域差异上，农民的信息需求依当地文化、经济、技术水平的不同也会有所不同。农民的信息行为区域性差异很大，相关的影响因素有居民的性格特点、土壤特征、社会经济条件等。在不同时期内，农民的信息需求也会从低级向高级发展。如四川省农调队 2000 年与 2004 年分别对农村进行了信息化调查，对两次调查结果进行比较发现：农户对国家政策、其他商品市场行情、农科知识、法律知识等的关心程度基本上都提高了 40 多个百分点。①

4. 互动性

农民在接收信息上过去是比较被动的，落后、单向的信息接收方

---

① 洪秋兰：《国内外农民信息行为研究综述》，《情报资料工作》2007 年第 6 期。

式目前已经无法满足农民的需求。过去农村基层主要是靠开会、办班、发资料、广播电视等方式传播信息，农民被动地、单向地接受农村基层干部和农业信息机构的信息传播，对信息资源的利用缺乏积极性和风险防范意识，造成农业信息的传播效率不高。农业信息传播的落后性、被动性、单向性必然造成农业信息的滞后，极易导致农业生产的大起大落，导致农产品过剩或短缺，引起价格波动，以致无法真正体现农产品的价值，影响农业结构调整的进程。

调查发现，农民普遍希望在获得信息上能够增加自己的主动性，在信息的接收上能够掌握主动权。他们不满足电视、广播、报纸的单向传播，能碰到对他们有帮助的节目无异于守株待兔，十分被动盲目。在陕西的镇巴县鱼渡区的一个村庄里，我们看到几位农民正在通过农村党员干部现代远程教育接收终端——IPTV 的网络点播黑木耳的人工接种技术视频，他们说，过去是电视里播什么看什么，现在是想看什么点什么，希望将来能够问什么说什么，并且能够将自己的需求发出去，为农产品广开销路。对信息需求从被动到主动，从单向到互动，是农民在更大程度上发挥市场主体作用的前提条件，也体现了农民希望走上从被动到主动再到互动的信息服务之路。

二 农民信息需求满足状况

信息是现代社会最为重要的经济资源，农村信息化是以服务农民为主的信息服务，只有真正了解了农民对信息服务的需求，农村信息化才能产生真正的效益。从总体上看，西部地区的对农信息服务质量和水平较过去有比较明显的进步和改善，但还存在着很多问题。

（一）信息的来源与获得渠道

在信息的来源与获得方面，信息获取渠道的运用和选择与农民所在地经济发展水平、农民自身的消费水平和文化水平等密切相关。对应不同的信息需求，农民最主要的信息获取途径也不同：在农民了解农村信息政策的过程中，政府的宣传占到了绝对的主导地位；熟人交谈是获取农村科技信息的最主要途径；现场销售获知是价格信息获得最常依赖的渠道。

不论是农业信息需求，还是商业、服务业等非农信息需求，西部农民对于非正式传播渠道的依赖性仍然高于正式渠道。农民很习惯的口耳相传有效地提供了信息之间的互动，在信息的交流与共享中提高了对信息的信任度和利用率。在信息的来源与获得手段方面，传统路径仍发挥着作用并具有不小的市场。这也是当今乡村血缘关系、亚血缘关系、社缘关系在传统农业生产经营，农户经济组织结构调整乃至外出打工中具有趋同性的重要因素。对识字率还不高、生活地域性强的大部分农民而言，通过语言、感官、表情以及各种实践、示范，直观地传、帮、带进行知识交流的习惯模式，在今后相当长时期内仍是有效的传播方式之一。

在农民的信息来源和获得过程中，乡村意见领袖起着突出作用，他们多半是农村社会的精英，一般有较高的文化程度，有较强的创新精神和学习精神，社会地位较高，经济比较富裕，活动范围比较大，人际关系多。当他们从外界获取信息时，他们是受众；当他们向农民传播信息时，又成为传播者和传播渠道，通过自身的威信、经验等对农民信息的选择和接受有着相当的影响。

由于城乡一体化的提速，西部农民的信息来源与获得也出现了一些新的亮点和特征：如较多地接受新闻传媒，受过良好教育，经常进城打工的群体有较强的话语表达能力，逐步替代传统农村的意见领袖，成为农村口耳相传的主流信息源；手机在农村已经普及，超过了电视，成为农民获取实用信息的第一渠道，这说明农民的信息接收途径正从传统媒体向现代媒体过渡。

（二）信息满足程度

在西部农村，信息获取及信息满足农民需求方面，比较突出的问题是获取信息困难和信息利用率低下。现有的农村信息服务固然是面向农村的，但很多服务实际上并没有面向农民，缺乏"面向用户"服务的基本特征，即以用户需求为主要驱动力，以用户利用和反馈为主要评估依据，自始至终强调用户参与，这使得信息缺乏时效性和针对性。

目前，西部农村信息服务的特点表现为"四多四少"：面向非生产性需要的信息服务多，满足经济生产的信息服务少；政府直接提供的服务多，专业化职业化提供的信息服务少；无差别信息服务多，面向贫困农民的服务少；咨询指导型的高级服务多，资源供给型的基础服务少。

西部的农村信息服务体系虽已形成，却很难为农民提供高效适用的服务，信息服务残缺、分散、难用的现象比较普遍。农民缺乏可供选择的经济实用的信息发布和信息获取渠道，这种状况也在一定程度上影响了利用率的提高。农民的组织化、农村的市场化、农业产业化、专业化发育程度比较低，信息服务也难以产生理想的规模效益。

第三节　西部农民的信息行为

信息行为通常外在地表现为搜寻、甄别、利用信息的一系列围绕着信息发生的主动行为，卢因认为，行为是个体与环境交互作用的函数或"场"。[①] 农民的信息行为是农民与信息环境交互影响的结果。农民作为信息寻求者和使用者，如何表达自己的信息需求，如何选择最易用的信息渠道，如何通过各种信息行为满足自己的需求，一直是农村信息传播领域研究的重要课题。随着户籍制度改革和城镇化的快速发展，中国农民正处于快速的职业分化和经济分化之中，农业信息化带来的变化，农业社会化服务体系的发展不可避免地影响着西部农民的信息行为。

一　西部农民信息行为的特点

（一）信息获取渠道日趋丰富，媒介使用不均衡

农业信息的获取途径因为其信息的特殊性与普通信息的获得有所不同。在对信息获取渠道的调查中发现，没有什么信息渠道未被选择，这说明了西部农民已有多种方式获取信息，信息获取渠道日趋丰富。

在各种信息获取渠道的使用频率中，最主要的是电视，其次为手机和邻居亲戚朋友，而其余途径的使用频率则较低，这个事实说明，农民对于多样化的信息获取途径的使用并不均衡，具有明显的侧重

---

① ［美］卢因：《社会科学中的场论》，中国传媒大学出版社 2016 年版，第 6 页。

性。为什么电视能成为使用频率最高的信息媒介？其最大的原因是电视的方便性。人们在主动获取信息时最看重的是信息的便捷性和即时性，而对于农民来说，几乎每家都有的电视便成为他们的首选。例如，当他们想得知明天该地区的天气情况是否适合播种时，只需要打开电视观看天气预报即可，不需要花费什么精力和费用。同样，手机获取信息的方式与电视具有相同的特点，只不过手机要支付一定的费用，所以使用频率没有电视高。而与亲戚朋友邻居交谈是自古流传下来的信息交流方式，虽然也方便及时，但与电视相比可靠性不足，而其他渠道的使用频率都不高（见表 3 – 2）。

表 3 – 2　　　　关于西部农民信息获取渠道使用频率统计　　　　（%）

信息获取途径	频繁使用	经常使用	偶尔使用	很少使用	基本不用
电视	42.6	36.7	13.4	4.8	2.4
电话、手机	30.2	34.6	20.5	8.3	6.3
亲朋熟人	19.3	29.2	18.5	14.4	18.4
农技人员	6.0	13.8	24.3	23.9	32.0
培训讲座	4.3	9.0	21.2	20.8	44.5
图书报刊	3.6	7.8	22.0	25.1	41.4
互联网	6.7	10.2	15.3	17.1	50.6
科技示范	4.0	8.8	17.7	26.3	43.1
板报宣传栏	2.0	7.0	20.0	29.0	41.0
广播电台	2.9	7.2	15.1	20.5	54.0

总体说来，西部农民在日渐丰富的信息获取方式中，对于信息媒介的使用很不均衡，对其中部分媒介有着明显的偏好。

（二）信息获取行为主动性不足

农民的信息行为与其信息需求有着直接关系，信息搜寻越积极、越频繁，就越有可能产生有效的信息需求。农民信息获取行为的主动性直接关系着是否能产生有效的信息需求，形成有效的信息行为。在调查中，当受访农民被询问到"在需要信息时是更愿意自己主动寻找信息还是接受信息服务"时，33%的人选择了"更愿意接受信息服务"，更有近五成的人选择了"不知道"，只有19%的人选择了"更愿意主动寻找信息"（见图3－2）。这组数据说明，在需要搜寻、获取信息时，西部农民的主动性较低，也没有什么积极有效的信息行为，这与当下城市居民所习惯的"外事问谷歌，内事问百度"的信息获取意愿和行为形成了极大的反差。导致这种现象可能有两个原因：第一是不知道如何积极主动寻找、获取信息的途径与方法；第二是已经习惯了农村传统的信息传播形态，被动地坐等信息上门。

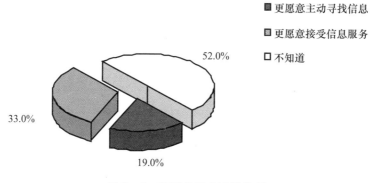

图3－2 获取信息主动性比例

（三）注重专业内容，信息要求明确

我们走访了不少农业专业合作社，从总体上看，作为农村新型经济体的各类专业合作社比较注意信息的搜集与获取，也很重视如何利用信息、实现信息价值，其信息行为的主动性远远高于一般个体农民。这是因为农业专业合作社将发展方向一致或在同一个农产品生产链上的农户或经营个体结合在一起组成利益共同体，以期形成比较强的市场竞争力，取得较好的经济收益，其信息行为与成员的经济收入有着紧密联系，因此必然产生积极主动的信息行为。由于农业专业合作社中信息的交流与深化更加频繁，交流的信息也更具专业性，促使其成员通过各种途径寻求信息，所以加入农业专业合作社的农民产生了以专业内容为导向的信息行为。

农民相比于其他群体，其信息意识更加薄弱，信息获取行为多为被动接受，对信息的接收、处理、反馈积极性不高。西部农民对信息的要求比较明确，最看重的是获取方便、准确可靠和通俗实用，而对于信息内容是否新颖、及时则比较淡漠。由于信息获取途径的多样性和复杂性，他们要求信息获取方便；由于现在信息传播的混乱和真假难辨，他们渴望得到内容准确可靠的信息；又由于信息内容的复杂和晦涩，他们又希望到手的信息通俗易懂并且实用。

二　影响西部农民信息行为的因素

人的信息行为包括获取信息和利用信息的行为。一般获取和利用信息的过程是：决定是否获取信息，决定何时何地采用何种方式获取信息，将信息需要转化为信息提问，通过信息服务获得信息，消化吸收信息。在这样一个比较完整的行为过程中，可以发现这些因素影响着西部农民的信息行为。

（一）教育文化水平

不同文化程度的人或人群有着完全不同的信息行为，从总体趋势上看，随着国家信息化建设的进步，国民的教育、文化程度的提高，中国城乡居民的信息行为已呈现出日趋频繁、不断上升的趋势。但是西部地区农民的信息弱势地位还没有得到显著的改善，主要受到教育水平和文化程度不高的制约。在我们的调查样本中，一半以上的受访者为初中及初中以下学历，在对农民使用网络获取农业信息的主要困难统计中，比例最高的原因是不懂也不会使用电脑和网络，由此可见教育和知识水平影响着农民信息行为的频率。

（二）信息素质

农民个人的信息素质也时刻影响着他们的信息行为。信息素质是一种对信息的认知和利用信息的能力，它决定着是否能将潜在的信息需求转变为显性的信息需求，进而转化为信息查询、信息加工和信息利用等行为。显而易见，如果农民没有关于信息的认知，也就谈不上对信息有什么认识，更不会懂得如何获取和加工信息，也就导致了农民信息行为的缺失。中国互联网络中心发布的《2015年中国农村互联网发展状况调查报告》指出，与网民总体的年龄结构相比，农村网民更趋于年轻化。农村网民中30岁以下群体所占比例达61.3%，其中20—29岁群体是农村网民中占比最高的群体，占比为30.5%；其次是 15—19 岁的年轻网民，占比为 29.6%。这两个年龄阶段的农民对事物接受能力较高，因此对于信息的认知能力、利用能力相对较高，即个人信息素质较高。[1] 由此可见，农民的个人信息素质对农民信息行为展开的广度有着重要影响。

（三）农民物质基础与经济条件

农民的物质基础与经济条件影响着农民的信息需求，也直接影响了农民的信息行为和效果。在西部农村，获取信息费用太高是影响农民获取信息的一个重要因素，这从侧面反映了经济条件对农民信息行为的制约作用。

综观整个信息行为的过程，在农民意识到自己的信息需求并试图满足自己的信息需求时，下一步就是如何完成这个寻求需求满足的过程。在这个阶段中有很多信息获取途径可供农民选择，但是方便快捷的途径往往要付出一定的费用，例如电话咨询、手机查询和网络搜索等。如果这些方式所产生的费用使农民觉得不能承受时，一般情况下，他们会选用其他耗时耗力的方式或者直接选择放弃，造成了农民信息行为的不连续和效率低下。

（四）社会因素

1. 国家方针政策

社会发展必须以政治制度和国家方针政策为指导。同样，农村的经济社会发展、农业信息化建设也应以国家方针政策为导向，由于许多农民要依靠政府和农技人员获取信息，国家的方针政策必然会对农民的信息行为产生重要影响。

地方政府和农技推广部门是主导农业信息服务的机构，农民对政府的信任也由此衍生为对于其所宣传推送信息的较高信任度，因此政府部门对农民的信息行为具有重要的引导性作用。

2. 农业信息资源

农业信息资源是农业资源的抽象化，是农业自然资源和农业经济技术资源的信息化。而"信息是否存在是信息的可得性问题，信息能否找到是信息的易接近性问题，影响信息的可得性和易接近性的因

---

[1] 中国互联网络信息中心：《2015 年中国农村互联网发展状况调查报告》。

素，就是信息资源因素"①。显然，社会的信息化水平、信息政策等因素会影响信息的可得性；信息渠道、信息加工水平和信息服务水平等因素会影响信息的易接近性，进而影响农民的信息行为。

当前中国农业信息网站上信息种类繁多，农产品市场供求信息、疾病防治信息、专家咨询信息等，使得农民可以快速有效地寻找到商机，并通过专家指导来增强农产品的生产效益，推动了对农业科学技术的推广与应用。但从信息资源的质量上看，一方面，由于信息发布存在着随意性和自由性，信息来源无法有效追溯，使得农民对信息资源的权威性和利用价值存在疑虑。另一方面，各类农业信息服务机构林林总总，但又缺乏统一管理，使得信息资源重复建设的情况时有发生，信息庞大的资源数据库也让农民望而却步，限制了农民的信息行为。

3. 农业信息环境

首先是硬件环境。手机、电视、电脑的普及与农民信息行为有着密切的关系，因为它们方便快捷，而现在关于农业信息化的调查所呈现出的特点是固定电话和移动电话进入千家万户，广播电视网络已经基本覆盖了全国的行政村，互联网逐步进入农村但是普及率仍然偏低。《2015 年中国农村互联网发展报告》指出："手机成为农村网民最主要的上网终端，手机上网用户占农村网民总体的 87.1%，比用台式电脑上网的比例还要高出 4.5 个百分点。"这说明由于农业信息化基础设施的普及所带来的改变，农民信息获取行为正朝着多样化的方向发展。其次是服务环境。信息服务活动的主要过程是用户需求的研究、针对需求服务的制定，符合用户需求的服务信息的传递，需要达到的最终目的是帮助用户解决问题。政府通过制定优惠政策、组织技能培训、筹建农业专业合作社和技术示范户等方式来优化服务环境，引导农民信息行为。

（五）自然因素

自然环境是人类生存的场所，是构成社会的基础结构。由于社会发展在一定程度上依赖于自然环境，自然环境在任何时候都是制约社

---

① 张河裙：《农民信息行为研究》，华中师范大学 2012 年硕士学位论文。

会发展和需求的因素，因而对社会活动中的农民信息行为必然会产生影响。

首先是地理环境，由于所在区域不同，农民对信息的需求、获取途径和对信息服务的要求也有所不同，这是受到地理位置所决定的经济发展水平和生产生活习惯影响的。

其次是文化环境。自然环境的差别会导致不同的文化环境，而文化环境会影响农民日常生活的习惯和行为。不同文化环境下的农民对于同一信息需求会产生不同的理解，因此也会选择不同的获取途径。

第四章　西部地区对农信息传播
有效性的影响因素分析

　　根据前文关于对农信息传播有效性概念的阐释，我们认为，对农信息传播有效性是一种价值判断，是以农村受众为主体评价对农信息传播满足其信息需求程度的价值判断，那么，有哪些方面会影响农村受众的评价就成为接下来我们要讨论的问题。通过对农村信息传播体系的考察，可以发现，西部地区对农信息传播有效性的影响因素不仅和对农信息传播活动某一方面、某一环节有关，而且与西部地区对农信息传播的系统性、信息传播体系的各构成要素都有着密切关联。

第一节　对农信息传播的体系结构

　　从整体的、相互关联的角度看待西部地区对农信息传播，是运用系统的观念对西部地区对农信息传播活动的体系结构进行整体把握，即把信息传播活动置于整个西部农村的社会系统里进行考察。这是因为：一方面，西部地区对农信息传播系统的运行必然受到社会系统中其他子系统的影响；另一方面，它是由人际传播、群体传播、组织传播、大众传播这些子系统关联交织而构成的整体，各子系统信息传播功能的发挥也必然会对系统整体产生影响。

一　西部地区对农信息传播的系统性
按照系统论的思想方法，系统包含了世界上的万事万物，"是由相互联系相互制约的若干部分结合在一起并且具有特定功能的有机整体"①。作为有机整体，系统中各要素相互联系，每个要素在系统中都有自己的"角色"，起着特定的作用。要素与要素相互关联，构成了一个不可分割的整体，并且，如果从系统整体中将要素分离出来，它将失去要素的作用。亚里士多德的"整体大于部分之和"为它们之间的关系做了经典的说明。约翰·赖利与马蒂尔达·赖利1959年共同发表了《大众传播与社会系统》一文，提出了系统论视阈下的传播模式。该模式勾勒出传播过程所处的社会环境以及与社会环境之间的关系，是颇具代表性的关于传播过程社会学考察的观点（见图4-1）。

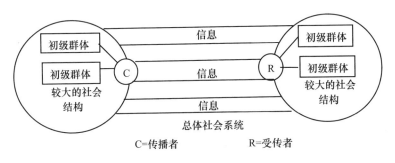

图4-1 赖利夫妇的传播系统模式

我们知道，传播活动因不同的参与人数而形成了不同的传播类型。在图4-1中，人际传播虽没有直接体现出来，但是一定存在于初级群体的相互传播中，初级群体又处于更大的社会结构中，受到来自社会政治制度、经济发展、文化与意识形态等方面的影响。不同的传播类型构成了相对独立的传播子系统，同时这些子系统又与其他系统相互联系与作用。"每一种传播活动，每一个传播过程，除了受到内部机制的制约之外，还受到外部环境和条件的广泛影响。这种结构的多重性和联系的广泛性体现了社会传播是一个复杂而有机的综合系统。"②

---

① 郭庆光：《传播学教程》，中国人民大学出版社2011年版，第6页。
② 同上书，第56页。

也就是说，传播过程中的传播者和接受者分别处在自身周围一定的社会环境之中，而整个传播过程被置于不同层次的社会系统之中（见图4－2）。

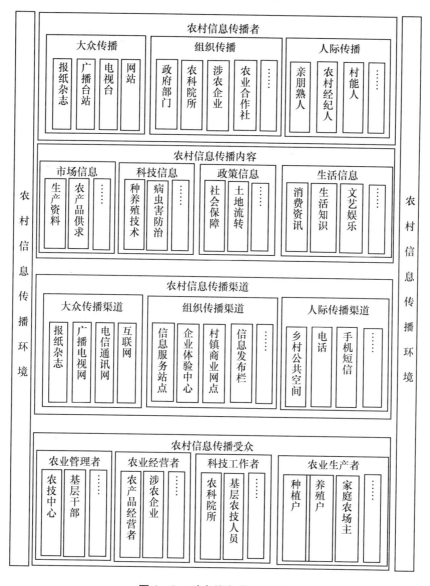

图4－2　对农信息传播系统

对农信息传播系统作为整个社会信息传播系统的分支必然具有自己独特的系统性。"目前我国农村主要存在着三个层面的九类传播体系。大众传播层面主要包含了以报刊、广播、电视、网络、手机为信源的五类传播体系；组织传播层面包含了以行政管理部门，农业科学研究院、所，涉农企业为信源的三类传播体系；人际传播层面则包含以亲朋熟人、民间个体信息服务者、乡村舆论领袖等为信源的传播体系。这些传播体系之间相互联系、相互作用，不仅受到各传播体系内部结构、运行模式的制约，还受到传播体系外部诸多条件的影响。"①

二 对农信息传播系统的构成要素

从传播体系的内部机制来看，信息传播是信息在传播者与受传者之间的流动，在这一过程中包括传播者、信息、传播渠道、受传者、反馈这些要素，它们彼此联系、相互配合以达到特定的目标。

（一）传播者

传播者是传播行为的发起者，既可以是个人，也可以是群体或组织。在农村信息传播中主要包括各级各类大众传播媒介组织，以政府和国家事业单位为主导的农业信息服务组织，以种植养殖业为核心的农村合作组织、农村信息服务企业，以及为农业生产提供农业信息服务的个人。

（二）信息

信息是传播者把获取的消息经过梳理或进一步整合后形成的，具有完整的意义。信息的呈现方式受传播渠道的制约与影响，传播渠道不同，信息编码和解码的方式也不同。农村信息传播的内容涉及农民生产生活的方方面面，包括政策与法规信息、市场信息、生产信息、科技信息等。

（三）传播渠道

传播渠道是传递信息过程中所利用的方法或经过的途径，也是在传播中使传播者、信息、受传者、反馈这些因素得以联系的途径。在

---

① 黄丹：《农村信息传播有效性评估模型：农民视角》，《理论与改革》2013 年第 3 期。

传播学者麦克卢汉看来，"媒介是社会发展的基本动力，每一种新的媒介的产生，都开创了人类感知和认识世界的方式"①。较之城市，中国农村信息传播的渠道主要是基于传统媒介的报刊、书籍、广播、电视，近年来，随着网络基础设施建设的推进和城镇化进程，以数字化、网络化为特征的手机、电脑逐渐进入千家万户。

（四）受传者

受传者是信息的接受者和反映者，同样可以是个人，也可以是群体或组织。任何传播行为都不是自动发生的，传播者对受传者的影响也是一样的，只有当受传者能够以他自己所能够接受的方式理解了传播者传播的信息，传播才有意义。农村信息传播中的受众除了传统意义上的农村居民外，还包括农产品的经营者、管理者、开拓农村市场的企业家、关注农村领域相关研究的学者等。

（五）反馈

反馈指受传者获取信息后对传播者进行的回应。通过反馈，传播者得知受传者对讯息的接受程度。农村信息传播过程中传播者可以不断地根据反馈所得到的意见和建议调整自身的传播行为。

三　农村信息传播模式

基于对农信息传播体系结构的分析，形成了农村信息传播模式（如图4-3所示）。

首先，传播者决定着信息的取舍与生产。在这个过程中，传播者对信息的生产不仅要考虑传播组织的传播目标，还受到个人观念等因素的影响。

其次，传播者把信息通过渠道传递出去。信息的呈现方式受制于渠道的传播特性，而传播组织或个人的传播目的决定了信息渠道的建设与发展程度。

再次，农村受众接收信息。在这一阶段农村受众只有具有信息渠道接触的可能性，才能获取信息；在此基础上，农村受众会基于一定的信息需求、观念、意识等因素的影响有选择地获取信息，然后对获

① 郭庆光：《传播学教程》，中国人民大学出版社2011年版，第119页。

取的信息形成评价。

最后，农村受众反馈信息获取状况，而反馈又会影响传播者接下来的信息生产。

当然，上述过程同时也受到国家政策、经济、法律和社会文化等因素相互交织所形成的外界环境的影响。

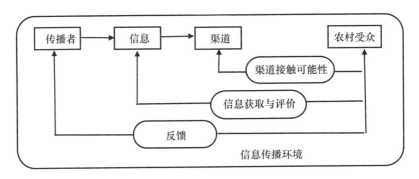

图 4 - 3　农村信息传播模式

第二节　对农信息传播的影响因素

上文提到的对农信息传播系统各要素以及信息传播环境构成了农村信息传播的各种要素，而信息传播的有效性不仅依赖各要素自身功能的发挥，还依赖要素之间的整合与协调，因此需要进一步深入分析信息传播各环节的影响因素。

一　传播者

信息传播效果固然受到多种因素和条件的制约，但其中最重要的环节仍然是传播者，因为传播者决定着信息的生产和信息内容的取舍，而其本身的特性也会对传播效果产生重要的影响。

（一）传播者的可信性

对于受众而言，判断讯息内容真伪的重要依据就是传播者是否可信。"可信性包含两个要素，第一是传播者的信誉，包括是否诚实、客观、公正等品格条件；第二是专业权威性，即传播者对待问题是否具有发言权和发言条件。"①

　　20 世纪 50 年代，传播学的奠基者之一霍夫兰实证考察了"信源（传播者）的可信性与说服效果的关系"，"一般来说，信源的可信度越高，其说服效果越大；可信度越低，其说服效果越小"②。

　　这些虽然给我们提供了研究的依据，但是传播者的可信性是否影响中国农村受众对信息的判断还有待证实。为此，本研究在前期调研中选择陕南农村受众为调查样本，就其对媒介的信任度进行走访调研，结果表明，"在农民信任度最高的传播媒介中，电视台主要是中央电视台和省级卫视，国家级大报如人民日报等紧随其后，农村受众对媒介的信任度在很大程度上左右着他们的媒介选择，如果农民对某媒体的信任度不高，往往将其排斥在信息获取渠道之外"③。可见，对西部农村受众而言，传播者的可信性影响着他们对信息的选择和判断。

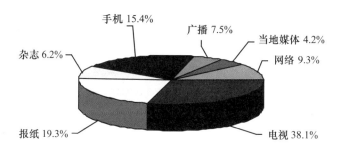

图 4 - 4　陕南农村受众对媒介的信任情况调查

　　（二）传播者与农村受众的互动传播

　　在传播学理论中，互动传播指传受双方之间的相互作用、相互影响。传受双方互动传播的效果影响信息传播的整体效果。信息的传递总是在传播者和受众之间进行的，这种双向的社会互动无论其参与者是个人、群体还是组织都必然是通过信息的授受和反馈而展开的，无

　　①　郭庆光：《传播学教程》，中国人民大学出版社 2011 年版，第 183 页。

　　②　同上。

　　③　闵阳：《新媒体环境下西部地区对农信息传播的变化与影响因素——以陕南农村为例》，《新闻界》2012 年第 13 期。

论是人际传播的你来我往、你言我语，还是组织传播中的上情下达、下情上传，抑或是受众通过热线电话、读者来信、短信平台、论坛发帖等方式参与到与大众媒体的互动中来，都是相互沟通并分享信息的运动过程。

1. 互动传播方式的多样与及时提升反馈效率

总体来看，新媒体环境下传受双方的互动方式多样，互动及时，简化了互动过程，提升了反馈效率。随着社会进步和媒介技术的发展，传播方式的变化及新媒体技术带来了新的传播运行模式，互动传播的发展成为必然。在大众传播层面，报刊、电台、电视台纷纷建立门户网站，并推出适合各类接收终端（如电脑、智能手机、平板电脑）的信息内容，在扩大传播面的同时，通过智能手机网络、互联网络的 BBS 论坛、官方微博和微信、电子邮件、节目播出过程中的短信互动平台、在线聊天系统（如 QQ、MSN 等）、服务热线电话、观众 QQ 群等来进行互动传播；在组织传播层面，传播者通过建立官方网站、申请官方微博和公众微信，利用网络在线聊天系统、设置热线电话等方式加强与受众的实时沟通；在人际传播层面，除了直接面对面的互动外，传受双方还利用手机、网络在线聊天系统等展开互动。

2. 不对等的互动传播关系

互动传播过程中互动双方并不处于完全对等或平等的关系中，而是有强弱之分。传播者和受众都具有一定的社会角色，由角色差异而产生的互动差异往往会使一方表现为强势，另一方表现为弱势。在西部地区对农信息传播中，大众传播和组织传播的传播者一般表现为强势，而农村受众处于弱势。有学者考察了农民从乡镇信息服务组织那里获得信息帮助的情况，研究表明，"农民虽然很少知道政府提供了哪些信息服务，却理所当然地把信息服务（公共服务过程）看成是政府行为（行政过程）的组成部分，把信息服务组织看成基层政府的组成部分，把信息服务者看成干部队伍的组成部分"，对农民而言，与他们进行互动传播的传播者"高高在上、拥有权势、占有资源"[1]。

---

[1] 于良芝、俞传正、樊振佳、张瑶：《农村信息服务效果及其制约因素研究：农民视角》，《图书馆杂志》2009 年第 9 期。

从社会网络的角度来看，中国西部农村社会主要是由农民以血缘、地缘为纽带结成的集合，集合中包含了农民个体或农民群体构成的结点，"这些结点之间具有某种接触或相互作用模式，它可以是某些关系的传递，可以是物质的传递，也可以是非物质资源的交流，如信息传递、沟通、交流等"，结点之间"互动的频率、亲密性和时间长短"的不同，使得结点之间的联系有强联系和弱联系之分，因此产生的传播效果也会有所区别。① "强联系主要在群体或组织内部维系着比较稳定的关系，关系固定，信息来源单一；弱联系是在群体或组织之间建立了关系纽带，关系处于动态变化中，信息来源多元。"目前，西部农村社会强联系的特征突出，农民主要在以血缘、地缘为纽带建立的亲朋熟人圈里获取信息，信息获取渠道单一。

3. 反馈渠道的便利性和受众反馈的主动性

在互动传播中，一方面，反馈渠道的便利性不仅体现在能否使受众方便获得并使用信息上，而且还体现在是否能与传播者的信息传播保持同步，因为只有这样，才能保证受众与传播者的沟通方便、迅速，互动性自然也就越强。另一方面，受众反馈的主动性也影响传受双方的互动。受众反馈的主动性强，体现在对传播者的期望高，与传播者沟通的充分、深入上，这就意味着信息交流的充分与深入，意味着受众利用媒介传播的意识和可能性的增强。

在西部地区对农信息传播中农村受众是否愿意与传播者取得联系并反馈相关信息也很重要。农村受众反馈信息表明他们积极参与到信息传播的过程中来，而不只是作为被动的一方接收信息。因为反馈信息的前提是农村受众获取了传播者发出的信息，并有更加深入了解该信息、参与交流的愿望，继而才会有反馈行为。因此，为了保证传播者与农村受众互动传播的实现，需要便捷的反馈渠道，更需要农村受众有主动反馈信息的愿望，还需要传播者及时对农村受众的反馈予以回复。只有建立起频繁的互动交流，信息的价值才可能得以充分

---

① 张俊丽、朱学芳：《社会网络在农村信息传播中的应用》，《情报科学》2012 年第 30 卷第 6 期。

发挥。

二 传播内容

农村信息传播主要是涉及农业、农村、农民的信息，从内容上看包括了相关的新闻资讯、生产技术、品种信息、市场价格、行情趋势、供求信息、政府政策、就业信息、农村金融、致富经验、文艺娱乐等，涵盖了农民需求的方方面面。

（一）传播内容的种类与数量

传播内容的种类单一，数量少，可选择性不强；传播内容种类丰富，数量过多，会增加选择的难度和不必要的麻烦。只有传播内容的种类和数量适中，既有足够的信息可供农村受众选择，也不会耗费过多的时间和精力，才能保证信息传播有效果。

对传播内容种类和数量的评价也受两个方面因素的影响：一是客观的信息数量。以电视为例，在所有的电视频道中有多少个涉农电视频道？在播放涉农电视节目的频道中，涉农节目占该频道所有节目的多大比例？通常采用的计算方法是播放时长，它是一个固定值。二是以农村受众为评价主体，考察农村受众接触信息传播内容后对信息传播内容种类和数量的感知。正如前文所说，信息的到达并不意味着信息被农村受众所接触，因此，以农村受众为评价主体，对于了解农村受众参与信息传播的状况有着重要的意义。

从当前西部对农传播的现状来看，虽然大众传媒的信息非常丰富，但真正的涉农信息种类和数量所占比例并不大，大部分是与都市生活相关的休闲、娱乐等信息，与农民的关联度很低。而组织传播主要是上情下传，冗余信息少。农村基层政府是政治性组织，其主要功能是执行和贯彻国家政策，保证农业生产和社会管理的有序和稳定，所以农村政府基层组织传播的内容种类比较有限。农技推广机构是农业技术信息的主要提供者，但信息传播的数量受农技员与农村社区互动频率的影响，互动频率越高，村民就能越多地获取信息，反之就越少。农资经销商的主要任务是销售，提供信息只是经营过程中的一种增值服务，其自觉性和服务能力也影响信息传播的效果。

（二）传播内容的新鲜性和时效性

信息论创始人香农（C. E. Shannon）明确把信息量定义为随机不定性程度的减少，表明信息是消除受信者随机不确定性的东西。要消除受众的不确定性，信息必须新鲜并且及时。新鲜是相对于受众获取的已知信息而言，是受众未知的信息；及时则强调信息获取的时效性。信息是及时的，但对于受众来说属于已知信息，不能消除受众的不确定性；信息是新鲜的，但传播不及时，信息的获知晚于受众做出决策之后，没有起到消除受众不确定性的作用。也就是说，信息的新鲜性和实效性对于人们减少或消除不确定性发生着影响。

以气象信息为例，天气预报是农民从事农业生产必须获知的信息。在传统农业生产中农民往往通过经验进行判断，而这种经验判断具有极大的不确定性，不能及时获知突发的天气变化，往往造成农业生产的损失。近年来，有的地方气象部门有效整合资源，通过手机短信、气象综合信息电子显示屏等传播形式，形成一个集约化的预报信息发布系统。依托此平台，气象部门根据当地农业生产过程中各种主要农事环节以及相关技术措施对天气条件的需要，制作、发送针对作物所需气象条件的分类信息，极大地提高了气象信息的时效性和新鲜性，为当地农业生产充分利用有利的天气条件提供了便利。[①]

（三）传播内容与农村受众信息需求的满足

事实上，人们对未知信息的需求，并不是未知的信息越多越好，而是能满足自身需求的未知信息越多越好。传播学中的"使用与满足"研究从受众心理和受众行为研究入手，认为"受众成员都是有着特定需求的个人，他们的媒介接触活动是基于特定的需求动机来使用媒介，从而使这些需求得到满足的过程"。[②]根据学者对农民信息需求的大量调查来看，与农业生产相关的科技信息、实用技术信息、市场供需信息为农民需求的主要选择，但有一些研究则发现政策类信息在农村最受欢迎。但是具体到某个区域，农民的信息需求又有所不

---

① 房淑婧、谢盼盼：《武安：农民气象认知的华丽转变》，人民网（http://www. people. com. cn/h/2011/1017/c25408 - 1 - 2821706409. html）。

② 郭庆光：《传播学教程》，中国人民大学出版社2011年版，第4、180页。

同，根据学者井水对陕西各地 627 户农民信息需求现状的调查发现，"陕西农民最关心民生、政策和就业致富信息，传统的农业信息服务仅排在第 4 位；在对各种信息获取满意度调查中，除了农业信息满意度相对较高外，其他信息满意度均不足 40%，生理卫生信息满意度仅为 7.2%"。[①] 综合来看，在不同经济发展区域，不同发展时期，不同层次的农村受众对信息内容需求的类别侧重有所不同，呈现出具有地区差异的阶段性变化。

20 世纪 70 年代，美国学者德尔文及同事兹威基格对受众信息需求进行研究后认为，受众获取的信息一般都会与其自身的生活状态相关联。首先，"人们的生活情景各异，那么在了解世界、认识社会的过程中会出现不同的信息空白点（Information Gap）"；其次，"信息并不具有客观的、确定的、恒定不变的意义；信息的意义是用户在利用信息的过程中主观建构的"。[②] 因此信息提供者不能根据自己对信息价值的判断决定用户需要什么。

（四）传播内容的保真度

由于经过编码的传播内容由媒介传播到受众之后要经过一个衰减的过程，能够准确再现传播者一方传播的信息，保证内容完好无损，不失真，成为内容对传播效果的又一影响。从西部农村受众获取信息的实际情况来看，出现如广播收听不清楚、电视看不清图像，手机、网络信号不强，以及在组织传播、人际传播中误传信息无形中增大了农民获取信息的成本。

（五）农村受众对传播内容的接受程度

认知心理学认为，个人之所以能够迅速认知、分析和判断新信息和新事物，是人脑中有"认知基模"（cognitive schema）的缘故。基模的概念是瑞士心理学家皮亚杰在研究儿童成长和认知发展过程中提出的，是个体了解周围世界的"认知结构"，"当个体遇到某事物，便用某种对应的认知结构予以核对、处理时，则这种认知结构被称为

---

① 井水：《陕西农民信息需求现状及影响因素分析》，《西北农林科技大学学报》（社会科学版）2013 年第 13 卷第 5 期。

② 于良芝、俞传正、樊振佳、张瑶：《农村信息服务效果及其制约因素研究：农民视角》，《图书馆杂志》2009 年第 9 期。

'基模'（schema）"①。换言之，当我们接触到新信息时，我们过去相关的经验和知识会引导我们对其做出认识、推理和判断，并及时地做出态度或行为反应。

除了基模理论对受众的信息接收过程进行了描述外，梅尔文·德弗勒、桑德拉·鲍尔—洛基奇在《大众传播学诸论》（1990）一书中又将受众接受信息的过程分为四个分析步骤。他们认为，在受众接收信息的活动发生之前，就已经存在着受众与媒介的依赖关系和具体的媒介内容，接下来才有各个步骤。第一步：浏览媒介。主动选择者积极决定要听什么、看什么和读什么，而被动旁观者则是一个随便的漫不经心的人，前者有目的有需求有期待，后者没有。第二步：依赖媒介。受传者意识到要达到目的、满足需求，就必须依赖媒介，而依赖媒介的强度越大，受众所唤起的认识（如注意程度）和感情（如喜欢或厌恶）程度就越高。第三步：参与媒介。受众被认识上和感情上所唤起的某些力量所驱使，积极参与信息鉴别，对相关信息予以仔细处理，以便日后能回忆和使用这些信息。第四步：产生效果。受众参与处理的相关信息越多，在某方面受到的影响就越大。

国外学者的研究表明，受众在获取信息过程中受到认知结构、积极性因素的影响，而这些因素又与个体差异有关。

个体差异论认为，受众在认知与心理结构上的差异会影响他们对媒介做出判断及后续可能产生的行为。同样的传播内容和传播方式，对于不同的个体就会有不同的传播效果。人的心理和性格不仅有遗传的因素，同时在后天"学习"的过程中由于个体不同的环境和经历，他们获得的观念和立场就有所不同，即个体心理结构会不尽相同，这些不同决定了受众的信息和行为取向。中国农业大学旷宗仁通过实地考察贫困农民和乡村精英这两种类型农民认知行为的发展特点，认为贫困农民和乡村精英对传播内容的接受程度就存在着很大的差异。乡村精英积极主动扩大信息获取渠道，明确自身需要获取哪些信息，能为自身发展做出准确判断，但是贫困农民被动接受信息，缺乏信息获

---

① 喻国明：《中国大众媒介的传播效果与公信力研究——基础理论、评测方法与实证研究》，经济科学出版社 2009 年版，第 31 页。

取意识，无法做出对自己更加有利的决策。

研究表明，受众在获取信息时有很大的选择性。在信息传播的过程中，受众受到的感官刺激是十分丰富的，但受众不会对所有的信息刺激都同时予以加工，而是根据自己当前的需要，有选择地对其中某些刺激进行反应，而忽视其他刺激。受众在知觉的基础上，会根据自己的知识和经验，对获取的信息进行主观能动的处理，赋予其特定的意义，即将以符号为载体的信息还原为意义的过程，因此，不同受众对同一信息的理解可能会有所差异。受众通过有选择地把符号进行译码，进而会从已经进入自己记忆存储中的信息里抽取可以实践的内容，进行选择性实践。经过这一过程，抽象的信息将转变为具体的行动。而能否转变为行动则由三个因素决定：可获益性、可操作性、无风险性。可见，信息内容不论以何种形式出现，农民首先得知道它，在知道的基础上理解它，继而在理解的基础上相信并愿意运用于自身的生产生活中，这样，信息才可能发挥作用。

三　信息渠道

信息渠道作为信息内容在农村传播的方式必须有效联系传播者和受传者，否则信息内容的传播就会受到限制。

（一）信息渠道的覆盖率

各类信息渠道的覆盖率影响信息的传播效果。具体到西部农村的传播渠道，大众传播层面包括区域内村图书室、农家书屋覆盖率，广播、电视信号覆盖率、长途光缆覆盖率、手机通信基站覆盖率；组织传播层面包括区域内政府部门、农科院所和涉农企业信息服务站（点）覆盖率，信息服务人员比重；人际传播层面包括区域内农村经纪人、村能人比重。总体看来，目前西部农村传递信息的渠道类型众多，但是其覆盖率却整体偏低。例如，西部农村广播与电视的综合人口覆盖率已基本达到全国 2012 年的平均水平，但农村乡镇信息服务站点拥有比率、信息服务人员在农村人口中的占比却比较低，而宽带网络则迟迟不能进村入户。

（二）信息渠道的知晓率和信息接收设备拥有率

农民的信息接收设备拥有率也影响着信息传播的效果。就大众传播而言，农民只有拥有如收音机、电视机、手机、计算机等信息接收设备，才能保证信息的到达。而对于信息服务站点、农家书屋、农村经纪人这样的信息服务渠道，农民也必须在知晓的基础上才有接触的可能。例如，陕西农民最常使用的信息获取渠道是人际网络、电视、电话（手机）、政府行为的信息宣传，虽然对计算机、智能手机、平板电脑等新型的信息渠道充满兴趣，但是由于信息基础设施不健全，信息使用成本超出农民的支付能力，也只能处于充满兴趣的观望中。

（三）农村受众对信息渠道的接触频繁程度

首先，农村受众要从多种渠道中选择自己接触的渠道。不同性别、不同文化程度、不同经济水平的人选择接触的渠道是有所差异的。一般农村受众比较偏向于人际或电视媒体，而文化程度较高或经济收入较好者则更多地侧重于报刊和网络媒体。信息传播渠道的内容只有符合农村受众的兴趣、喜好，满足其信息需求，受众才愿意经常接触渠道；反之，如果农民没有接触的意愿，即使具备了接触的便利性，信息传播也会受到阻碍。

对渠道的接触是受众获取信息的第一道关口。在这一过程中，农村受众的习惯性、主观性、随意性都较大，一旦他习惯于接触某渠道，就会经常接触。对农信息传播需要充分重视这个环节。

四　受众

农村信息传播的受众主要包括农业生产者、农业管理者、农业经营者以及农村科技工作者。农业生产者是在种植、养殖行业从事劳动的人，包括农业企业里的劳动者、种植大户、养殖大户、家庭农场主等。农业管理人员主要包括农村基层干部和乡镇企业的管理人员。农业经营人员既包括个体或合伙经营劳动者、私营企业劳动者，也包括农业社会化服务组织、农业股份有限公司、统一经营而分户管理的农业企业等农业生产组织形式的经营人员。农村科技工作者主要是农科院所的工作人员，以及为农村提供技术咨询与服务的人员。

（一）农村受众的信息需求

"信息传播包括供给和需求两个方面，既要解决供给的问题，更要解决需求的问题。当农民有了强烈的信息需求，信息供给才会逐渐增强。"①农村受众的信息需求是对农信息传播有效性的基础，只有明确农民对信息服务有哪些方面的需求，才能为信息在不同区域以及农村不同受众中的传播找到重点。由于西部省区地理环境多样，不同区域、不同贫富等级、不同行业、不同受教育程度农民的信息需求都会呈现出差异，因此，目前西部农村受众关注什么样的信息有待进行更深入的研究。

（二）农村受众的信息消费水平

自改革开放以来，虽然中国农民的收入水平总体上有了大幅度的提高，但与城乡居民收入和消费差距持续增大，在一定程度上限制了农村信息的传播效果。农民的"生活需求分为基本需求和非基本需求两部分，基本需求是维持生存所必需的"，农民只有在基本需求得到满足后才会产生包括信息服务在内的较高层次的需求。② 一方面，据学者贺文慧2008 年对江苏、江西、安徽、内蒙古、云南五省（区）756 户的农民信息服务需求调查研究表明，随着收入水平的提高，农民在生活消费上的总支出也随之增加，但是收入高者与收入低者在满足基本生存需要的食品、衣着及日用品、住房、燃料及水电等方面的消费水平不会有太大的差别，在交通通信和文化教育上的支出差别较大，当家庭收入水平提高时，人们往往会大量增加对此类商品的消费。③因此，经济收入水平不高的农村受众，更愿意选择免费或只需支付少量资费的渠道，而经济富裕的农村受众就有能力支付定期收取资费的信息服务。

另一方面，受众的信息消费水平不同使得他们获取信息意识的强烈程度不同：富裕型农户获取信息意识强，并能自觉地利用一定的信息渠道获取更多的信息，而低收入农户的信息获取意识则相对较弱。从2007 年起，中国加速推进农村广电公共服务和增值业务，"以试点地区安徽凤阳为例，机顶盒采购成本为433 元，政府每个补贴100 元。凤阳农民需要支出的是，用于购买机顶盒的初装费用300 元左

---

① 黄丹：《农村信息传播有效性评估模型：农民视角》，《理论与改革》2013 年第 3 期。

② 贺文慧：《农户信息服务支付能力分析及实证研究》，《消费经济》2008 年第 24 卷第 2 期。

③ 同上。

右，以及每年支付收视维护费用 100 元"①。但是，在我们针对西部农村受众消费水平的调研中发现，低收入农民并不认为通过享受国家广电网络传输的电视节目能给自己及家庭带来更多利益，反倒认为购买机顶盒及支付每年的维护费用是一笔不小的支出。

（三）农村受众的文化程度

由于农村受众文化程度的差异，他们对信息的吸收和运用能力也有所不同。总体来看，西部农村受众接受的教育相对较少，随着九年制义务教育的普及，全民素质虽有所提高，但仍未改变教育水平低下的局面。在西部农村电视已经普及的情况下，农民订阅或购买报纸杂志的积极性不高。虽然报纸和杂志价格低廉，但局限于图文的传播方式使书、报、刊在农村市场的传播有限。2007 年，中国推行了农家书屋工程，即在每一个行政村建立一个公益性书报刊的借阅场所，但是在我们调查一些书屋的借阅记录后发现，书屋纸质读物的流通率偏低。农村受众对信息的选择必然是以他们更容易接受的方式为标准，更倾向于选择有声音和图像的信息。

（四）农村受众的媒介素养

媒介素养，从能力方面来看，主要是要求人们具有搜集自身所需信息、分析与梳理信息、评价与发布信息的能力。在现代信息社会中，媒介素养是人的观念意识现代化的重要基础。农民价值观念和思维方式受农村传统文化与习俗的影响较大，因此农民媒介素养的高低决定了在信息化社会中生存发展能力的高低。

结合西部农村受众的社会处境和观念的特殊性，以及农村面临的现代化任务，我们在考察西部农村受众的媒介素养时，更为看重农村受众如何获取信息，能否对信息进行合理评价，并主动参与信息反馈，促进其自身的发展。

（五）农村受众的社会分化

"社会类型论认为，受众可以根据年龄、性别、种族、文化程度、宗教信仰以及经济收入等人口学意义上的相似而组成不同的社会群

---

① 孙珺：《村村通和数字电视并进 农村电视覆盖关乎大局》，《第一财经日报》2007年 6 月 14 日。

体。这些因人口学因素相同或相似而结成的群体，又有着相似的性格和心理结构，在人生观、价值观等方面也有着较为一致的看法。因此同一社会群体中的成员在媒介的选择、内容的接触以及对信息的反应上就会有许多相同的地方。"①

由于西部农村中的青壮年劳动力大量外出打工，导致农村空心化的加剧和农村受众的进一步分化。外出务工的青壮年农民大多数没有受过高等教育，但他们有了城市生活的烙印之后越来越依赖媒体，认为主动从媒体中获取信息是日常生活与在城市里生存发展的基础。可以说，他们是农村受众中最先认识到信息对个人发展重要性的群体。另一部分是"既不离乡也不离土"的传统意义上的农民，他们日出而作，日落而息，从事着农村家庭的日常耕作，信息消费水平不高，缺乏明确的信息需求意识；而农村中的种植养殖大户，由于生产经营的需要，对信息的需求和获取能力逐渐增强。此外，还有农村基层领导干部、科技工作者、农业企业的经营人员等，他们有明确的信息需求，也具有一定的信息消费水平和信息获取的能力。在对农信息传播中，应区别分析不同受众群体的媒介选择、内容接触等特点，满足受众多元化的信息需求，在其接受和解读信息过程中，充分调动受众的能动性和建构性以取得良好的信息传播效果。

五 信息传播环境

农村信息传播系统作为社会系统的一部分，与其他社会子系统存在着密切联系。对农信息传播的效果受到经济、政治、社会、文化等社会子系统的影响，有时它们甚至起着决定性影响，因此，影响信息传播有效性的因素主要体现在以下几方面。

（一）农村社会经济发展水平

农村社会经济发展水平是农村现代化建设和发展的主要制约因素，这一因素在西部农村信息化发展中表现得尤为明显。我们知道，一方面，西部农村社会经济发展一直处于欠发达水平，而且具体到各个地方其社会经济水平也参差不齐，以城市受众为主流消费群体的大

---

① 郑西帆：《社会转型期的中国传播学发展轨迹》，复旦大学2004年博士学位论文。

众传媒往往忽略了对其无法产生经济效益的农民受众群体，这又反过来制约了对农信息的有效传播。另一方面，信息通信基础设施需要大量的资金支持，特别是当前进入移动互联网时代，数字化信息传输对通信基础设施的要求更高，而西部农村基层财政受社会经济发展水平的制约，无力推动各类信息服务设施的建设。

（二）农业产业化经营水平

农业产业化的核心是改变以前的农户分散经营为龙头企业带动的以市场为导向的规模经营，依据区域优势发展主导产业，这样的变化必然使农民与其他相关组织之间的联系加强，农民及各级各类组织对信息的需求激增，但是目前全国农业产业化经营水平很不平衡，东部发达，中、西部落后的局面十分明显，龙头企业普遍规模偏小，组织形式不够完善，带动农户的能力不强，农业产业化组织与农户之间无法建立长期、稳定的利益联结关系，很不利于农业信息的传播。"农业产业化是农村信息传播的基础，农业产业化的经营水平影响着农村信息传播的进程和效率。"[1]

（三）政策推广及执行力度

对农信息传播是农村工作非常重要的一环，需要政府调动资源共同投入。政府在政策和行政规范方面可以制定相关标准，保证农村信息传播体系建设得以稳步推进。

2011年，农业部发布了《全国农业农村信息化发展"十二五"规划》。[2] 该规划是指导"十二五"期间全国农业农村信息化发展的纲领性文件。从规划中可以看出，国家在农村信息传播体系建设方面有非常明确的政策导向，并且省一级政府都设置了信息产业行政管理机构，负责推进农村信息化建设与发展。但是在地市一级则比较混乱，地方政府有的设置信息产业局，有的由科技局代管，还有的是在政府下面设立信息中心。由于缺乏相应的权属和责任规定，政策执行不到位，导致一些地方发展农业农村信息化的方向不明，动力不足。

---

① 郑业鲁、周灿芳、孙明华：《影响农村信息传播的主要因素及政策调整》，《农业图书情报学刊》2004年第10期。

② 《全国农业农村信息化发展"十二五"规划》，中华人民共和国农业部网站（http://www.moa.gov.cn/ztzl/sewgh/sew/）。

此外，以经济增长为导向的地方政府和官员绩效考核体系进一步固化了政治集权下的经济分权式改革思路，它使对农信息传播的地方政策不是从农民的信息需求出发，而是从地方经济增长的政绩出发，农民无法参与对农信息传播的决策以及评价全过程，始终处在一种被动接受的地位，必然导致对农信息传播处于失衡状态之中。

第五章　测评指标体系的建构与应用

通过前文的分析，我们知道，因为影响对农信息传播效果的因素是多方面的，所以评价其传播有效性的指标并不唯一，是多个指标的综合评价，从总体上反映被评价事物的整体情况。本章以前文对西部地区对农信息传播有效性影响因素所作的系统分析为基础，选择适当的测评方法，设计综合反映西部农村信息传播效果的测评指标，并确立各层级测评指标的权重，以测定西部地区对农信息传播的有效性。

第一节　测评方法

在人们的日常生活中总是伴随着各种各样的认识活动，而评价则是经过严密分析、科学论证后对事物进行判断的一种认识活动，因此评价是正确认识客观世界的前提和基础性工作。随着人们认识活动的深入，人们面对的评价对象越来越复杂，对某一事物或某一现象的评价必然涉及多方面的多个指标，这就需要综合运用多项指标全面地考虑问题。

一　综合评价方法概述

综合评价的核心是实现多因素决策过程的科学而合理的衡量。"综合评价方法是对多项指标进行综合的一系列有效方法的总称，它具备以下特点：它的评价包含了若干个指标，这多个评价指标分别说明被评价事物的不同方面；评价方法最终要对被评价事物做出一个整体性的评判，用一个总指标来说明被评价事物的一般水平"。①

（一）评价目的

评价目的，即要明确为什么进行评价，这样做能解决什么问题，对什么研究能够提供帮助。只有弄清楚这些问题，才能有的放矢，为接下来精准定位评价对象、评价者，选择恰当的评价方法提供帮助。

（二）评价对象

评价对象就是评价的客体。在科学研究领域中，评价客体可以是人或物，也可以是动态发展中的事，或者是它们的组合。精准界定评价对象有利于评价指标的甄选和评价方法的选择。

（三）评价者

评价者是评价活动的主体，可以是某类人或某一团体。评价者的确定与甄选评价指标、确定权重系数、选择评价模型密切相关，在评价过程中起着举足轻重的作用。

（四）评价指标

根据评价目的，评价指标要反映评价对象某一方面的情况。要对评价对象形成客观、科学的研究结论，就必须对其特征或因素进行各个方面的剖析，而评价指标就代表其不同方面的特征或因素。把代表不同方面特征或因素的指标聚合在一起，就形成指标体系。通过考查指标体系是否能反映出评价对象的整体情况，就能检验出指标体系建构的合理性。

（五）权重系数

通过对评价指标的重要性进行赋值得到指标的权重系数，它表征着每一指标对总评价目标的贡献程度。也就是说，事物的特征有大有小，影响事物发展的因素也有主有次，自然需要对其重要性进行权衡，保证综合评价结果的可信程度。

（六）综合评价模型

多指标综合评价，最终要产生一个整体性的综合评价值，它需要对各单项指标进行调研统计数据处理，然后选择较为恰当的数学模型

---

① 杜栋、庞庆华、吴炎：《现代综合评价方法与案例精选》，清华大学出版社 2008 年版，第 2 页。

对生成的单项评价指标值进行合成。一般而言，选择数学模型要根据评价目的及评价对象的特点进行。

（七）评价结果

评价结果是根据评价模型计算出来的综合评价值。当然，这样一个数值意味着什么，对之需要予以解释，以保证决策的合理性。

根据评价目的，评价人员运用所构建的测评指标体系对大量调研的数据进行处理后得到评价结果，这样的结果在评价目的设定、测评指标选取方面具有一定的主观性；然而评价对象本身是客观实在的，评价标准都具有客观依据，所有评价又均具有客观性。这样，评价结果主客观结合的特性决定了研究者应对评价结果予以解释，帮助人们了解该研究在哪些方面深化了对评价对象的认识。

二　对农信息传播有效性测评要素解析

西部地区对农信息传播有效性测评指标体系的构建，应明确每一项测评要素的内涵，这样不仅有助于对测评指标体系形成全面、系统的认知，也保证了运用该指标体系进行实地测评的真实性和科学性。

（一）明确评价目的

西部地区对农信息传播有效性的测评就是要测算出信息传播在多大程度上满足了农村受众的信息需求，即信息传播效果、效率、效益状况如何。

通过文献检索，在有关农村信息传播的文献中我们发现一些学者认为对农信息传播能够促进农村经济、社会、文化发展，并提升农民素质，但是形成这一结论的依据一方面建立在各级各类传播者积极生产对农信息产品，信息渠道畅通，信息及时而丰富，且农民信息需求明确等对农信息传播各环节运作良好的前提下，此外也通过一些农民运用信息发家致富的案例进行推断。可以看出，建立在对农传播各环节运作良好的前提之上并着眼于未来，缺乏关于对农信息当前传播现状的观照，运用案例推断，用个案概括整体，缺乏关于对农传播各环节以及信息传播环境的深入考查，没有清楚阐明信息传播如何进行才会对农村经济社会的发展产生深远影响。正如学者旷宗仁、李红艳分析指出的那样："乡村信息传播现实中是否真有这样的作用以及作用有多大有待于运用科学方法在实践中对其进行检验和深入研究。"①因此,我们的研究就是在这方面的尝试,希望建立科学测评方法,通过大量实证调研数据,明确对农信息传播究竟在哪个层面起作用。

(二) 明确评价对象

信息传播是一个牵涉信息渠道、传播内容、信息传播环境等因素的传受双方动态交互的过程,因此,西部地区对农信息传播有效性的测评对象是一个综合的动态过程,它以西部农村各级各类信息传播组织或个人为代表,综合信息传播过程中各方面影响因素进行测评。

(三) 明确评价者

毫无疑问,农民是西部地区对农信息传播有效性的评价主体。作为农村信息传播的受众,他们对于信息传播效果最有发言权。长期以来,农村受众只是作为被动接受信息的一方,这种单向度的信息传播无视农村受众的需求与感受,不能真实反映西部地区对农信息传播的实际状况。因此,重视农村受众对信息传播各环节的评价,让农民平等、全面地参与到农村信息的传播过程中来,对更加深入研究西部地区对农信息传播效果的意义重大。

(四) 抽取评价指标

以评价目的和评价对象为依据,测评指标要反映西部农村各级各类传播体系在信息传播方面的效果、效率和效益状况,因此每项指标应从不同方面反映信息传播过程中某一影响因素的特征。为了满足这一要求,我们采取了文献梳理、专家咨询和实证调查相结合的方法来选取指标。具体分为以下步骤:其一,通过总结前人的研究成果,征询专家意见,结合入户访谈和问卷调查,制定对农信息传播有效性的评价准则,将关于评价准则的描述编制成"西部地区对农信息传播有效性测评初步指标";其二,采用问卷调查方式,邀请包括村干部、种植户、养殖户、经商者、农技人员、打工者在内的500名受访者对量表的每一个题项进行重要性程度评分;其三,对量表数据进行分析,描述农村受众主要从哪些方面评价信息传播有效性,经过筛选后

---

① 旷宗仁、李红艳:《我国乡村信息传播理想与现实的反思》,《新闻界》2007 年第 8 期。

形成评价指标。

（五）计算评价指标的权重系数

权重系数代表了评价指标影响对农信息传播有效性的重要程度，如果指标的系数越大，那么该指标对有效性的影响就越大。为了计算权重系数，需要选取合理的评价方法。由于有效性评价指标分级而设，每一级中又包含诸多指标，我们选择层次分析法来计算各项指标的权重系数。

"层次分析法（analytic hierarchy process，AHP）的特点是在对复杂决策问题的本质、影响因素以及内在关系等进行深入分析之后，构建一个层次结构模型，然后利用较少的定量信息，把决策的思维过程数学化，从而为求解多目标、多准则或无结构特性的复杂决策问题，提供一种简便的决策方法，最终把系统分析归结为指标相对于总目标的相对重要性权值的确定或相对优劣次序的排序问题。"①

（六）选择适合的评价模型

西部地区对农信息传播有效性的测评需要农村受众对影响农村信息传播有效性的各方面因素进行评价，这种评价并非非此即彼，即一个概念和与其对立的概念之间无法画出一条明确的分界线，以信息内容的"时效性"来说，不同文化程度、经济富裕程度的农民对"时效性"的感知是不一样的，无法界定出严格的界限来区分信息内容的及时与滞后，类似这样的事例很多，我们把这些界限不明晰的对立概念称为模糊概念。既然对事物的评价并不是好与坏之分，我们就采用模糊语言将指标分为不同程度的评语。

西部地区对农信息传播有效性测评的每一项指标都是模糊语言的评价，基于这一特点，模糊综合评判法最适合此类测评。"模糊综合评价就是以模糊数学为基础，应用模糊关系合成的原理，将一些边界不清、不易定量的因素定量化，从多个因素对被评价事物隶属等级状况进行综合性评价。"②

（七）形成评价结果

运用上述评判方法，得出西部农村各传播体系信息传播状况的测

---

① 李志强：《农产品市场分析重点与关键技术》，《农业展望》2010 年第 1 期。
② 同上。

评结果，在此基础上分析测评结果的含义，为探寻提升西部地区对农信息传播效果的策略和优化路径提供决策依据。

第二节　测评指标的设计

信息传播是一个复杂现象，它囊括了各种各样的复杂因素，这些因素既影响着信息传播的有效性，又可以对有效性进行简单的评判。由于它们是相互作用、相互交织在一起的，单从某一方面进行评价，很难得到科学、合理的评价结果。因此，有必要将其具体化为相关的指标，并以指标体系的形式表现出来，这个指标体系不是若干指标的简单堆砌，它的内部存在着一定的层次性和逻辑性，共同围绕着西部地区对农信息传播有效性这个总目标展开。当然，不是所有与信息传播有效性相关的因素都可以进入指标体系，本节采用定量和定性的研究方法，在梳理、总结西部地区对农信息传播有效性测评初步指标的基础上对指标进行筛选，确保指标选取的合理性和代表性，以达到进行科学、客观评价的目的。

一　信息传播有效性测评指标的确定

（一）"重要程度量表"的编制

通过梳理以往对农信息传播状况影响因素的研究资料和文献，可以归纳出若干农村信息传播有效性的影响因素，这些影响因素代表不同身份、不同职业者基于不同角度、不同出发点的看法，大致可以代表以下几类：农村信息传播的研究者、农村信息传播一线工作者、农村基层干部、农村种植与养殖户、农村市场经销者、农村基层农技人员、外出务工人员，等等。它们从不同方面反映了社会各界对农村信息传播效果的不同期待，其中有很多共同的观点和意见，但也会由于不同的环境、不同的文化水平和信息掌握程度而在影响因素的认识角度和深度方面有所差异。

为了确定影响对农信息传播有效性的具体因素，我们对农村种植户、养殖户、农技人员、经商者、村干部、打工者这些与信息传播效果有密切关系的人员采取了问卷和访谈相结合的方式进行了调

查，调查从 2012 年 10 月 1 日开始，共发出问卷 500 份，到 2012 年
10 月 7 日结束，回收有效问卷 456 份，有效率为 91.2%。其中，
360 份问卷在陕西农村发放，140 份问卷在四川农村发放，由于他们
的文化水平不是很高，缺乏一定的理论高度，我们也对一些传播学
方面的专家进行了访谈，将他们的观点综合汇总起来，编制出"西
部地区对农信息传播有效性测评指标重要程度量表"，由参与者根据
量表的要求进行选择，根据选择结果，采用一系列统计方法对这些
指标进行筛选，主要目的是构建西部地区对农信息传播有效性测评
指标体系。

　　量表的编制采用了李克特量表的形式，由一系列表达被调查者
对某类事物态度是肯定还是否定的陈述语句构成。由于被调查对象
文化水平参差不齐，为了便于理解，将人们在评价信息传播有效性
时考虑的每一种影响因素以一个陈述语句的形式呈现出来，每一个
关于影响因素的陈述语句就是量表的一个项目，从而构成了关于信
息传播有效性评价的"重要程度量表"。该量表由被调查者阅读后，
给出他们的意见，并按 5 分制进行打分，每一个题项的分数表示被
调查者对于西部地区对农信息传播有效性重要程度的评判结果：
1 表示"完全不重要"；2 表示"不重要"；3 表示"有一点重要"；
4 表示"比较重要"；5 表示"非常重要"。[①] 通过这样的评判过程，
可以找出被调查者认为对信息传播有效性影响最为重要的因素，从
而为西部地区对农信息传播有效性评价指标体系的建立提供了重要
的参考依据。

　　（二）"重要程度量表"的具体设计

　　"西部地区对农信息传播有效性测评指标重要程度量表"由 23 个
题项构成，它们在问卷中的表述方式如下：

　　您好，我们列举了一些影响农村信息传播有效性的因素，请您根
据您的经验和感受，判断并选择合适的重要程度，在相应的表格里
打√（1 表示"完全不重要"，2 表示"不重要"，3 表示"有一点重

---

　　① 黄丹、杨彩虹：《西部农村信息传播有效性测评——基于模糊综合评价原理》，《新闻界》2014 年第 11 期。

要"，4表示"比较重要"，5表示"非常重要"）。

量表中的23个题项可以根据其含义分为传播效果、传播效率、传播效益和传播环境四个方面。这些题项在问卷中的表述与后文在数据分析方面所使用的变量标识见表5－1。

表5－1　"西部地区对农信息传播有效性测评指标重要程度量表"
题项表述与标识

类别	问卷中的题项表述	标识
传播效果	信息传播者诚实、客观、公正	R_1 信誉
	信息发布方对信息具有发言权和发言资格	R_2 权威性
	本地各种信息传播渠道如广播电视信号、长途光缆、手机通信基站覆盖面广，农家书屋、各类信息服务站（点）配置完备，有各类农村经纪人	R_3 渠道、信号覆盖率
	拥有广播、电视、电脑、手机等信号接收设备，知道本地的各种信息服务渠道，如农家书屋、信息服务站（点）、农村经纪人等	R_4 渠道拥有率/知晓率
	各种渠道传递的信息类型多样、数量繁多	R_5 信息量
	明确知道自己需要哪些信息，如政策、科技、市场、生活服务、娱乐等	R_6 受众信息需求明晰度
	农民对传播渠道正在传播的信息有所了解	R_7 内容知晓度
传播效率	信息的传播时间短，效率好	R_8 内容时效性
	信息要形象生动，图像清晰，语言通俗简明	R_9 内容保真度
	能够理解传播渠道传播的信息	R_{10} 内容理解度
	各类信息能够满足受众多种多样的信息需求	R_{11} 受众信息需求满足度
	能够支付购买电视、计算机、手机、报刊等费用，并愿意支付后续开销；或者愿意为获取信息付给信息服务站（点）、农村经纪人相关费用	R_{12} 信息消费水平
	受教育程度和文化水平	R_{13} 受众文化程度

续表

类别	问卷中的题项表述	标识
传播效益	经常接触对自己有帮助的信息渠道	R_{14}渠道接触频度
	在信息发布后，受众与传播者取得联系，进一步反馈、了解相关信息	R_{15}农村受众反馈
	传播者能够对受众反馈的信息及时予以回复、解答	R_{16}反馈处理
	知晓搜集信息的渠道并有能力获取自己需要的信息	R_{17}受众信息收集
	能判断所获取的信息对自己是否有用	R_{18}受众信息评价
	能把对自己有帮助的信息运用到生产生活中	R_{19}受众信息运用
	认为自己获取的信息很有用，改变了思想观念，改善了生活	R_{20}内容信奉度
信息传播环境	当地农村的经济关系和社会关系不断发展变化	R_{21}农村经济
	当地农村有主导产业和重点产品，把小而分散的农户组织起来，进行区域化布局，实现专业化生产、加工、销售和服务	R_{22}农业产业化
	当地政府积极推行有助于提升信息服务水平的政策	R_{23}政策推行

二 依据"重要程度量表"对西部地区信息传播有效性测评指标的甄选

利用量表对指标进行筛选，通常借助于统计学的方法进行，尤其对于李克特量表，为了保证其可靠程度，检验不同受试者在个别题项上的差异性，经常采用项目分析的方法进行研究，将未达显著水准的题项删除，因此，它的结果可以作为信息传播有效性测评指标筛选的依据。

（一）所参考指标含义的说明

1. 临界比值法（critical ration）

临界比值简称 CR 值，它是量表项目分析中用来检验题项是否具有鉴别度的指标。只有具有鉴别度的指标，在调查中才有意义，才可以保留下来。它是把受试者的问卷得分总和按照高低顺序进行排列，将前27%作为高分组，后27%作为低分组，计算出高、低两组在每个题项得分的平均数，再求两组平均数差异的显著性水平，由此得到该题项的 CR 值。若 CR 值小于0.05，表示其达到了显著性水平，说明不同受试者在该题项上的反映程度能被鉴别出来，有调查意义；反之，若 CR 值大于0.05，说明该题项没有鉴别度，在调查中没有意义，应当删除。

2. 与量表总分的相关系数（Corrected Item-Total Correlation）

与量表总分的相关系数是用来检验题项与整体量表的同质性程度的，它表示去掉当前题项时量表的总分与当前题项得分之间的相关系数。这一指标越大，表示个别题项与量表其余项目合计分的关系愈密切，则题项与整体量表的性质愈接近，所要测量的内容属于应该测量的领域，该题项应该保留。这一指标越小，表示个别题项与其余项目合计分的关系愈不密切，它们与整体量表的关联性不高，应当删除。

3. 题项删除后量表的信度系数（Alpha if Item Deleted）

信度用来衡量量表里面的题项是否都在测量同一个概念，也就是这些题项的内在一致性如何，它们能否稳定地测量这一概念。在李克特态度量表法中常用的信度检验方法为克隆巴赫 α 系数，它的值介于 0—1，一般认为，量表的信度系数在 0.8 以上，表示它的信度较好。如果某个题项被删除后，量表整体的信度系数较之原先高出许多，则此题项与整体量表所要测量的概念较不一致，即该题项与其他题项的同质性较差，可以删除此项。

4. 共同性与因素负荷量（communalities and Factor loading）

共同性即变量方差，它表示题项中能由共同因子解释的部分，共同性的数值越大，说明题项中能由共同因子解释的程度越高，量表的一致性较好；数值越小，表示量表的同质性较差，应予删除。因素负荷量，又称因子载荷，表示因素结构中题项与抽取出的共同因素间的相关程度，它的值小于等于 1，因素负荷量的绝对值越接近于 1，表明题项与量表的相关性越强；因素负荷量的绝对值越接近于 0，表明题项与量表的相关性越弱。

（二）筛选标准

对指标进行判别时，如果采用临界比值或 CR 值，既可采用一般的判别准则，即 $CR \geqslant 3.00$，也可采用较为严格的判别准则，即 $CR \geqslant 3.50$，可根据具体情况进行选择。若采用与量表总分的相关系数进行判别，一般要求题项与量表总分的相关系数和校正题项与总分的相关系数都必须大于等于 0.4，即必须达到中度相关关系；若题项与量表总分的相关系数小于 0.4，即两者呈现低度相关关系，则要求上述临界比值或相关系数均必须达到显著性水平，即 $P < 0.05$；若采用因素负荷量进行判别，当题项的共同性为 0.2025 时，提取的共同因素的因素负荷量必须大于等于 0.45，这时的因素负荷量才有意义。当然，对量表题项的筛选不可能只根据单一指标来进行评判，而是同时根据上述指标来进行判断，根据评判标准，不达标指标数达到 3 个，即可确定该题项或指标应予删除（评判标准见表 5 - 2）。

表 5 - 2　　　　　　　　　　　　　评判标准

题项	高低组比较	题项与量表总分相关		同质性检验		
	临界比	题项与量表总分相关	校正题项与总分相关	Cronbach's Alpha	共同度	因子载荷
评判标准	≥3.00	≥0.40	≥0.40	≤. 量表信度系数	≥0.2	≥0.45

资料来源：吴明隆：《问卷统计分析实务》，重庆大学出版社 2010 年版，第 192 页。

（三）筛选过程

1. 临界比

要以临界比值作为题项筛选的依据，必须进行独立样本的 t 检验。首先计算出每位受试者在量表上的总分，然后将其排序，找出前 27% 受试者的得分即为高分组，后 27% 受试者的得分即为低分组，这样按照临界分数将量表得分分成了两组。独立样本的 t 检验旨在探究高低分组在信息传播有效性平均数上的差异，检验它们的差异值是否达到了显著性水平（具体见表 5 - 3）。

"Levene 方差齐性检验" 主要用于检验两组方差是否具有同一性质。例如变量 R_1，F 检验统计量的结果为 286.104，此时 $P = 0.000 < 0.05$，达到了显著性水平的要求，所以应该拒绝 "两组方差相等" 这个原假设，而接受另外一种假设 "不假设方差相等"，此时，要知道 t 检验的数据值，应在 "不假设方差相等" 这一栏中查看。t 为 15.534，此时 $P = 0.000 < 0.05$，达到了显著性水平的要求，则此题项的 CR 值达到显著。再例如变量 R_2，F 检验统计量的结果为 9.360，此时 $P = 0.002 < 0.05$，达到了显著性水平的要求，所以应拒绝 "两组方差相等" 这个原假设而选择第二栏 "不假设方差相等" 这个对立

表 5 – 3 独立样本检验

		Levene 方差齐性检验		平均数相等的 t 检验						
		F 检验	显著性	t	自由度	显著性（双尾）	平均误差	标准误差	差异的95%置信区间	
									下界	上界
R_1	假设方差相等	286.104	.000	16.833	311	.000	.819	.049	.724	.915
	不假设方差相等			15.534	143.000	.000	.819	.053	.715	.924
R_2	假设方差相等	9.360	.002	.293	311	.770	.023	.079	– .132	.178
	不假设方差相等			.299	306.111	.765	.023	.077	– .128	.175
R_3	假设方差相等	293.029	.000	17.712	311	.000	.799	.045	.710	.887
	不假设方差相等			16.345	143.000	.000	.799	.049	.702	.895
R_4	假设方差相等	299.731	.000	16.599	311	.000	.813	.049	.716	.909
	不假设方差相等			15.318	143.000	.000	.813	.053	.708	.917
R_5	假设方差相等	293.029	.000	17.712	311	.000	.799	.045	.710	.887
	不假设方差相等			16.345	143.000	.000	.799	.049	.702	.895
R_6	假设方差相等	267.026	.000	18.933	311	.000	1.076	.057	.965	1.188
	不假设方差相等			17.471	143.000	.000	1.076	.062	.955	1.198
R_7	假设方差相等	159.593	.000	14.159	311	.000	.910	.064	.783	1.036
	不假设方差相等			13.066	143.000	.000	.910	.070	.772	1.047
R_8	假设方差相等	590.731	.000	27.240	311	.000	1.486	.055	1.379	1.593
	不假设方差相等			25.137	143.000	.000	1.486	.059	1.369	1.603
R_9	假设方差相等	197.761	.000	19.123	311	.000	1.042	.054	.934	1.149
	不假设方差相等			17.647	143.000	.000	1.042	.059	.925	1.158
R_{10}	假设方差相等	526.254	.000	24.975	311	.000	1.451	.058	1.337	1.566
	不假设方差相等			23.048	143.000	.000	1.451	.063	1.327	1.576
R_{11}	假设方差相等	312.370	.000	15.049	311	.000	.875	.058	.761	.989
	不假设方差相等			13.887	143.000	.000	.875	.063	.750	1.000
R_{12}	假设方差相等	438.759	.000	23.090	311	.000	1.375	.060	1.258	1.492
	不假设方差相等			21.308	143.000	.000	1.375	.065	1.247	1.503
R_{13}	假设方差相等	103.726	.000	6.596	311	.000	.446	.068	.313	.579
	不假设方差相等			6.309	210.511	.000	.446	.071	.306	.585

		Levene 方差齐性检验		平均数相等的 t 检验						
		F 检验	显著性	t	自由度	显著性（双尾）	平均误差	标准误差	差异的95%置信区间	
									下界	上界
R_{14}	假设方差相等	437.011	.000	24.027	311	.000	1.382	.058	1.269	1.495
	不假设方差相等			22.172	143.000	.000	1.382	.062	1.259	1.505
R_{15}	假设方差相等	540.553	.000	26.553	311	.000	1.444	.054	1.337	1.551
	不假设方差相等			24.504	143.000	.000	1.444	.059	1.328	1.561
R_{16}	假设方差相等	3.167	.076	-.844	311	.399	-.086	.102	-.288	.115
	不假设方差相等			-.859	309.799	.391	-.086	.100	-.284	.111
R_{17}	假设方差相等	197.761	.000	19.123	311	.000	1.042	.054	.934	1.149
	不假设方差相等			17.647	143.000	.000	1.042	.059	.925	1.158
R_{18}	假设方差相等	197.761	.000	19.123	311	.000	1.042	.054	.934	1.149
	不假设方差相等			17.647	143.000	.000	1.042	.059	.925	1.158
R_{19}	假设方差相等	421.537	.000	16.102	311	.000	.743	.046	.652	.834
	不假设方差相等			14.859	143.000	.000	.743	.050	.644	.842
R_{20}	假设方差相等	8.906	.003	2.188	311	.029	.176	.080	.018	.334
	不假设方差相等			2.174	294.041	.031	.176	.081	.017	.335
R_{21}	假设方差相等	267.026	.000	18.933	311	.000	1.076	.057	.965	1.188
	不假设方差相等			17.471	143.000	.000	1.076	.062	.955	1.198
R_{22}	假设方差相等	3.098	.079	-1.538	311	.125	-.094	.061	-.215	.026
	不假设方差相等			-1.526	291.974	.128	-.094	.062	-.215	.027
R_{23}	假设方差相等	363.836	.000	17.150	311	.000	.764	.045	.676	.852
	不假设方差相等			15.826	143.000	.000	.764	.048	.668	.859

假设，此时 t 检验的数据值为 0.299，$P = 0.765 > 0.05$，未达到显著性水平的要求，表示此题项的 CR 值未达到显著。

在上述样本检验量表中，第 2 题项（$t = 0.299$，$P = 0.765 > 0.05$）、第 16 题项（$t = 0.844$，$P = 0.399 > 0.05$）检验的 t 值未达显著；第 20 题项的 t 值虽达显著，但其检验统计量较低（$t = 2.174$，$P = 0.031$）；第 22 题项的 t 统计量为负值（$t = -1.538$，$P = 0.125$），

表示该题项没有鉴别度。在对量表进行项目分析的过程中，如果某个题项的 t 检验结果没有达到显著，则该题项可以删除；如果所有题项均达显著，为了提高题项的鉴别功能，可以将 CR 值大于 3.0 作为筛选标准。因此，上述四个题项的 t 统计量均小于标准值，可以将其删除。

2. 重要程度量表题项与总分的相关

题项与总分的相关可以采用积差相关法来求解，一般用 Pearson 相关系数来表示，是判别量表同质性的重要指标之一。相关系数越低，表示个别题项与量表间的关系越不密切，从而该题项与整体量表的同质性越差。一般而言，CR 值低的题项，它与总分的相关程度也可能较低（具体见表 5 - 4）。

表 5 - 4　　　　　　　　　相关系数矩阵

		R_1	R_2	R_3	⋯	R_{21}	R_{22}	R_{23}	有效性（总分）
R_1	Pearson 相关	1	.093 *	.790 **	⋯	.518 **	-.218 **	.751 **	.685 **
	显著性（双尾）		.048	.000	⋯	.000	.000	.000	.000
	个数	456	456	456	⋯	456	456	456	456
R_2	Pearson 相关	.093 *	1	-.082	⋯	-.075	-.230 **	-.118 *	-.059
	显著性（双尾）	.048		.081	⋯	.111	.000	.012	.212
	个数	456	456	456	⋯	456	456	456	456
R_3	Pearson 相关	.790 **	-.082	1	⋯	.427 **	-.074	.913 **	.662 **
	显著性（双尾）	.000	.081		⋯	.000	.116	.000	.000
	个数	456	456	456	⋯	456	456	456	456
R_4	Pearson 相关	.989 **	.106 *	.788 **	⋯	.523 **	-.218 **	.748 **	.681 **
	显著性（双尾）	.000	.024	.000	⋯	.000	.000	.000	.000
	个数	456	456	456	⋯	456	456	456	456
R_5	Pearson 相关	.790 **	-.082	1.000 **	⋯	.427 **	-.074	.913 **	.662 **
	显著性（双尾）	.000	.081	.000	⋯	.000	.116	.000	.000
	个数	456	456	456	⋯	456	456	456	456

续表

		R_1	R_2	R_3	…	R_{21}	R_{22}	R_{23}	有效性（总分）
R_6	Pearson 相关	.518**	−.075	.427**	…	1.000**	−.050	.389**	.650**
	显著性（双尾）	.000	.111	.000	…	.000	.291	.000	.000
	个数	456	456	456	…	456	456	456	456
R_7	Pearson 相关	.655**	−.140**	.533**	…	.465**	−.263**	.480**	.739**
	显著性（双尾）	.000	.003	.000	…	.000	.000	.000	.000
	个数	456	456	456	…	456	456	456	456
R_8	Pearson 相关	.423**	−.192**	.404**	…	.510**	−.160**	.373**	.875**
	显著性（双尾）	.000	.000	.000	…	.000	.001	.000	.000
	个数	456	456	456	…	456	456	456	456
R_9	Pearson 相关	.154**	.123**	.170**	…	.123**	.112*	.165**	.610**
	显著性（双尾）	.001	.009	.000	…	.009	.017	.000	.000
	个数	456	456	456	…	456	456	456	456
R_{10}	Pearson 相关	.426**	−.186**	.389**	…	.519**	−.169**	.358**	.868**
	显著性（双尾）	.000	.000	.000	…	.000	.000	.000	.000
	个数	456	456	456	…	456	456	456	456
R_{11}	Pearson 相关	.369**	−.178**	.360**	…	.350**	−.146**	.323**	.695**
	显著性（双尾）	.000	.000	.000	…	.000	.002	.000	.000
	个数	456	456	456	…	456	456	456	456
R_{12}	Pearson 相关	.401**	−.196**	.374**	…	.506**	−.169**	.342**	.849**
	显著性（双尾）	.000	.000	.000	…	.000	.000	.000	.000
	个数	456	456	456	…	456	456	456	456
R_{13}	Pearson 相关	.121**	−.269**	.172**	…	.261**	.162**	.171**	.425**
	显著性（双尾）	.010	.000	.000	…	.000	.000	.000	.000
	个数	456	456	456	…	456	456	456	456
R_{14}	Pearson 相关	.419**	−.193**	.405**	…	.517**	−.130**	.373**	.854**
	显著性（双尾）	.000	.000	.000	…	.000	.006	.000	.000
	个数	456	456	456	…	456	456	456	456

续表

		R_1	R_2	R_3	…	R_{21}	R_{22}	R_{23}	有效性（总分）
R_{15}	Pearson 相关	.429**	-.199**	.407**	…	.524**	-.150**	.375**	.872**
	显著性（双尾）	.000	.000	.000	…	.000	.001	.000	.000
	个数	456	456	456	…	456	456	456	456
R_{16}	Pearson 相关	.013	-.161**	-.029	…	-.060	.092*	-.039	.027
	显著性（双尾）	.785	.001	.530	…	.200	.049	.400	.565
	个数	456	456	456	…	456	456	456	456
R_{17}	Pearson 相关	.154**	.123**	.170**	…	.123**	.112*	.165**	.610**
	显著性（双尾）	.001	.009	.000	…	.009	.017	.000	.000
	个数	456	456	456	…	456	456	456	456
R_{18}	Pearson 相关	.154**	.123**	.170**	…	.123**	.112*	.165**	.610**
	显著性（双尾）	.001	.009	.000	…	.009	.017	.000	.000
	个数	456	456	456	…	456	456	456	456
R_{19}	Pearson 相关	.712**	-.094*	.861**	…	.348**	-.058	.945**	.596**
	显著性（双尾）	.000	.044	.000	…	.000	.215	.000	.000
	个数	456	456	456	…	456	456	456	456
R_{20}	Pearson 相关	.046	.083	.029	…	.118*	-.171**	.023	.134**
	显著性（双尾）	.328	.076	.537	…	.012	.000	.618	.004
	个数	456	456	456	…	456	456	456	456
R_{21}	Pearson 相关	.518**	-.075	.427**	…	1	-.050	.389**	.650**
	显著性（双尾）	.000	.111	.000	…		.291	.000	.000
	个数	456	456	456	…	456	456	456	456
R_{22}	Pearson 相关	-.218**	-.230**	-.074	…	-.050	1	-.053	-.069
	显著性（双尾）	.000	.000	.116	…	.291		.256	.139
	个数	456	456	456	…	456	456	456	456
R_{23}	Pearson 相关	.751**	-.118*	.913**	…	.389**	-.053	1	.626**
	显著性（双尾）	.000	.012	.000	…	.000	.256		.000
	个数	456	456	456	…	456	456	456	456

		R_1	R_2	R_3	…	R_{21}	R_{22}	R_{23}	有效性（总分）
有效性总分	Pearson 相关	.685**	−.059	.662**	…	.650**	−.069	.626**	1
	显著性（双尾）	.000	.212	.000	…	.000	.139	.000	
	个数	456	456	456	…	456	456	456	456

说明：＊表示在 0.05 水平（双侧）上显著相关；＊＊表示在 0.01 水平（双侧）上显著相关。

表 5－4 中每个题项中的第一行即为积差相关系数，第二行为显著性水平，第三行为个数。如果想让两个变量之间的积差相关达到显著性水平，则 P 的数值必须小于 0.05。在对量表进行项目分析时，为了保证量表的同质性，不仅要使题项与总分的相关达到显著，还要使两者之间的关系达到中高度相关的程度，也就是说，积差相关系数至少要在 0.4 以上。

在相关矩阵统计量中，第 2 题项（R_2）与量表总分的相关系数为 −0.059，$P = 0.212 > 0.05$；第 16 题项（R_{16}）与量表总分的相关系数为 0.027，$P = 0.565 > 0.05$；第 22 题项（R_{22}）与量表总分的相关系数为 −0.069，$P = 0.139 > 0.05$；这三个题项的相关系数，均未达到显著水平。第 20 题项（R_{20}）的 P 值为 0.004，小于 0.05，达到了显著水平；但其与量表总分的相关系数为 0.134，远低于 0.4，属于低度相关。因此，如果以题项与量表总分的积差相关系数作为标准来判定，上述四项的相关系数均低于 0.4，不满足前面确立的评判准则，可以考虑删除。

3. 信度检验

信度反映量表的可靠程度，信度检验的目的在于研究采用同样的方法重复测量同一对象时所得结果是否具有一致性。对于李克特量表的信度检验，采用最多的为 Cronbach's α 系数。如果某个题项被删除后得到的量表整体信度系数较之删除之前的高了很多，说明该题项与其他题项的一致性较差，可以删除。

表 5 - 5 可靠性统计量

Cronbach's Alpha 值	N of Items
.907	23

表 5 - 5 为信息传播有效性量表 23 题项内部一致性的 α 系数，其数值等于 0.907，表示量表 23 个题项的内部一致性较好。

表 5 - 6 项目整体统计量

	Scale Mean if Item Deleted	Scale Variance if Item Deleted	Corrected Item-Total Correlation	Cronbach's Alpha if Item Deleted
R_1	97.34	73.349	.650	.901
R_2	98.57	81.064	-.139	.918
R_3	97.31	74.048	.629	.902
R_4	97.34	73.353	.646	.901
R_5	97.31	74.048	.629	.902
R_6	97.55	71.466	.597	.901
R_7	97.40	71.590	.703	.899
R_8	97.59	67.940	.852	.894
R_9	97.58	72.416	.555	.902
R_{10}	97.58	68.029	.843	.895
R_{11}	97.39	72.568	.657	.900
R_{12}	97.55	68.591	.822	.895
R_{13}	97.41	75.650	.369	.906
R_{14}	97.55	68.604	.828	.895
R_{15}	97.57	68.202	.849	.895
R_{16}	97.59	80.066	-.067	.919
R_{17}	97.58	72.416	.555	.902
R_{18}	97.58	72.416	.555	.902
R_{19}	97.31	74.535	.556	.903
R_{20}	98.11	78.618	.061	.912
R_{21}	97.55	71.466	.597	.901
R_{22}	98.87	80.773	-.131	.915
R_{23}	97.31	74.393	.590	.902

表 5 - 6 中第二列 "Scale Mean if Item Deleted" 为删除当前题项后量表的平均数；第三列 "Scale Variance if Item Deleted" 为删除当前题项后量表的方差；第四列 "Corrected Item-Total Correlation" 为个别题项与其余题项得分间的相关系数，该列的相关系数不能太低，一般不能小于 0.40，否则表示该题项与其他题项的关系不密切，也就是同质性不高；第五列 "Cronbach's Alpha if Item Deleted" 为删除当前题项后量表的克隆巴赫 α 系数，它是用来表示量表内部一致性大小的指标。如果一个量表内部各题项所测量的行为特质越接近，那么其克隆巴赫 α 系数会越大，因此该项目被删除后，量表的克隆巴赫 α 系数反而会相对变小；反之，如果删除当前题项后，量表的克隆巴赫 α 系数变大，表示该题项与其余题项所测量的行为特质并不同质，则此题项可以考虑删除。

从单个题项与其余题项总分间的相关系数可以看出，第 2 题项（R_2）得分与其余题项总分间的相关系数为 - 0.139，第 13 题项（R_{13}）得分与其余题项总分的相关系数为 0.369，第 16 题项（R_{16}）得分与其余题项总分的相关系数为 - 0.067，第 20 题项（R_{20}）、第 22 题项（R_{22}）得分与其余题项总分的相关系数分别为 0.061 和 - 0.131，单以该指标作为评判标准的话，上面这五个题项的相关系数均低于 0.40，可以删除。从删除当前题项后量表的克隆巴赫 α 系数改变的情形来看，第 2 题项（R_2）被删除后，量表的克隆巴赫 α 系数从 0.907 变为 0.918，第 16 题项（R_{16}）被删除后，量表的克隆巴赫 α 系数从 0.907 变为 0.919，第 20 题项（R_{20}）被删除后，量表的克隆巴赫 α 系数从 0.907 变为 0.912，第 22 题项（R_{22}）被删除后，量表的 α 系数从 0.907 变为 0.915；其余 19 个题项被删除后量表的克隆巴赫 α 系数均较删除之前的 0.907 小，因此上面四个题项因其同质性不高，可以删除。

4. 共同性与因素负荷量

共同性指题项中能由共同因子解释的程度，一般而言，它的取值若大于 0.20，说明题项由共同因子解释的程度越高，数值越大，量表的同质性越好；反之，共同性的取值若低于 0.20，表示题项由共同因子解释的程度越低，数值越小，量表的同质性越差，这样的题项应予删除。

因素负荷量表示因素结构中题项与抽取出的共同因子间的相关程度，它的值小于等于 1。因素负荷量的绝对值越接近于 1，表明题项与量表的相关性越强；反之，因素负荷量的绝对值越接近于 0，表明题项与量表的相关性越弱。在进行项目分析时，若题项的因素负荷量小于 0.45，题项可以删除。

表 5 - 7　　　　　　　　　　共同性

	初始	萃取		初始	萃取
R_1	1.000	.539	R_{13}	1.000	.151
R_2	1.000	.017	R_{14}	1.000	.729
R_3	1.000	.530	R_{15}	1.000	.763
R_4	1.000	.532	R_{16}	1.000	.002
R_5	1.000	.530	R_{17}	1.000	.270
R_6	1.000	.423	R_{18}	1.000	.270
R_7	1.000	.606	R_{19}	1.000	.433
R_8	1.000	.767	R_{20}	1.000	.013
R_9	1.000	.270	R_{21}	1.000	.423
R_{10}	1.000	.755	R_{22}	1.000	.022
R_{11}	1.000	.513	R_{23}	1.000	.482
R_{12}	1.000	.723			

从表 5 - 7 的萃取值可以发现，第 2 题项（R_2）的共同性为 0.017，第 13 题项（R_{13}）的共同性为 0.151，第 16 题项（R_{16}）的共同性为 0.002，第 20 题项（R_{20}）的共同性为 0.013，第 22 题项（R_{22}）的共同性为 0.022，上述五个题项的共同性都比较低，均小于 0.20，说明这五个题项由量表萃取出的共同因子解释的程度比较低，与量表的一致性较差，应予删除。

从表 5 - 8 可以看出，第 2 题项（R_2）的因素负荷量为 - 0.131，第 13 题项（R_{13}）的因素负荷量为 0.388，第 16 题项（R_{16}）的因素

表 5 - 8 　　　　　　　　　　　　　　　成分矩阵（α）

	成分		成分
	1		1
R_1	.734	R_{13}	.388
R_2	-.131	R_{14}	.854
R_3	.728	R_{15}	.873
R_4	.729	R_{16}	-.039
R_5	.728	R_{17}	.519
R_6	.650	R_{18}	.519
R_7	.779	R_{19}	.658
R_8	.876	R_{20}	.116
R_9	.519	R_{21}	.650
R_{10}	.869	R_{22}	-.148
R_{11}	.716	R_{23}	.695
R_{12}	.850		

说明：萃取方法：主成分分析 α 萃取了 1 个成分。

负荷量为 - 0.039，第 20 题项（R_{20}）的因素负荷量为 0.116，第 22 题项（R_{22}）的因素负荷量为 - 0.148，这五个题项的因素负荷量均小于 0.450，表示它们与量表的关系不密切，同质性较低。

（四）筛选结果

经过对量表进行项目分析，分别从高低组法、题项与总分的相关、信度检验及共同性与因素负荷量等同质性检验方面出发，研究量表 23 个题项在以上六个指标上的统计量。通过研究发现，量表第 2 题项、第 16 题项、第 20 题项和第 22 题项关于上述指标的统计量均不理想；第 13 题项在个别题项与其余题项总分的相关、共同性以及因素载荷三个指标上表现不理想，达到了前面确立的删除条件，因此，可以将量表中第 2 题项、第 13 题项、第 16 题项、第 20 题项和第 22 题项删除，其余 18 个题项保留（具体见表 5 - 9）。

表 5 – 9 筛选结果总结

题项	高低组比较	题项与总分相关		同质性检验			不满足标准的指标个数	备注
	CR 值	题项与总分相关	个别题项与其余题项的总分相关	题项删除后的 α 值	共同性	因素载荷		
R_1	15.534	.685**	.650	.901	.539	.734	0	保留
R_2	.299	-.059	-.139	.918	.017	-.131	6	删除
R_3	16.345	.662**	.629	.902	.530	.728	0	保留
R_4	15.318	.681**	.646	.901	.532	.729	0	保留
R_5	16.345	.662**	.629	.902	.530	.728	0	保留
R_6	17.471	.650**	.597	.901	.423	.650	0	保留
R_7	13.066	.739**	.703	.899	.606	.779	0	保留
R_8	25.137	.875**	.852	.894	.767	.876	0	保留
R_9	17.647	.610**	.555	.902	.270	.519	0	保留
R_{10}	23.048	.868**	.843	.895	.755	.869	0	保留
R_{11}	13.887	.695**	.657	.900	.513	.716	0	保留
R_{12}	21.308	.849**	.822	.895	.723	.850	0	保留
R_{13}	6.309	.425	.369	.906	.151	.388	3	删除
R_{14}	22.172	.854**	.828	.895	.729	.854	0	保留
R_{15}	24.504	.872**	.849	.895	.763	.873	0	保留
R_{16}	-.844	.027	-.067	.919	.002	-.039	6	删除
R_{17}	17.647	.610**	.555	.902	.270	.519	0	保留
R_{18}	17.647	.610**	.555	.902	.270	.519	0	保留
R_{19}	14.859	.596**	.556	.903	.433	.658	0	保留
R_{20}	2.174	.134	.061	.912	.013	.116	6	删除
R_{21}	17.471	.650**	.597	.901	.423	.650	0	保留
R_{22}	-1.538	-.069	-.131	.915	.022	-.148	6	删除
R_{23}	15.826	.626**	.590	.902	.482	.695	0	保留

说明：＊＊表示该题项与总分达到了显著性相关。

三 西部地区对农信息传播有效性测评指标体系的建立

经过前面的甄选，最终确定了由三个层级构成的西部地区对农信息传播有效性测评指标体系，它们之间的层级关系及各项指标的内涵见表 5 - 10。前面数据分析所依据的"重要程度量表"主要用来考察农村受众从哪些方面评判信息传播的有效性，而西部地区对农信息传播有效性测评指标体系的建立是用来考察西部农村受众对目前农村信息传播有效性的实际评价状况的，二者测评的对象不同，但共同服务于测评指标体系的最终确立，因此，二者是两个联系紧密的逻辑过程。

表 5 - 10　　　　西部地区对农信息传播有效性测评指标体系

评价目标	一级指标	二级指标	指标说明
西部地区农村信息传播有效性	传播效果	信誉	信息传播者诚实、客观、公正的程度
		渠道覆盖率	本地各种信息传播渠道如广播电视信号、长途光缆、手机通信基站等覆盖面，农家书屋、各类信息服务站（点）的配置情况，是否有各类农村经济人
		渠道拥有率/渠道知晓率	受众拥有各类信息渠道或知道可利用的信息服务渠道状况
		信息量	信息传播内容的数量与种类状况
		受众信息需求明晰度	受众对信息需求的种类与目的是否明确
	传播效率	内容知晓度	受众对传播渠道正在传播的信息是否了解
		内容时效性	信息内容传播的及时程度
		内容保真度	准确呈现传播者一方的信息内容的程度
		内容理解度	受众对信息内容的理解程度
		信息需求满足度	各类信息能够满足农村受众信息需求的程度
	传播效益	受众信息消费水平	农村受众信息资费支付能力
		渠道接触频度	受众接触信息渠道的频繁程度
		农村受众反馈	受众在获取信息基础上与传播者取得联系进一步反馈、并了解相关信息的状况
		受众信息收集	受众自身收集信息的能力
		受众信息评价	受众自身分析、评价信息的能力
	信息传播环境	受众信息运用	受众自身运用信息参与传播的能力
		农村经济	当地农村经济的发展水平
		政策推行	有助于当地提升信息传播和信息服务水平的政策执行与推广状况

第三节　信息传播有效性测评指标的权重

信息传播有效性的测度是一个十分复杂的问题，涉及大量的影响因素，如传播效果、传播效率、传播效益以及传播环境等。面对这些庞杂的因素，单用定性的方法难以对传播的有效性进行较为精确的测定，而单用定量的研究方法，需要借助于一定的数学模型和大量的数据资料。但是，影响信息传播状况的因素很多并且很复杂，有些可以用数据来表示，有些却无法进行准确量化，而只能用定性的方法来进行研究。正是出于这样的考虑，要对信息传播的有效性进行较为精确的测定，应将定性研究和定量研究结合起来，这样既可以保留大量的客观数据，又可以在一定程度上避免单一研究方法的缺陷性。评价指标权重的确定同样如此，考虑到信息传播有效性的界定难以完全量化，以及调查过程中数据的搜集状况，采用 AHP 法来确定测评指标的权重。

一　AHP 法的模型和步骤

AHP 法（Analytic Hierarchy Process），又称层次分析法，它是一种对定性问题进行定量研究的多准则决策方法，具有简便、灵活、实用的优点。该方法于 20 世纪 70 年代初由美国运筹学家萨蒂教授提出，80 年代初传入中国，就以其定性与定量相结合的特点，以及系统、灵活的优点而迅速地应用到了中国社会经济的各个领域。运用 AHP 法确定指标权重大致要经过以下几个步骤。

（一）建立层次结构模型

AHP 法将决策目标及其影响因素根据它们之间的相互关系划分为最高层、中间层和最低层等多个层次，从而建立相应的层次结构模型。其中，处于模型最高层的是评价目标，通常只有一个因素，表示决策者解决问题的目的或期望取得的成果，故称为目标层；处于最底层的是解决问题或实现目标的各种措施或方案，又称为方案层或指标层；目标层和指标层之间的部分即为中间层，可以由一个或若干个层次组成，是用来衡量是否达到目标的判断准则，故称为准则层。同一层次的元素影响着下一层次的元素，下一层次的元素又影响着下下个层次的元素，但层次间的这种关系不一定是完全的，即上层的每一个因素并不一定被下层所有的因素所影响。本课题将西部地区对农信息传播有效性测评指标体系划分为目标层（A 层）、准则层（B 层）和指标层（C 层）三个层次。

（二）构造判断（成对比较）矩阵

假设某层有 n 个因素，要研究它们对上层某一因素的影响程度，可以取第 i 个元素与第 j 个元素两两比较，结果用相对权重 a_{ij} 来表示，这样 n 个元素参与比较的结果就是矩阵 $A = (a_{ij})_{n \times n}$，称为判断或成对比较矩阵。它具有以下特点：$a_{ij} > 0$，$a_{ij} = 1$，$a_{ij} = 1/a_{ji}$（当 $i = j$ 时候，$a_{ij} = 1$）。

AHP 法是依据本层所有因素相对上层某个因素的重要性，而将其放在一起进行两两比较，为了提高比较的准确度，减少性质不同的因素难以相互比较的问题，比较时采用萨蒂提出的 1—9 相对尺度。从模型的第二层开始，直到最底层，将两两比较的结果用数值表示出来，形成判断（成对比较）矩阵，以表示下一层的某因子相对于上一层因素的相对重要程度或所占的比重。矩阵中 a_{ij} 的取值可以在尺度 1—9 及其倒数中进行选择（见表 5 – 11）。

表 5 – 11 　　　　　　　　　　1—9 尺度 a_{ij} 对照表

a_{ij}	意　　义
1	A_i 与 A_j 同等重要
3	A_i 比 A_j 稍重要
5	A_i 比 A_j 明显重要
7	A_i 比 A_j 强烈重要
9	A_i 比 A_j 极端重要
2，4，6，8	上述相邻两个等级的中间值
倒数	若元素 I 与 j 的影响之比为 a_{ij}，则 j 与 I 的影响之比为 a_{ij} 的倒数

资料来源：杜栋、庞庆华、吴炎：《现代综合评价方法与案例精选》，清华大学出版社 2008 年版，第 15 页。

关于判断矩阵的赋值，可以由决策者给出，亦可以运用德尔菲法得到，本书采用后者即德尔菲法的方式获得。

（三）进行一致性检验

构造完判断矩阵之后，要对其进行一致性检验，这是由于矩阵中两两比较的指标是针对同一目标的重要性进行的，因此，它们之间具有传递性。比如 A 小于 B，B 小于 C，那么 A 应该小于 C。但是由于客观事物的复杂多样性和人们主观认识上的差别，要构造一个完全满足一致性要求的成对比较矩阵几乎是不可能的，大多数时候都带有一定的偏差。因此，为了保证判断矩阵的可信度和准确性，把偏差控制在一定范围内，必须进行一致性检验。

在理论界，CR 即随机一致性比率，是常用的一致性检验指标，它为判断矩阵的一致性指标 CI 和平均随机一致性指标 RI 之比，其中 $CI = \dfrac{\lambda_{max} - n}{n - 1}$，RI 的取值由萨蒂教授给出，具体见表 5 – 12。当 CI 与 RI 之比小于 0.10 时，可以判定该矩阵的一致性较好，否则就要对元素的取值进行调整，从而达到通过一致性检验的目的。

表 5 – 12　　　　　　　　　　平均随机一致性指标

1	2	3	4	5	6	7	8	9
0.00	0.00	0.58	0.90	1.12	1.24	1.32	1.41	1.45

资料来源：杜栋、庞庆华、吴炎：《现代综合评价方法与案例精选》，清华大学出版社2008 年版，第 17 页。

（四）层次单排序

"层次单排序就是计算某层次的元素相对于上层次某个元素的相对权重，并将这一层次的元素按照权重大小进行排序，这种计算过程称为层次单排序，其实质是计算判断矩阵的特征向量和最大特征根 λ_{max}，一般情况下用迭代法在计算机上求得这两个指标的具体取值。"[1]

---

① 杜栋、庞庆华、吴炎：《现代综合评价方法与案例精选》，清华大学出版社 2008版，第 18 页。

（五）层次总排序

层次总排序是将最低层即指标层所有元素相对于最高层也就是目标层的权重计算出来，进行排序。计算由上而下逐层进行，将单层因素的权重系数合成起来，以表示指标层各个元素在总目标中的重要程度，这样一来，最低层所有元素的权重之和等于 1，根据各自的权重大小，可以帮助决策者分析影响总目标的主要因素和次要要素，从而做出正确的决策。

二　测评指标权重的计算

按照西部地区对农信息传播有效性测评指标体系的框架，将模型分为三个层次：对农信息传播的有效性目标为最高层次（A 层）；中间为准则层（B 层），包括传播效果、传播效率、传播效益、传播环境四个一级指标，其元素用 b_i 表示；筛选出来的 18 个二级指标构成了最低层即指标层（C 层），其元素用 C_{ij} 表示。则一级指标的权重即一级权重表示 B 层元素相对于总目标 A 层的相对比重；二级指标的权重即二级权重表示 C 层元素相对于 B 层元素的相对比重。

（一）一级权重计算

西部地区对农信息传播有效性这个总目标（A 层）下设四个一级指标，即 b_1—传播效果；b_2—传播效率；b_3—传播效益；b_4—传播环境，这四个一级指标构成了准则层—B 层，它们相对于总目标（A）的权重向量用 W_i 表示，计算过程见表 5 – 13。

表 5 – 13　　　　　　　　　一级指标判断矩阵与权重

A	b_1	b_2	b_3	b_4	W_i
b_1	1	2	3	5	0.4832
b_2	1/2	1	2	3	0.2717
b_3	1/3	1/2	1	2	0.1569
b_4	1/5	1/3	1/2	1	0.0882

经计算求得：$\lambda_{max} = 4.0145$，$CI = 0.0048$，$RI = 0.90$，$CR =$

0.0054，因为 $CR < 0.1$，该判断矩阵通过一致性检验。

（二）二级权重计算

二级权重的计算其实就是对准则层四个一级指标按其支配的因素进行层次单排序的过程，层次单排序完成以后，还要进行层次的总排序，以表示指标层元素相对于总目标的重要程度。

1. 传播效果的权重向量计算

传播效果方面包括 c_{11}—信誉，c_{12}—渠道、信号覆盖率，c_{13}—渠道拥有率/渠道知晓率，c_{14}—信息量，c_{15}—受众信息需求明晰度，c_{16}—内容知晓度六个二级指标。它们相对于传播效果这个一级指标的权重计算见表 5 – 14。

表 5 – 14　　　　　　传播效果的二级指标判断矩阵与权重

b_1	c_{11}	c_{12}	c_{13}	c_{14}	c_{15}	c_{16}	W_{1i}
c_{11}	1	1/3	1/4	1/5	1/6	1/5	0.0389
c_{12}	3	1	1/2	1/3	1/2	1/3	0.0896
c_{13}	4	2	1	1/2	1/4	1/3	0.1129
c_{14}	5	3	2	1	1/2	1	0.213
c_{15}	6	2	4	2	1	1/2	0.2585
c_{16}	5	3	3	1	2	1	0.2871

经计算求得：$\lambda_{\max} = 6.3015$，CI = 0.0603，RI = 1.24，CR = 0.0486，因为 CR < 0.1，该判断矩阵通过一致性检验。

除了计算信誉，渠道、信号覆盖率，渠道拥有率/渠道知晓率，信息量，受众信息需求明晰度，内容知晓度六个二级指标对传播效果一级指标的重要程度之外，还要计算它们对总目标的重要程度，也就是相对权重（见表 5 – 15）。

表 5 – 15　　　　　　传播效果二级指标的组合权重

W_1	W_{11}	W_{12}	W_{13}	W_{14}	W_{15}	W_{16}
0.4832	0.0188	0.0433	0.0546	0.1029	0.1249	0.1387

2. 传播效率的权重向量计算

传播效率包括 c_{21}—内容时效性，c_{22}—内容保真度，c_{23}—内容理解度，c_{24}—信息需求满足度，c_{25}—受众信息消费水平五个二级指标，它们相对于传播效率这个一级指标的权重计算见表 5 – 16。

表 5 – 16　　　　　传播效率的二级指标判断矩阵与权重

b_2	c_{21}	c_{22}	c_{23}	c_{24}	c_{25}	W_{2i}
c_{21}	1	1/3	1/5	1/6	1/7	0.0417
c_{22}	3	1	1/2	1/3	1/4	0.0998
c_{23}	5	2	1	1/2	1/3	0.1675
c_{24}	6	3	2	1	1/2	0.2696
c_{25}	7	4	3	2	1	0.4214

经计算求得：$\lambda_{max} = 5.0851$，$CI = 0.0213$，$RI = 1.12$，$CR = 0.0190$，因为 $CR < 0.1$，该判断矩阵通过一致性检验。

同样，除了计算内容时效性、内容保真度、内容理解度、信息需求满足度、受众信息消费水平五个二级指标对传播效率一级指标的重要程度之外，还要计算它们在总目标里所占的权重（见表 5 – 17）。

表 5 – 17　　　　　传播效率二级指标的组合权重

W_2	W_{21}	W_{22}	W_{23}	W_{24}	W_{25}
0.2717	0.0113	0.0271	0.0455	0.0733	0.1145

3. 传播效益的权重向量计算

传播效益包括 c_{31}—渠道接触频度，c_{32}—农村受众反馈，c_{33}—受众信息收集，c_{34}—受众信息评价，c_{35}—受众信息的运用五个二级指标，它们占传播效益这个一级指标的权重计算见表 5 – 18。

表5-18　　　　　传播效益的二级指标判断矩阵与权重

b_3	c_{31}	c_{32}	c_{33}	c_{34}	c_{35}	W_{3i}
c_{31}	1	1/3	1/4	1/5	1/6	0.0478
c_{32}	3	1	1/2	1/3	1/4	0.1023
c_{33}	4	2	1	1/2	1/3	0.1643
c_{34}	5	3	2	1	1/2	0.2666
c_{35}	6	4	3	2	1	0.419

经计算求得：$\lambda_{max} = 5.0986$，$CI = 0.0246$，$RI = 1.12$，$CR = 0.0220$，因为 $CR < 0.1$，该判断矩阵通过一致性检验。

传播效益下所属五个二级指标占总目标的权重见表5-19。

表5-19　　　　　传播效益二级指标的组合权重

W_3	W_{31}	W_{32}	W_{33}	W_{34}	W_{35}
0.1569	0.0075	0.0161	0.0258	0.0418	0.0657

4. 信息传播环境权重向量的计算

信息传播环境包括 c_{41}—农村经济发展水平，c_{42}—政策推行两个二级指标，它们对传播环境这个一级指标的相对权重见表5-20。

表5-20　　　　传播环境的二级指标判断矩阵与权重

B_4	C_{41}	C_{42}	W_{4i}
C_{41}	1	1/3	0.25
C_{42}	3	1	0.75

所有的不超过二阶的正互反矩阵都是一致矩阵，所以二阶及其以下的矩阵不用检验一致性。$\lambda_{max} = 2$，$CI = 0$，$RI = 0$。

上述两个二级指标相对于总目标的重要程度见表5-21。

表 5 - 21　　　　　　　　　传播环境二级指标的组合权重

W_5	W_{51}	W_{52}
0.0882	0.0221	0.0662

（三）层次总排序的一致性检验

前面按照层次分析法的步骤完成了层次的单排序和总排序，并对层次单排序进行了一致性检验，取得了较为满意的结果，但没有对层次的总排序进行一致性检验，它仍然可能出现非一致的情形。这是由于层次单排序只是针对不同层次内部进行的，而从总体的角度研究时，各层次也可能会出现非一致性并积累起来，从而导致层次的总排序出现严重的非一致性，所以，对其也要进行一致性检验。

层次总排序的随机一致性比率：

$$CR = \frac{w_1 CI_1 + w_2 CI_2 + \cdots w_m CI_m}{w_1 RI_1 + w_2 RI_2 + \cdots w_m RI_m}$$

$$= \frac{0.4832 \times 0.0603 + 0.2717 \times 0.0213 + 0.1569 \times 0.0246 + 0.0882 \times 6}{0.4832 \times 1.24 + 0.2717 \times 1.12 + 0.1569 \times 1.12 + 0.0882 \times 0}$$

$$= 0.0360$$

$CR < 0.1$，一致性检验通过。

三　西部地区对农信息传播有效性评价指标排序权重

通过前面的一系列计算，我们分别得到了四个一级指标对总目标的相对权重，以及 18 个二级指标分别对四个一级指标的相对权重，即完成了层次单排序，通过了一致性检验；同时计算了 18 个二级指标对总目标的相对权重，完成了它们的层次总排序，并通过了一致性检验，由此得到了西部地区对农信息传播有效性评价指标排序权重表5 - 22。

表 5 - 22　西部地区对农信息传播有效性评价指标权重及其排序

目标层（A）	准则层（B）		指标层（C）			
	指标名称	B层的单排序	指标名称	C层的单排序	C层的总排序	排序
西部地区对农信息传播有效性	传播效果	0.4832	信誉	0.0389	0.0188	15
			渠道覆盖率	0.0896	0.0433	10
			渠道拥有率/渠道知晓率	0.1129	0.0546	8
			信息量	0.2130	0.1029	4
			受众信息需求明晰度	0.2585	0.1249	2
			内容知晓度	0.2871	0.1387	1
	传播效率	0.2717	内容时效性	0.0417	0.0113	17
			内容保真度	0.0998	0.0271	12
			内容理解度	0.1675	0.0455	9
			信息需求满足度	0.2696	0.0733	5
			受众信息消费水平	0.4214	0.1145	3
	传播效益	0.1569	渠道接触频度	0.0478	0.0075	18
			农村受众反馈	0.1023	0.0161	16
			受众信息收集	0.1643	0.0258	13
			受众信息评价	0.2666	0.0418	11
			受众信息运用	0.4190	0.0657	7
	信息传播环境	0.0882	农村经济	0.2500	0.0221	14
			政策推行	0.7500	0.0662	6

四　对排序结果的分析

西部地区对农信息传播有效性评价指标权重与排序表不仅非常清晰地反映了准则层和指标层的各因素相对于总目标的重要程度，还反映了指标层的各因素相对于所属准则层的重要性，它们为决策者抓住主要影响因素，提高信息传播的有效性提供了理论依据。

从准则层来看，影响西部地区对农信息传播有效性的四个因素，其重要程度由高到低依次为信息传播效果、传播效率、传播效益以及传播环境。信息传播效果的重要性达到了 48.32%，远远超过信息传播有效性的其他影响因素，因此，要提高信息传播的有效性，应把重点放在传播效果的建设方面，从信息发布者的信誉、信息传播渠道、信息量以及受众的渠道拥有率和信息需求明晰度等方面入手，进一步促进对农信息传播的有效性水平。当然，在抓主要方面的同时，次要方面也不能放松。

从指标层来看，根据 18 个指标的权重，排在前 10 位的依次为内容知晓度 > 受众信息需求明晰度 > 受众信息消费水平 > 信息量 > 信息需求满足度 > 政策推行 > 受众信息运用 > 渠道拥有率/渠道知晓率 > 内容理解度 > 渠道、信号覆盖率。在这些指标中属于传播效果方面的占了五项，属于传播效率方面的占了三项，属于传播效益和传播环境方面的各占一项。可见，信息传播有效性的首要标准是受众必须知晓这些信息的内容，然后能明确自己需要的信息类型，在这两条判断标准的基础上，还要结合受众的信息消费水平。很明显，消费水平高的受众，可以通过各种各样的渠道获得信息，而且获得的信息量要大于消费水平低的受众，从而信息对他们的满足度也要高一些。除此之外，信息在农村的传播还要依赖于政策的推行力度，农民作为信息接收主体的主观能动性，信息渠道的拥有率、覆盖率以及农民对信息内容的理解度等，这些都对信息传播的有效性有着非常重要的影响。

通过分析可以发现，要提高对农信息传播的有效性，第一，建立完善的信息传播体系，合理运用和整合各种传播媒介，既要重视广播、报纸、电视、网络等这些大众传媒的优势，又要利用一些具有乡土特色的媒介和渠道，如农村的黑板报；还要充分发挥农村组织传播和人际传播的效用，确保农民群众能多途径、多角度地知晓信息内容。第二，提高信息传播者的信誉。信息传播者的信誉越好，则传播的影响力越大，人们越容易朝着他希望的方向发展，否则尽管建立了全方位的信息传播渠道，各种信息满天飞，但是由于虚假信息影响了传播者的信誉，同样起不到应有的传播效果。第三，大力发展农村经济，提高农民的信息消费水平，进一步满足他们的信息需求；随着网络的普及，越来越多的农民借助手机、电脑上网来获取信息，这种信息的传播渠道能够保证信息的数量和时效性，但是也受制于农民自身消费水平的高低，消费水平高的农民不仅获得的信息量大，时效性强，而且他们收集、评价、运用信息的能力也远远高于信息消费水平低的农民，从而他们的信息需求满足度也要高一些。第四，对农信息传播应该以农民需求为核心，发挥农民这个信息接收主体的作用。信息在传播的过程中，需要传播者和农民对信息进行互相交换和双向交流，只有农民积极主动地参与到信息传播的过程中来，传播的信息才能引起他们的注意，并对其认知、情感和行为产生一定的影响，并通过其行为反馈出来，传播者才能根据反馈结果及时调整传播行为。因此，必须建立行之有效的沟通和反馈机制，促进农民和传播者的双向信息交流，使他们能明确自己的信息需求，理解信息内容，并运用信息服务于生活实际。第五，加大农村政策推行的力度，促进信息在农村的传播。在现代社会，由于网络的普及，传统的传播媒介如报纸杂志、广播等发挥的作用越来越小，许多村委会的报纸、广播形同虚设，起不到应有的传播作用。因此，政府应该与时俱进，借助新媒体来推进信息在农村的传播，同时，要对传播的信息进行筛选，对传播过程进行监督，以提高信息对农民需求的满足度。

当然，影响西部地区对农信息传播有效性的因素不是相互独立的，它们之间相互影响、相互作用，共同构成了一个有机整体，任何一方面的变动都会影响到整体的效果。因此，我们在研究对农信息传播有效性问题时，既要分清主要因素和次要因素，又不能只抓主要因素而忽视次要因素，因为它们都对信息的有效传播起着非常重要的作用，是保证信息能够有效传播的基础。两者共同构成了西部地区对农信息传播的有效性评价系统，具体表现为由 18 个指标所构成的信息传播有效性评价指标体系，并以此为基础，对西部地区对农信息传播的有效性进行了具体的调查和判定。

第四节　西部地区不同媒介对农信息传播有效性的测定及比较

各种传播媒介的不同特点及受众的多样性、复杂性和不同信息需求诸多因素，使信息传播有效性的测定复杂而艰难，很难用量化的数据去测定某种媒介、某条信息传播的有效性到底如何，这也是在传播效果研究领域里历来很少有人涉足于此的主要原因。而现代模糊数学的发展，为综合评价信息传播的有效性提供了数学工具，使得比较精确的定量分析成为可能，有助于更深入地了解和认识西部地区对农信息传播的有效性。

一　模糊综合评判法的模型和步骤

模糊数学的概念是由美国扎德教授于 1965 年在其发表的《模糊集合论》一文中正式提出来的，他首次成功地对那些外延不清的模糊概念进行了精确的数学描述，从而为人们研究模糊领域的数学问题提供了一种方便而又简单的有力工具。因此，它一产生，就被迅速地运用到了各个学科和领域，形成了一系列新的研究方法，其中模糊综合评价法就是模糊数学的一种具体应用。模糊综合评价法是从多个因素的角度出发，把概念模糊、难以定量的因素定量化，建立它们的因素集，构造模糊评判矩阵，然后根据其权重向量对其进行模糊合成，从而对总体事物隶属等级状况做出全面评价的一种方法。

信息传播的有效性是一个模糊的概念，没有明确的判断标准，在对其进行评价的过程中涉及大量复杂的影响因素，这些因素有些可以用数据进行精确描述，有些却无法进行具体的量化，只能进行定性研究，具有一定的模糊性。因此，为了提高西部地区对农信息传播有效性测定的精确度，可以采用模糊综合评价法。这样，不仅可以对不同媒介信息传播的有效性进行评判，还可以对不同类型信息传播的有效性进行测定。模糊综合评价法可以分为以下几个步骤。

（一）建立评价对象的因素集和评判集

1. 建立评价对象的因素集

因素也称为评价指标，如果一个因素集里有 m 个评价指标，说明我们对评价对象从 m 个方面进行评判，用 U_1，U_2，$\cdots$，U_m 来表示，则因素集 U 记为：

$$U = \{U_1, U_2, U_3, \cdots, U_m\}$$

如果是多层次综合评价，则 U_1，U_2，$\cdots$，U_m 称为一级评价指标，每个一级评价指标可以看作单一评价因素，根据指标体系的层次构成及权重，可以对每个单一评价因素继续进行细分，将其划分为若干个层次，记为：

$$U_i = \{U_{i1}, U_{i2}, U_{i3}, \cdots, U_{it}\}$$

本书把影响信息传播有效性的因素分为四组两个层次，进行二级模糊评价，形成了由四个一级指标构成的因素集合一个，由 18 个二级指标构成的因素集合四个，这样就可以从低层到高层进行模糊综合评价。

由四个一级指标构成的因素集合：

$U = \{U_1, U_2, U_3, U_4\}$ = ｛传播效果，传播效率，传播效益，信息传播环境｝

由 18 个二级指标构成的因素集分别为：

$U_1 = (U_{11}, U_{12}, U_{1,3}, U_{14}, U_{15}, U_{16})$ = ｛信誉、渠道、信号覆盖率，渠道拥有率/渠道知晓率，信息量，受众信息需求明晰度，内容知晓度）

$U_2 = (U_{21}, U_{22}, U_{23}, U_{24}, U_{25})$ = ｛内容时效性，内容保真度，内容理解度，信息需求满足度，受众信息消费水平）

$U_3 = (U_{31}, U_{32}, U_{33}, U_{34}, U_{35})$ = ｛渠道接触频度，农村受众反馈，受众信息收集，受众信息评价，受众信息运用）

$U_4 = (U_{41}, U_{42})$ = ｛农村经济发展水平，政策推行）

2. 建立评价对象的评判集

评判集也称为评语集，是由一系列评价结果所组成的集合，这些评价结果是针对评价对象做出的，一个评价结果表示一个等级，如果有 n 个评价结果，就有 n 个等级，分别用 V_1，V_2，V_3，$\cdots$，V_n 来表示，则评判集 $V = \{V_1, V_2, V_3, \cdots, V_n\}$。一个评价等级对应一个模糊子集，常见的评价等级为 3—5 个。本书取 5 个评价等级构成评判集，评价结果分别为：很好、较好、一般、较差和很差，它们的具体取值见表 5 - 23。

表 5 – 23　　　　　　　　　　　　　　　**评判集与具体取值**

评判集	很好	较好	一般	较差	很差
取值	90—100	70—90	50—70	30—50	10—30

（二）构造评判矩阵和确定权重

1. 构造评判矩阵

在确定评判集之后，就可以从因素集中的一个因素出发，确定因素 U_i 对评判集 V_j 的隶属程度，称为单因素模糊评价。其中隶属度就是单独从 m 个因素出发，对评价对象进行量化的过程，用 r_{ij}（$i = 1$，2，$\cdots$，m；$j = 1$，2，$\cdots$，n）表示。某指标的隶属度一般用判定属于某等级的受访者人数占总受访人数的比率来计算，从而得到了因素集 U 和评判集 V 之间的模糊关系矩阵 R。

$$R = (r_{ij})_{m \times n} = \begin{bmatrix} r_{11} & r_{12} & \cdots & r_{1n} \\ r_{21} & r_{22} & \cdots & r_{2n} \\ \vdots & \vdots & \vdots & \vdots \\ r_{m1} & r_{m2} & \cdots & r_{mn} \end{bmatrix}$$

其中 r_{ij} 表示某个方案在第 i 个目标被评为第 j 级别的隶属度，实质是第 i 个目标被评为第 j 级别评语的频率分布。一般而言，R 矩阵是没有量纲的，不需要进行专门的归一化处理，如果 R 矩阵有量纲，则要对其进行归一化处理，使 $\Sigma r_{ij} = 1$。

2. 确定权重

综合评价的关键是确定权重，用权系数向量 W_i 表示，$W = (w_1$，w_2，$\cdots$，$w_n)$。在进行多目标综合评价的过程中，需要对各个目标分别进行加权，使每一级别的各评价因素权重之和为 1。本课题在前面的章节里已经运用层次分析法求出了各个层次要素的权系数向量，并通过了一致性检验，因此在此部分可以直接使用。

（三）进行模糊综合评价，做出决策

1. 进行模糊综合评价

要得到被评价事物的综合评价结果，必须对模糊关系矩阵 R 和权重向量 W 进行模糊运算，以计算综合评价值，做出决策。常用的模糊算子有四种，根据它们的使用条件和对评价结果的影响，为了比较客观地反映被评价事物的全貌，选用加权评价型算法进行合成运算。模糊综合评价的模型为：

$$B = WR = (W_1, W_2, \cdots, W_n) \begin{bmatrix} r_{11} & r_{12} & \cdots & r_{1n} \\ r_{21} & r_{22} & \cdots & r_{2n} \\ \vdots & \vdots & \vdots & \vdots \\ r_{m1} & r_{m2} & \cdots & r_{mn} \end{bmatrix} = (b_1, b_2, \cdots, b_n)$$

若 $\sum b_j \neq 1$，应将它归一化。

b_j 表示从整体上看，被评价事物对评价等级元素 V_j 的隶属程度。此时的综合评判结果一般为最大的 b_j 所对应的等级 V_j。

2. 进行分析，做出决策

B 是被评价事物对各级模糊子集的隶属度，它提供的信息很丰富，如果涉及多个对象的比较和排序，则需要对其进行进一步处理，即把综合评价结果 B 转化成综合分值，然后进行比较和排序，以做出最优的选择。

二 模糊综合评价模型的应用

本书所用资料来源于课题组对西部十二省、市、区所做的问卷及实际调查，下文的相关数据是通过对调查表的整理、统计得到的结果。

（一）报刊传播有效性评价

1. 建立信息传播有效性评价的指标体系

要进行信息传播有效性综合评价，必须明确模糊评判的对象，即评价指标体系，此处直接运用前面所构建的西部地区对农信息传播有效性评价指标体系来进行运算。它由两个层次构成：第一层，总目标因素集 $U = \{U_1, U_2, U_3, U_4\}$；第二层，准则层子集 $U_1 = (U_{11}, U_{12}, U_{1,3}, U_{14}, U_{15}, U_{16})$，$U_2 = (U_{21}, U_{22}, U_{23}, U_{24}, U_{25})$，$U_3 = (U_{31}, U_{32}, U_{33}, U_{34}, U_{35})$，$U_4 = (U_{41}, U_{42})$。具体结构见图5-1。

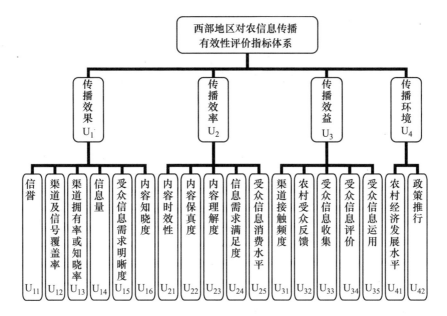

图 5 - 1　西部地区对农信息传播有效性评价指标体系

2. 确定评判集

评判集用 V_i 表示，共分为五个等级，具体为：

$V = \{V_1, V_2, V_3, V_4, V_5\}$ ＝｛很好，较好，一般，较差，很差｝

3. 权重的确定

权重已在前面运用层次分析法计算求出，此处可直接使用，具体结果如下：

$W = (0.4832, 0.2717, 0.1569, 0.0882)$

$W_1 = (0.0389, 0.0896, 0.1129, 0.2130, 0.2585, 0.2871)$

$W_2 = (0.0417, 0.0998, 0.1675, 0.2696, 0.4214)$

$W_3 = (0.0478, 0.1023, 0.1643, 0.2666, 0.419)$

$W_4 = (0.25, 0.75)$

4. 模糊判断矩阵的确定

根据问卷调查表整理统计得到的报刊传播有效性评价的相关数据如表 5 - 24 所示。

表 5 – 24　　　　　　　报刊传播有效性评价的调查结果统计　　　　　（%）

评价 指标	很好	较好	一般	较差	很差
R_1 信誉	14.8	54.5	22	8.3	0.4
R_2 渠道覆盖率	10.7	24.3	23.6	26.9	14.5
R_3 渠道拥有率/渠道知晓率	12.3	22.8	24.7	25.3	14.9
R_4 信息量	10.8	20.7	26.6	26.1	15.8
R_5 受众信息需求明晰度	15.6	23.4	30.7	12.1	18.2
R_6 内容知晓度	8.72	39.2	32.92	8.56	10.6
R_7 内容时效性	9.3	36.8	41.6	10.6	1.7
R_8 内容保真度	8.1	13.4	23.7	31.2	23.6
R_9 内容理解度	8.1	44.4	30.6	6.5	10.4
R_{10} 信息需求满足度	14.6	20.8	35.4	13.9	15.3
R_{11} 受众信息消费水平	3.9	31.3	44.9	16.3	3.6
R_{12} 渠道接触频度	15.5	22.1	33.6	14.6	14.2
R_{13} 农村受众反馈	6.5	17.4	18.95	30.8	26.4
R_{14} 受众信息收集	9.4	20.1	28.5	30	12
R_{15} 受众信息评价	8	22.2	21.2	35.2	13.4
R_{16} 受众信息运用	9.8	28.4	27.8	23.8	10.2
R_{17} 农村经济	0.7	12.5	25.3	39.2	22.3
R_{18} 政策推行	9.5	21.4	26.7	24.5	17.9

根据表 5 – 24 数据所构造的模糊评判矩阵为：

$$R_1 = \begin{bmatrix} 0.148 & 0.545 & 0.22 & 0.083 & 0.004 \\ 0.107 & 0.243 & 0.236 & 0.269 & 0.145 \\ 0.123 & 0.228 & 0.247 & 0.253 & 0.149 \\ 0.108 & 0.207 & 0.266 & 0.261 & 0.158 \\ 0.156 & 0.234 & 0.307 & 0.121 & 0.182 \\ 0.0872 & 0.392 & 0.3292 & 0.0856 & 0.106 \end{bmatrix}$$

$$R_2 = \begin{bmatrix} 0.093 & 0.368 & 0.416 & 0.106 & 0.017 \\ 0.081 & 0.134 & 0.237 & 0.312 & 0.236 \\ 0.081 & 0.444 & 0.306 & 0.065 & 0.104 \\ 0.146 & 0.208 & 0.354 & 0.139 & 0.153 \\ 0.039 & 0.313 & 0..449 & 0.163 & 0.036 \end{bmatrix}$$

$$R_3 = \begin{bmatrix} 0.155 & 0.221 & 0.336 & 0.146 & 0.142 \\ 0.065 & 0.174 & 0.1895 & 0.3075 & 0.264 \\ 0.094 & 0.201 & 0.285 & 0.30 & 0.12 \\ 0.08 & 0.222 & 0.212 & 0.352 & 0.134 \\ 0.098 & 0.284 & 0.278 & 0.238 & 0.102 \end{bmatrix}$$

$$R_4 = \begin{bmatrix} 0.007 & 0.125 & 0.253 & 0.392 & 0.223 \\ 0.095 & 0.214 & 0.267 & 0.245 & 0.179 \end{bmatrix}$$

5. 进行模糊运算

由 $W_1 = (0.0389, 0.0896, 0.1129, 0.2130, 0.2585, 0.2871)$ 可以得到"传播效果"的评价向量：

$B_1 = W_1 R_1 = (0.1176, 0.2858, 0.2881, 0.1673, 0.1412)$

由 $W_2 = (0.0417, 0.0998, 0.1675, 0.2696, 0.4214)$ 可以得到"传播效率"的评价向量：

$B_2 = W_2 R_2 = (0.0813, 0.2911, 0.3769, 0.1526, 0.0981)$

由 $W_3 = (0.0478, 0.1023, 0.1643, 0.2666, 0.419)$ 可以得到"传播效益"的评价向量：

$B_3 = W_3 R_3 = (0.0919, 0.2395, 0.2553, 0.2813, 0.1320)$

由 $W_4 = (0.25, 0.75)$ 可以得到"传播环境"的评价向量：

$B_4 = W_4 R_4 = (0.073, 0.1918, 0.2635, 0.2817, 0.19)$

由 $W = (0.4832, 0.2717, 0.1569, 0.0882)$ 可以得到"信息传播有效性"的综合评价向量为：

$$B = WR = (W_1, W_2, W_3, W_4) \begin{bmatrix} B_1 \\ B_2 \\ B_3 \\ B_4 \end{bmatrix} = (0.0998, 0.2717, 0.3049,$$

0. 1913,0. 1323）

6. 综合评价结果的计算

报刊媒介信息传播有效性的综合评价结果为：

$$T = (0.0998,0.2717,0.3049,0.1913,0.1323) \begin{bmatrix} 100 \\ 90 \\ 70 \\ 50 \\ 30 \end{bmatrix} = 69.3057$$

$$\approx 69$$

（二）广播传播有效性评价

广播传播有效性评价同样适用于我们所构建的"西部地区对农信息传播有效性评价指标体系"，因此前面三步即评价指标体系的建立、评判集与权重的确定与前相同，在此不再赘述。根据问卷调查表整理统计得到的广播传播有效性评价的相关数据见表5-25。

1. 模糊判断矩阵的确定

表 5-25　　　　广播传播有效性评价的调查结果统计　　　　（%）

评价 指标	很好	较好	一般	较差	很差
R_1 信誉	9.1	46.5	29.4	14.1	0.9
R_2 渠道覆盖率	10.5	26.5	28.2	23.9	10.9
R_3 渠道拥有率/渠道知晓率	9.2	21.6	16.4	31.9	20.9
R_4 信息量	9.2	20.5	30.8	20.3	19.2
R_5 受众信息需求明晰度	15.6	23.4	30.7	12.1	18.2
R_6 内容知晓度	8.36	38.26	40	11.58	1.8
R_7 内容时效性	10.2	35.3	34.7	17.4	2.4
R_8 内容保真度	10.6	17.9	34.3	21.1	16.1
R_9 内容理解度	5.85	43.3	41.6	8.51	0.74
R_{10} 信息需求满足度	14.5	19.3	32	17.9	16.3
R_{11} 受众信息消费水平	3.3	30.9	33.7	20.4	11.7
R_{12} 渠道接触频度	15.7	25.1	30.8	15.1	13.3

评价 指标	很好	较好	一般	较差	很差
R_{13}农村受众反馈	5.8	18.3	18	30.7	27.2
R_{14}受众信息收集	7.4	19.1	20.5	29	24
R_{15}受众信息评价	8.1	20.2	18.1	25.3	28.3
R_{16}受众信息运用	10.4	18.4	27.4	28.8	15
R_{17}农村经济	0.8	12.4	26.3	28.2	32.3
R_{18}政策推行	10.5	18.4	19.7	20.5	30.9

根据表 2-25 数据构造的模糊评判矩阵为：

$$R_1 = \begin{bmatrix} 0.091 & 0.465 & 0.294 & 0.141 & 0.009 \\ 0.105 & 0.265 & 0.282 & 0.239 & 0.109 \\ 0.092 & 0.216 & 0.164 & 0.319 & 0.209 \\ 0.092 & 0.205 & 0.308 & 0.203 & 0.192 \\ 0.156 & 0.234 & 0.307 & 0.121 & 0.182 \\ 0.0836 & 0.3826 & 0.40 & 0.1158 & 0.018 \end{bmatrix}$$

$$R_2 = \begin{bmatrix} 0.102 & 0.353 & 0.347 & 0.174 & 0.024 \\ 0.106 & 0.179 & 0.343 & 0.211 & 0.161 \\ 0.0585 & 0.433 & 0.416 & 0.0851 & 0.0074 \\ 0.145 & 0.193 & 0.32 & 0.179 & 0.163 \\ 0.033 & 0.309 & 0.337 & 0.204 & 0.117 \end{bmatrix}$$

$$R_3 = \begin{bmatrix} 0.157 & 0.251 & 0.308 & 0.151 & 0.133 \\ 0.058 & 0.183 & 0.18 & 0.307 & 0.272 \\ 0.074 & 0.191 & 0.205 & 0.29 & 0.24 \\ 0.081 & 0.202 & 0.181 & 0.253 & 0.283 \\ 0.104 & 0.184 & 0.274 & 0.288 & 0.15 \end{bmatrix}$$

$$R_4 = \begin{bmatrix} 0.008 & 0.124 & 0.263 & 0.282 & 0.323 \\ 0.105 & 0.184 & 0.197 & 0.205 & 0.309 \end{bmatrix}$$

2. 进行模糊运算

由 $W_1 = (0.0389, 0.0896, 0.1129, 0.2130, 0.2585, 0.2871)$

可以得到"传播效果"的评价向量：

$B_1 = W_1 R_1 = $（0.1073，0.2802，0.3150，0.1707，0.1268）

由 $W_2 = $（0.0417，0.0998，0.1675，0.2696，0.4214）可以得到"传播效率"的评价向量：

$B_2 = W_2 R_2 = $（0.0776，0.2874，0.3467，0.1768，0.1115）

由 $W_3 = $（0.0478，0.1023，0.1643，0.2666，0.419）可以得到"传播效益"的评价向量：

$B_3 = W_3 R_3 = $（0.0908，0.1930，0.2299，0.2744，0.2119）

由 $W_4 = $（0.25，0.75）可以得到"传播环境"的评价向量：

$B_4 = W_4 R_4 = $（0.0807，0.169，0.2135，0.2243，0.3125）

由 $W = $（0.4832，0.2717，0.1569，0.0882）得到了"信息传播有效性"的综合评价向量为：

$$B = WR = (W_1, W_2, W_3, W_4) \begin{bmatrix} B_1 \\ B_2 \\ B_3 \\ B_4 \end{bmatrix} = (0.0943, 0.2587, 0.3013,$$

0.1933，0.1524）

3. 综合评价结果的计算

广播媒介信息传播有效性的综合评价结果为：

$$T = (0.0943, 0.2587, 0.3013, 0.1933, 0.1524) \begin{bmatrix} 100 \\ 90 \\ 70 \\ 50 \\ 30 \end{bmatrix} = 68.0401$$

≈ 68

（三）电视传播有效性评价

1. 模糊判断矩阵的确定

根据问卷调查表整理统计得到的电视传播有效性评价的相关数据见表 5 - 26。

表 5 - 26　　　　　　**电视传播有效性评价的调查结果统计表**　　　　　（％）

评价 指标	很好	较好	一般	较差	很差
R_1 信誉	19.1	48.6	19.5	12.5	0.3
R_2 渠道覆盖率	30.7	64.5	3.4	0.9	0.5
R_3 渠道拥有率/渠道知晓率	77.1	21.4	0.9	0.4	0.2
R_4 信息量	29.4	20.4	31.1	16.3	2.8
R_5 受众信息需求明晰度	15.6	23.4	30.7	12.1	18.2
R_6 内容知晓度	30.8	23.4	36.5	8.5	0.8
R_7 内容时效性	19.9	43.5	25.8	10.5	0.3
R_8 内容保真度	32.3	40.3	20.4	5.2	1.8
R_9 内容理解度	28.1	34.75	28.7	7.725	0.725
R_{10} 信息需求满足度	22.9	31.7	19	16	10.4
R_{11} 受众信息消费水平	28.1	21.8	35	11.6	3.5
R_{12} 渠道接触频度	51.2	35.5	11.4	1.5	0.4
R_{13} 农村受众反馈	27.65	32	18.05	15.1	7.2
R_{14} 受众信息收集	27.4	26.1	18.5	22	6
R_{15} 受众信息评价	28.1	30.2	11.1	17.3	13.3
R_{16} 受众信息运用	25.4	38.4	17.4	13.8	5
R_{17} 农村经济	0.8	12.4	26.3	38.2	22.3
R_{18} 政策推行	38.5	29.4	18.7	12.5	0.9

根据表 5 - 26 数据，构造的模糊评判矩阵为：

$$
R_1 = \begin{bmatrix}
0.191 & 0.486 & 0.195 & 0.125 & 0.003 \\
0.307 & 0.645 & 0.034 & 0.009 & 0.005 \\
0.771 & 0.214 & 0.009 & 0.004 & 0.002 \\
0.294 & 0.204 & 0.311 & 0.163 & 0.028 \\
0.156 & 0.234 & 0.307 & 0.121 & 0.182 \\
0.308 & 0.234 & 0.365 & 0.085 & 0.008
\end{bmatrix}
$$

$$R_2 = \begin{bmatrix} 0.199 & 0.435 & 0.258 & 0.105 & 0.003 \\ 0.323 & 0.403 & 0.204 & 0.052 & 0.018 \\ 0.281 & 0.3475 & 0.287 & 0.07725 & 0.00725 \\ 0.229 & 0.317 & 0.19 & 0.16 & 0.104 \\ 0.281 & 0.218 & 0.35 & 0.116 & 0.035 \end{bmatrix}$$

$$R_3 = \begin{bmatrix} 0.512 & 0.355 & 0.114 & 0.015 & 0.004 \\ 0.2765 & 0.32 & 0.1805 & 0.151 & 0.072 \\ 0.274 & 0.261 & 0.185 & 0.22 & 0.06 \\ 0.281 & 0.302 & 0.111 & 0.173 & 0.133 \\ 0.254 & 0.384 & 0.174 & 0.138 & 0.05 \end{bmatrix}$$

$$R_4 = \begin{bmatrix} 0.008 & 0.124 & 0.263 & 0.382 & 0.223 \\ 0.385 & 0.294 & 0.187 & 0.125 & 0.009 \end{bmatrix}$$

2. 进行模糊运算

由 $W_1 = (0.0389, 0.0896, 0.1129, 0.2130, 0.2585, 0.2871)$ 可以得到"传播效果"的评价向量：

$B_1 = W_1 R_1 = (0.3134, 0.2720, 0.2620, 0.0965, 0.0561)$

由 $W_2 = (0.0417, 0.0998, 0.1675, 0.2696, 0.4214)$ 可以得到"传播效率"的评价向量：

$B_2 = W_2 R_2 = (0.2678, 0.2939, 0.2779, 0.1145, 0.0459)$

由 $W_3 = (0.0478, 0.1023, 0.1643, 0.2666, 0.419)$ 可以得到"传播效益"的评价向量：

$B_3 = W_3 R_3 = (0.2791, 0.3340, 0.1568, 0.1563, 0.0738)$

由 $W_4 = (0.25, 0.75)$ 可以得到"传播环境"的评价向量：

$B_4 = W_4 R_4 = (0.2907, 0.2515, 0.206, 0.1893, 0.0625)$

由 $W = (0.4832, 0.2717, 0.1569, 0.0882)$ 得到"信息传播有效性"的综合评价向量为：

$$B = WR = (W_1, W_2, W_3, W_4) \begin{bmatrix} B_1 \\ B_2 \\ B_3 \\ B_4 \end{bmatrix} = (0.2936, 0.2859, 0.2449,$$

0.1189,0.0567）

3. 综合评价结果的计算

电视媒介信息传播有效性的综合评价结果为：

$$T = (0.2936, 0.2859, 0.2449, 0.1189, 0.0567) \begin{bmatrix} 100 \\ 90 \\ 70 \\ 50 \\ 30 \end{bmatrix} = 79.8802$$

$$\approx 80$$

（四）　网络传播有效性评价

1. 模糊判断矩阵的确定

根据问卷调查表整理统计得到的网络传播有效性评价的相关数据见表5－27。

表 5－27　　　　　**网络传播有效性评价的调查结果统计**　　　（％）

评价 指标	很好	较好	一般	较差	很差
R_1 信誉	32	43.7	21.4	2.7	0.2
R_2 渠道覆盖率	24.4	65.4	9.6	0.4	0.2
R_3 渠道拥有率/渠道知晓率	26.7	60.3	12.6	0.3	0.1
R_4 信息量	16.8	20.1	36.8	16.2	10.1
R_5 受众信息需求明晰度	15.6	23.4	30.7	12.1	18.2
R_6 内容知晓度	9.9	44.88	29.14	13.18	2.9
R_7 内容时效性	14.7	39.5	39	6.3	0.5
R_8 内容保真度	15.8	30.2	26.1	17.1	10.8
R_9 内容理解度	12.5	53.3	26.4	6.5	1.3
R_{10} 信息需求满足度	18.1	27.6	25.8	14.9	13.6
R_{11} 受众信息消费水平	49.5	23.2	17	6.9	3.4
R_{12} 渠道接触频度	8.8	33.3	45.5	11.4	1
R_{13} 农村受众反馈	12.75	28.8	35.95	17.2	5.3

评价 指标	很好	较好	一般	较差	很差
R_{14} 受众信息收集	17.4	26.1	28.5	22	6
R_{15} 受众信息评价	8.1	30.2	21.1	27.3	13.3
R_{16} 受众信息运用	10.4	28.4	27.4	23.8	10
R_{17} 农村经济	0.8	12.4	26.3	38.2	22.3
R_{18} 政策推行	23.5	36.4	21.7	16.5	1.9

根据表5-27数据构造的模糊评判矩阵具体为:

$$R_1 = \begin{bmatrix} 0.038 & 0.381 & 0.343 & 0.234 & 0.004 \\ 0.252 & 0.634 & 0.104 & 0.007 & 0.003 \\ 0.606 & 0.238 & 0.146 & 0.006 & 0.004 \\ 0.101 & 0.228 & 0.277 & 0.211 & 0.183 \\ 0.156 & 0.234 & 0.307 & 0.121 & 0.182 \\ 0.1208 & 0.563 & 0.227 & 0.073 & 0.0162 \end{bmatrix}$$

$$R_2 = \begin{bmatrix} 0.223 & 0.463 & 0.268 & 0.045 & 0.001 \\ 0.204 & 0.386 & 0.232 & 0.125 & 0.053 \\ 0.086 & 0.463 & 0.322 & 0.068 & 0.061 \\ 0.226 & 0.286 & 0.303 & 0.128 & 0.057 \\ 0.013 & 0.152 & 0.468 & 0.279 & 0.088 \end{bmatrix}$$

$$R_3 = \begin{bmatrix} 0.518 & 0.305 & 0.139 & 0.035 & 0.003 \\ 0.102 & 0.202 & 0.2785 & 0.237 & 0.1805 \\ 0.174 & 0.261 & 0.285 & 0.22 & 0.06 \\ 0.081 & 0.302 & 0.211 & 0.273 & 0.133 \\ 0.104 & 0.284 & 0.274 & 0.238 & 0.10 \end{bmatrix}$$

$$R_4 = \begin{bmatrix} 0.008 & 0.124 & 0.263 & 0.382 & 0.223 \\ 0.218 & 0.351 & 0.208 & 0.185 & 0.038 \end{bmatrix}$$

2. 进行模糊运算

由 $W_1 = (0.0389, 0.0896, 0.1129, 0.213, 0.2585, 0.2871)$ 可以得到"传播效果"的评价向量:

$B_1 = W_1R_1 = （0.1890，0.3692，0.2426，0.1076，0.0916）$

由 $W_2 = （0.0417，0.0998，0.1675，0.2696，0.4214）$ 可以得到"传播效率"的评价向量：

$B_2 = W_2R_2 = （0.1105，0.2765，0.3672，0.1778，0.0680）$

由 $W_3 = （0.0478，0.1023，0.1643，0.2666，0.419）$ 可以得到"传播效益"的评价向量：

$B_3 = W_3R_3 = （0.1290，0.2776，0.2530，0.2346，0.1058）$

由 $W_4 = （0.25，0.75）$ 可以得到"传播环境"的评价向量：

$B_4 = W_4R_4 = （0.1655，0.2943，0.2217，0.2343，0.0842）$

由 $W = （0.4832，0.2717，0.1569，0.0882）$ 得到"信息传播有效性"的综合评价向量为：

$$B = WR = （W_1，W_2，W_3，W_4）\begin{bmatrix} B_1 \\ B_2 \\ B_3 \\ B_4 \end{bmatrix} = （0.1562，0.3230，0.2762，$$

$$0.1578，0.0868）$$

3. 综合评价结果的计算

网络媒介信息传播有效性的综合评价结果为：

$$T = （0.1562，0.3230，0.2762，0.1578，0.0868）\begin{bmatrix} 100 \\ 90 \\ 70 \\ 50 \\ 30 \end{bmatrix} = 74.5202$$

$$\approx 75$$

（五）政府组织传播有效性评价

1. 模糊判断矩阵的确定

根据问卷调查表整理统计得到的政府组织传播有效性评价的相关数据见表 5 - 28。

表5-28		政府组织传播有效性评价的调查结果统计			（%）
评价 指标	很好	较好	一般	较差	很差
R_1 信誉	32	43.7	21.4	2.7	0.2
R_2 渠道覆盖率	24.4	65.4	9.6	0.4	0.2
R_3 渠道拥有率/渠道知晓率	26.7	60.3	12.6	0.3	0.1
R_4 信息量	16.8	20.1	36.8	16.2	10.1
R_5 受众信息需求明晰度	15.6	23.4	30.7	12.1	18.2
R_6 内容知晓度	9.9	44.88	29.14	13.18	2.9
R_7 内容时效性	14.7	39.5	39	6.3	0.5
R_8 内容保真度	15.8	30.2	26.1	17.1	10.8
R_9 内容理解度	12.5	53.3	26.4	6.5	1.3
R_{10} 信息需求满足度	18.1	27.6	25.8	14.9	13.6
R_{11} 受众信息消费水平	49.5	23.2	17	6.9	3.4
R_{12} 渠道接触频度	8.8	33.3	45.5	11.4	1
R_{13} 农村受众反馈	12.75	28.8	35.95	17.2	5.3
R_{14} 受众信息收集	17.4	26.1	28.5	22	6
R_{15} 受众信息评价	8.1	30.2	21.1	27.3	13.3
R_{16} 受众信息运用	10.4	28.4	27.4	23.8	10
R_{17} 农村经济	0.8	12.4	26.3	38.2	22.3
R_{18} 政策推行	23.5	36.4	21.7	16.5	1.9

根据表5-28数据构造的模糊评判矩阵为：

$$R_1 = \begin{bmatrix} 0.32 & 0.437 & 0.214 & 0.027 & 0.002 \\ 0.244 & 0.654 & 0.096 & 0.004 & 0.002 \\ 0.267 & 0.603 & 0.126 & 0.003 & 0.001 \\ 0.168 & 0.201 & 0.368 & 0.162 & 0.101 \\ 0.156 & 0.234 & 0.307 & 0.121 & 0.182 \\ 0.099 & 0.4488 & 0.2914 & 0.1318 & 0.029 \end{bmatrix}$$

$$R_2 = \begin{bmatrix} 0.147 & 0.395 & 0.39 & 0.063 & 0.005 \\ 0.158 & 0.302 & 0.261 & 0.171 & 0.108 \\ 0.125 & 0.533 & 0.264 & 0.065 & 0.013 \\ 0.181 & 0.276 & 0.258 & 0.149 & 0.136 \\ 0.495 & 0.232 & 0.17 & 0.069 & 0.034 \end{bmatrix}$$

$$R_3 = \begin{bmatrix} 0.088 & 0.333 & 0.455 & 0.114 & 0.01 \\ 0.1275 & 0.288 & 0.3595 & 0.172 & 0.053 \\ 0.174 & 0.261 & 0.285 & 0.22 & 0.06 \\ 0.081 & 0.302 & 0.211 & 0.273 & 0.133 \\ 0.104 & 0.284 & 0.274 & 0.238 & 0.10 \end{bmatrix}$$

$$R_4 = \begin{bmatrix} 0.008 & 0.124 & 0.263 & 0.382 & 0.223 \\ 0.235 & 0.364 & 0.217 & 0.165 & 0.019 \end{bmatrix}$$

2. 进行模糊运算

由 $W_1 = (0.0389, 0.0896, 0.1129, 0.213, 0.2585, 0.2871)$ 可以得到"传播效果"的评价向量：

$B_1 = W_1 R_1 = (0.1690, 0.3758, 0.2726, 0.1054, 0.0772)$

由 $W_2 = (0.0417, 0.0998, 0.1675, 0.2696, 0.4214)$ 可以得到"传播效率"的评价向量：

$B_2 = W_2 R_2 = (0.3002, 0.3081, 0.2277, 0.0998, 0.0642)$

由 $W_3 = (0.0478, 0.1023, 0.1643, 0.2666, 0.419)$ 可以得到"传播效益"的评价向量：

$B_3 = W_3 R_3 = (0.111, 0.2878, 0.2764, 0.2317, 0.0931)$

由 $W_4 = (0.25, 0.75)$ 可以得到"传播环境"的评价向量：

$B_4 = W_4 R_4 = (0.1783, 0.304, 0.2285, 0.2192, 0.07)$

由 $W = (0.4832, 0.2717, 0.1569, 0.0882)$ 得到"信息传播有效性"的综合评价向量为：

$$B = WR = (W_1, W_2, W_3, W_4) \begin{bmatrix} B_1 \\ B_2 \\ B_3 \\ B_4 \end{bmatrix} = (0.1964, 0.3373, 0.2571,$$

$0.1337, 0.0755)$

3. 综合评价结果的计算

政府组织媒介信息传播有效性的综合评价结果为：

$$T = (0.1964, 0.3373, 0.2571, 0.1337, 0.0755)\begin{bmatrix} 100 \\ 90 \\ 70 \\ 50 \\ 30 \end{bmatrix} = 76.9406$$

$$\approx 77$$

（六）农村人际传播有效性评价

1. 模糊判断矩阵的确定

根据问卷调查表整理统计得到的农村人际传播有效性评价的相关数据见表 5 - 29。

表 5 - 29　　　　农村人际传播有效性评价的调查结果统计　　　　（%）

评价指标	很好	较好	一般	较差	很差
R_1 信誉	8.3	42.6	36.8	11.9	0.4
R_2 渠道覆盖率	23.8	64.2	8.8	2.6	0.6
R_3 渠道拥有率/渠道知晓率	24.6	60.3	10.3	4.1	0.7
R_4 信息量	15.7	42.2	21.6	17.1	3.4
R_5 受众信息需求明晰度	15.6	23.4	30.7	12.1	18.2
R_6 内容知晓度	4.9	41.7	37.6	13.6	2.1
R_7 内容时效性	9.3	36.8	41.6	10.6	1.7
R_8 内容保真度	10.2	28.9	25.3	22.7	12.9
R_9 内容理解度	10.5	55.8	25.8	7.1	0.9
R_{10} 信息需求满足度	22.7	41.8	21.4	10	4.1
R_{11} 受众信息消费水平	65.6	19.4	10.6	3.8	0.6
R_{12} 渠道接触频度	7.1	51.0	35.0	6.5	0.4
R_{13} 农村受众反馈	19.6	39.4	31.9	7.1	2.1
R_{14} 受众信息收集	17.4	26.1	28.5	22.0	6.0

评价 指标	很好	较好	一般	较差	很差
R_{15}受众信息评价	8.1	30.2	21.1	27.3	13.3
R_{16}受众信息运用	10.4	28.4	27.4	23.8	10
R_{17}农村经济	0.8	12.4	26.3	38.2	22.3
R_{18}政策推行	25	37.9	21.7	13.5	1.9

根据表 5 – 29 数据构造的模糊评判矩阵为：

$$R_1 = \begin{bmatrix} 0.083 & 0.426 & 0.368 & 0.119 & 0.004 \\ 0.238 & 0.642 & 0.088 & 0.026 & 0.006 \\ 0.246 & 0.603 & 0.103 & 0.041 & 0.007 \\ 0.157 & 0.422 & 0.216 & 0.171 & 0.034 \\ 0.156 & 0.234 & 0.307 & 0.121 & 0.182 \\ 0.0494 & 0.4168 & 0.376 & 0.1364 & 0.0214 \end{bmatrix}$$

$$R_2 = \begin{bmatrix} 0.093 & 0.368 & 0.416 & 0.106 & 0.017 \\ 0.102 & 0.289 & 0.253 & 0.227 & 0.129 \\ 0.105 & 0.5575 & 0.2583 & 0.0707 & 0.0085 \\ 0.227 & 0.418 & 0.214 & 0.10 & 0.041 \\ 0.656 & 0.194 & 0.106 & 0.038 & 0.006 \end{bmatrix}$$

$$R_3 = \begin{bmatrix} 0.071 & 0.51 & 0.35 & 0.065 & 0.004 \\ 0.1955 & 0.394 & 0.319 & 0.0705 & 0.021 \\ 0.174 & 0.261 & 0.285 & 0.22 & 0.06 \\ 0.081 & 0.302 & 0.211 & 0.273 & 0.133 \\ 0.104 & 0.284 & 0.274 & 0.238 & 0.10 \end{bmatrix}$$

$$R_4 = \begin{bmatrix} 0.008 & 0.124 & 0.263 & 0.382 & 0.223 \\ 0.25 & 0.379 & 0.217 & 0.135 & 0.019 \end{bmatrix}$$

2. 进行模糊运算

由 W_1 ＝ （0.0389，0.0896，0.1129，0.213，0.2585，0.2871） 可以得到"传播效果"的评价向量：

$B_1 = W_1 R_1$ ＝ （0.1403，0.4122，0.2671，0.1185，0.0619）

由 $W_2 = （0.0417，0.0998，0.1675，0.2696，0.4214）$ 可以得到"传播效率"的评价向量：

$B_2 = W_2 R_2 = （0.3693，0.3320，0.1882，0.0819，0.0286）$

由 $W_3 = （0.0478，0.1023，0.1643，0.2666，0.419）$ 可以得到"传播效益"的评价向量：

$B_3 = W_3 R_3 = （0.1172，0.3071，0.2672，0.2190，0.0895）$

由 $W_4 = （0.25，0.75）$ 可以得到"传播环境"的评价向量：

$B_4 = W_4 R_4 = （0.1895，0.3152，0.2285，0.1968，0.07）$

由 $W = （0.4832，0.2717，0.1569，0.0882）$ 得到"信息传播有效性"的综合评价向量为：

$$B = WR = （W_1，W_2，W_3，W_4）\begin{bmatrix} B_1 \\ B_2 \\ B_3 \\ B_4 \end{bmatrix} = （0.2032，0.3654，0.2423，$$

$$0.1312，0.0579）$$

3. 综合评价结果的计算

农村人际传播有效性的综合评价结果为：

$$T = （0.2032，0.3654，0.2423，0.1312，0.0579）\begin{bmatrix} 100 \\ 90 \\ 70 \\ 50 \\ 30 \end{bmatrix} = 78.4638$$

$$\approx 78$$

三 各类媒介对农信息传播有效性评价结果分析及比较

（一）各类媒介对农信息传播有效性评价结果分析

第一，从报刊对农信息传播有效性综合评价结果来看，在｛很好，较好，一般，较差，很差｝这五个评价等级中，有9.98%的把握认为报刊类媒介信息传播的有效性很好，有27.17%的把握认为报刊传播的有效性较好，有30.49%的把握认为报刊传播的有效性一般，有19.13%的把握认为其传播的有效性较差，有13.23%的把握认为报刊传播的有效性很差。根据最大隶属度原则，有效性一般的隶属度大于其余评价等级的隶属度，可以评价报刊信息传播的有效性一般。而最终的综合评价结果T约为69分，同样可以判定：报刊类媒介在西部地区对农信息传播的有效性一般。

第二，从广播对农信息传播有效性综合评价结果来看，有9.43%的把握认为广播类媒介信息传播的有效性很好，有25.87%的把握认为广播传播的有效性较好，有30.13%的把握认为广播传播的有效性一般，有19.33%的把握认为广播传播的有效性较差，有15.24%的把握认为广播传播的有效性很差。根据最大隶属度原则和最终综合评价结果T=68分，可以判定：广播类媒介在西部地区对农信息传播的有效性一般。

第三，从电视对农信息传播有效性综合评价结果来看，有29.36%的把握认为电视类媒介信息传播的有效性很好；有28.59%的把握认为电视传播的有效性较好；有24.49%的把握认为电视传播的有效性一般；有11.89%的把握认为电视传播的有效性较差，有5.67%的把握认为电视传播的有效性很差。如果单从最大隶属度原则来判定，有效性很好的隶属度大于其余评价等级的隶属度，应该判定电视传播的有效性很好。但是，由于评价等级为较好和一般的受访者人数比评价等级为很好的受访者人数多很多，因此，在采用加权平均型算子进行模糊合成的情况下，最终评价结果T约为80分，可以判定：电视类媒介在西部地区对农信息传播的有效性较好。

第四，从网络对农信息传播有效性综合评价结果来看，有15.62%的把握认为网络信息传播的有效性很好，有32.30%的把握认为网络信息传播的有效性较好，有27.62%的把握认为网络信息传播的有效性一般，有15.78%的把握认为网络信息传播的有效性较差，有8.68%的把握认为网络信息传播的有效性很差。根据最大隶属度原则和最终综合评价结果T为75分，可以判定：网络类媒介在西部地区对农信息传播的有效性较好。

第五，从政府组织传播的综合评价结果来看，有19.64%的把握认为其信息传播的有效性很好，有33.73%的把握认为其有效性较好，有 25.71% 的把握认为其有效性一般，有 13.37% 的把握认为其有效性较差，有 7.55% 的把握认为其有效性很差，最终综合评价结果 T 约为 77 分。虽然按照最大隶属度原则和最终综合评价结果，应将其评价为"效果较好"一类，但考虑到调查过程中的受访者及问卷填答和现场访谈大都由乡镇村干部组织安排，常有数据失真、回答失实的情况出现，因而对此结果不宜过于乐观。

第六，从农村人际传播的综合评价结果来看，有 20.32% 的把握认为其信息传播的有效性很好，有 36.54% 的把握认为其有效性较好，有 24.23% 的把握认为其有效性一般，有 13.12% 的把握认为其有效性较差，有 5.79% 的把握认为其有效性很差。最终综合评价结果 T 约为 78 分，可以判定：农村人际传播在西部地区的有效性较好。

（二）各类媒介对农信息传播有效性比较

通过上述分析，可以得到各类媒介在西部农村信息传播的有效性排序：第一为电视传播（80 分）；第二为人际传播（78 分）；第三为政府组织传播（77 分）；第四为网络传播（75 分）；第五为报刊传播（69 分）；第六为广播传播（68 分）。其中，电视、人际、政府组织、网络这四类媒介对农信息传播的有效性较好，而报纸、广播这两类媒介对农信息传播的有效性一般。这样的结果是由于多种因素导致的。电视传媒具有生动形象、声画同步、覆盖面广、对受众的文化知识水准没有严格的要求，和其他媒介相比较更容易为人们所理解等特点，目前仍然是人们接触频度最高的一类媒介，同时也是国家用来宣传方针政策的有力工具。在中国农村地区，电视已成为人们生活不可缺少的重要组成部分，同时也是他们获取信息的最主要途径，因此，它的信息传播有效性程度在这六类媒介中高居榜首。人际传播仍然是农村进行得最为频繁、实际影响较大的一种传播方式，尤其在一些偏远的农村地区更是如此。这是由人际传播的双向性、灵活性、传播渠道多、所受限制少、简便易行、能实时产生效果等特点所决定的。正是由于人际传播不用借助于非自然媒介，可以比较随意地进行，在农村地区它的信息传播效果较好，紧随电视之后，排名第二。政府组织传播是一种借助于行政权力来进行的特殊组织传播。它的传播主体一般具有权威性，传播的形式具有多样性，传播的信息具有独占性，传播的受众具有接受的被动性，传播产生的影响具有一定的广泛性，尤其是农村基层政府组织传播具有"有事即传，无事不传"的特点，对农村的信息传播以及经济发展起着非常重要的作用。政府组织传播和农村人际传播有一定的共通之处，因而紧随人际传播之后，位列第三。随着农村经济和信息技术的进一步发展，出现了以网络为代表的新媒体，它突破了传统媒体的局限，将影像、声音、文本等多种形式集中在一起，实现了全方位的信息传播，相比电视媒体，它的传播速度更快、范围更广，数量更大，尤其是手机的普及，使得传播者与受众的互动和交流变得更为便捷，受众的信息需求也能更好地得到满足。尽管网络媒体在信息传播方面有其无可比拟的优越性，但它需要受众具有一定的经济基础和文化程度，这又限制了网络传播在农村的发展。在本次调查中，我们发现专门购置电脑利用互联网查阅信息的农户少之又少，在农村地区网络媒体的运用主要体现为手机的简单上网，因此，尽管现在是网络爆炸时代，但是它仍然超越不了电视、人际、政府等媒介，对农信息传播的有效性暂时屈居第四。随着国家"大数据"概念的提出，西部农村经济将会进一步发展，农民收入也会随之提高，网络传播将会对信息的流通起到越来越重要的作用，尤其是手机网络的发展，导致它势必会超越电视、人际、政府等传统媒介的发展。与其他媒介相比，报刊传播具有其自身的独特性，在过去相当长一段时期内，它是农村传播科技信息、养殖信息、致富信息的有力工具，也收到了较好的传播效果。但是它对受众有较高的文化要求，否则起不到应有的传播效果。随着新媒体的发展，报刊对农信息传播的数量越来越少，传播范围越来越窄，传递渠道出现了日益瘫痪的态势。在这次调查中，我们发现相当一部分村委会没有订阅报纸，即使订阅，也是形同虚设，很少有人阅读，普通农户就更不用说了。因此，报刊在西部农村信息传播方面的有效性一般，在这六类媒介中排名倒数第二。广播的成本低，接收方便，在中国 20 世纪七八十年代的信息传播过程中发挥过重要的作用，尤其是在电视缺位的地方，广播成为人们了解外部信息的主要渠道。随着媒介技术革新和社会的发展进步，广播的地位逐年下降，通过这次调查，我们发现，收听广播的人越来越少，主要是老年人，中、青年人很少收听广播，在闲暇时间，主要是收看电视，因此，在这六类媒介中，广播对农信息传播的有效性最差，排在最后一名。这也说明了广播和报刊这类传统的大众传媒在农村的影响日渐式微。

第六章　提升西部农村信息传播
有效性的策略与途径

随着信息技术的高速发展和广泛应用，信息业作为当代最先进、最活跃的生产力，已成为国民经济的重要产业，社会经济逐步成为信息经济。因此，信息化建设的推进，对落后农村地区投资环境的改善、产业结构的优化升级、生产力布局的合理调整具有重要意义，以此推动经济结构进行战略性调整，促进工业、农业和服务业水平和效益的提高，进而加快农村经济发展和农业现代化的步伐。中国"十三五"规划中，农村的脱贫任务是重中之重，西部农村更是贫困聚集区，要解决西部农村的贫困，不能再仅仅因循以往的"输血"模式，而要千方百计在"精准扶贫"新政策的指引下，引导西部地区农民转变观念，构建"造血"的脱贫模式。而在移动互联网时代要实现这一点，十分重要的途径和手段就是不断提高西部农村地区的信息化程度和对农信息传播的有效性。

第一节　优化对农信息传播平台的构建方式

农业信息平台是指用来收集、处理、发布各种农村信息，为农村信息交换提供必要支持的信息系统。① 它是解决信息"进村入户"和"最后一公里"问题必不可少的前提条件。目前中国农村信息化平台建设在硬件上已经取得一定的成效，如"金农工程""村村通电话工程""农

---

① 朱莉、朱静:《贵阳市农村信息化发展现状与策略思考》,《贵州农业科学》2012年第2期。

村信息联络站""农家书屋"等已经建成并投入使用。互联网时代来临后，国务院于 2013 年 8 月 17 日发布了"宽带中国"战略实施方案，该方案最终要实现宽带进村入户，提供普遍服务。总体来说，在政府的大力推动下，农村信息平台硬件设施以及农村信息传播的渠道和内容已基本建成，代表性的全国类农业信息平台如 12316 平台、12396 平台，地方类农业信息平台如北京"221 信息平台"、上海"农民一点通"、云南"三农通"和福建"世纪之村信息平台"等，企业类农业信息平台有中国移动"农信通"、中国电信"信息田园"和中国联通"农业新时空"等，同时还涌现出一批农业网络信息服务平台，如中华名优土特产网、中国大蒜网、猪 e 网、中华苹果网等。但现有的各类平台对农信息传播系统之间共享性差，重复建设、资源浪费现象严重，不能有效地整合以形成合力，无法实现效益最大化。近年来，信息技术在农业产业化发展中的应用日渐深入，韩国、印度及中国发达地区已率先将信息技术在对农信息服务中的应用加以深化，对农信息服务模式日渐成熟，发挥出很强的示范效应。作为欠发达地区的西部农村，也应紧抓云计算和大数据技术带来的机遇，利用现代信息技术优化西部农村对农信息服务平台的构建方式，提高对农信息传播的有效性。

一 国外农村信息服务的经验和启示

为改善农村信息传播效果，提升信息传播的有效性，外国在对农信息传播、信息服务方面的先进做法和经验是我们借鉴的对象。在亚洲，韩国和印度都是农业信息化建设发展较快的国家，两国高度重视农村信息化服务的建设，并采取了很多措施，在农业信息化领域取得的成绩有目共睹。

（一）政府主导农业信息化建设、大力开发农业信息资源的韩国模式①

1. 以政府投资为主重视农业信息基础设施建设

韩国政府采取由国家投资为主对通信网络基础设施投入了大量

---

① 刘金岗、郑剑生：《韩国农业信息化经验及其对我国的启示》，《厦门特区党校学报》2007 年第 3 期。

资金，大大改善了硬件环境。2007 年，韩国农村已普及了互联网，农村电子商务也极为发达。农民自建网站，通过网络销售自己种植的农产品，网上就医看病，这都与农业信息化基础设施的完备密不可分。

2. 政府主导、企业辅助多渠道促进农村信息化建设和发展

政府投资建设农村的信息主干网，从主干网到用户的网络则由民营电信企业投资经营，政府给予经费补助。韩国政府还制定了上网费用、网络使用、电子商务诸方面的优惠措施以提高农民上网的积极性。如上网费用白天比市话便宜 30%，晚上比市话便宜 51%；在网络使用方面，免费给农民提供农村水产信息网；在电子商务方面，农林部帮助建立了 100 个农场主页，许多农场已直接通过互联网进行贸易活动。农村振兴厅在韩国的农业信息化建设中发挥了很大的作用。它利用先进的信息网络，建立起农业科研、农技推广、农村生活指导及农民和农业公务员的培训四级一体的指导体系，并将其连接起来，为农村信息化建设与发展提供信息支撑。

3. 通过建立完善的农业市场数据库服务系统，发挥信息技术应用的实效

韩国在农业信息化建设中开发并完善了一些具有实效的农业信息应用系统。如农场管理远程咨询系统、农场技术咨询系统、农业实时气象信息数据库和服务系统、农场经营管理系统。通过这些系统的开发、使用，解决了农业技术及时传递、跨时空咨询专家、农场主之间信息交换、农业自然环境信息与经济环境信息的及时传递、农场经营管理等问题。实践证明，这些实用的信息系统在农业发展中发挥了重要作用。

4. 建立一套完整适用的培训体系

韩国的农业信息化建设注重将信息技术与农民教育紧密地结合在一起。政府利用多媒体远程咨询系统远程培训农民，实施农村夜校教育计划，网站建立电脑教室开展农业技术培训，使农民足不出户实现网上交流。将疑难病症通过数据浏览器传给农业专家诊断病因，提出解决方案。2008 年以来，政府免费向所有愿意参加学习的农民提供信息化教育，切实提升了韩国农民的农业信息化程度。

5. 实施"信息化村"建设工程

2001 年，韩国政府着手建设"信息化村"计划。先成立"信息化村企划团"，由农村部、信息通信部、行政自治部三部门组成，负责进行筹划和试点工作，行政自治部负责具体运营。每个信息化示范村基本实现了宽带网全覆盖，电脑等信息接收终端的配备率达到90% 以上，网络能与地方行政信息网连接，培养出一批农村信息化骨干和管理人员。综上所述，韩国实施的"信息化村"建设工程经过十数年的建设已初见成效，促进了农产品的流通，扩大了信息传播辐射面，农村获益，农民收入明显增加，参与信息化的积极性也大大提高。

（二）因地制宜，多方合作，改善农村信息服务供给的印度模式

印度政府针对农村地广人稀，农民消费水平偏低，传媒市场歧视现象严重等情况，运用政府行政力量，通过设立"普遍服务基金"，调动市场各方力量、多方辅助以保障信息服务基础设施的建设。"普遍服务基金"建立于 2002 年 4 月 1 日。基金构成主要是三个方面：信息增值服务提供者、所有的电信服务运营商提供其毛收入的 5% 和中央政府给予的赠款与贷款。"普遍服务基金"的用途包括以下六个方面：提供公共电信和信息服务，如安装、运行和维护村公用电话，在人口超过 2000 且没有公用电话室的村庄安装第二部公用电话；为农村和偏远地区家庭提供家用电话；为偏远地区农民提供移动电信服务；以阶段性实施的方式为农村提供互联网宽带连接；建设和发展农村电信基础设施；在农村和偏远地区引入电信新技术。[①]

印度农村的电力供应不稳定，通信基础设施较差。印度有 18 种官方语言和大量方言，因此语言多样性与大量文盲的存在是印度政府能否使农民利用好现代信息工具，享受农村信息服务所面临的棘手问题。

针对此种情况，印度政府因地制宜，一方面采用世界先进的信息技术，同时开发适合本国国情的技术与设备。例如针对印度农民的特

---

① 夏建平：《印度农村信息服务供给的经验与启示》，《湖北社会科学》2012 年第 10 期。

点，开发生产了具有防尘、防水、双语键盘、大尺寸屏幕、附加照明等应用性功能很强，又经久耐用、价格低廉的手机，同时增强了手机电池的待机时间与手机接收信号的能力。在接收终端方面，研发机构还特别准备为不识字或半识字的人群推出"语音"手机，使用者在按键时自动收集信息，手机专设功能指引使用者通过语音获得需要的信息和内容。另外，已有研发机构开发了能够使用户利用触摸屏来处理 e-mail 和声音文件的笔记本电脑，价格便宜。为了解决在山区及偏远地区互联网的接入问题，印度政府还大力加强无线网络的建设力度。

同时，为加强农村信息供给服务，印度建立了多种合作模式，如政府间合作模式、政府与非政府组织间合作模式、政府与私营企业合作模式等。

政府间合作模式的典型代表是印度东北部诸邦的"社区信息中心"（Community Information centers）。这些信息中心为农民提供基本的信息服务。政府与非政府组织间合作模式的典型代表是西孟加拉邦的 GRASSO（Grameen Sewa Sanchar Organization），它通过实施自我就业项目，整合分散的农村资源，在农村人口中产生收入和财富，创造一个基于信息技术基础上的农村资源管理系统和分配网络以促进农村经济发展，最终目标是将农村经济不仅纳入国内市场，而且进入世界农业市场。此外，GRASSO 在印度国有电信运营商 BSNL 的帮助下负责管理农村地区的无线 CDMA 网络，并提供信息增值和其他服务。

二　中国发达地区特色的对农信息服务平台

经过多年农村信息化建设，尤其是移动互联网、云计算、大数据在农业上的应用，中国发达地区涌现出了颇具代表性的农村信息服务平台如阿里巴巴、武汉家事易、湖北"垄上行综合惠农信息"服务平台、福建省"世纪之村"、上海"农易信""三农"信息综合服务平台等，这些都起到了良好的示范效应。

（一）"阿里巴巴"对农电商平台

阿里巴巴是中国较早涉农服务的电商。截至 2014 年，正常经营的注册地在农村的网店数为 76.98 万，在阿里平台上完成农产品交易额约 483.02 亿元。阿里巴巴不断将现代信息技术引入涉农电商领域，创新电子商务业务。

1. 涉农网商模式的升级

浙江"遂昌模式"，即"网络＋协会＋公司＋农户"的形式，就是对传统涉农网商销售流通模式的升级，协会在为网商做好服务的基础上为他们获取更大的利益。另外，协会制定了品质标准，实现了与生产方的对接，从而达到监控、集约化营销的效果。遂昌县的淘宝网店数在协会成立后的两年里净增加 1600 余家，截至 2012 年，会员单位的销售额达到了 1.5 亿元。

2. 平台与运营服务商的联动

淘宝网从 2010 年开始有意开发中国特色项目，试图以土特产为突破口撬开农产品市场领域。2012 年底，湖北馆等五个食品类特色馆先后开业上线，将土特产与本地特色旅游资源捆绑起来，最终探索出了"1＋1＋1"的运营模式，即"政府＋运营服务商＋平台"，其中政府负责品质监管、食品安全并给予政策扶持；运营商做好销售和推广及客服体系；平台主要做搭建产品库、商品和卖家管理模块等基础流量的工作。

3. 平台与传统经纪人的联动

平台与农产品线下传统的渠道商和经纪人进行积极合作。2012年 11 月的"聚果行动"就是一次有益的尝试。陕西省武功县爆发苹果滞销，线上的电商聚划算平台与线下的传统水果经销商及当地的水果经纪人联合行动，面向江浙沪、中部五省及京津地区、广东福建地区开团，结果被团购一空。在这一模式中，传统的水果经纪人负责从农户那里按标准收果、分级和包装。传统的水果经销商作为商家和承接者做销售，进行收货、后期物流运输和售后服务，各自发挥了他们熟悉并掌握农产品流通链条上最多资源的优势，聚划算则利用了其平台集聚用户的优势。

除此以外，阿里巴巴还在尝试订单农业、布局绿色农产品、完善食品安全溯源机制。2014 年 8 月，阿里在美国上市后宣布将涉农电商、大数据业务、跨境电商作为未来的三大发展方向；10 月又宣布将启动"千县万村"计划，在未来 3—5 年内投资 100 亿建立 1000 个县级运营中心和 10 万个村级服务站，突破村民上网技能和物流瓶颈。①

（二）武汉"家事易"服务平台

武汉家事易农业科技有限公司利用现代化的信息手段，建设菜联网工程，并首创"电子菜箱"，丰富了农产品的流通渠道。所谓"电子菜箱"实际上就是一个无人交付式物流体系，以现代化的农产品流通供应链，实现农产品产销直达。总体来说，这一服务平台创新了农产品流通模式，建立了新型农产品流通模式——菜联网工程：公司成立了专业合作社，指导农民种植蔬菜，农民收获的蔬菜直接销售到公司，公司直接销售到消费者，农民的菜销售给公司所获利润比销售给菜贩高，收入有保障，减少了流通环节，降低了损耗，提高了效率，服务农民并让利于消费者，真正做到了产销直达，有效地解决了菜贱伤农、菜贵伤民的问题。此项工程有效地推动了智慧城市建设，被列为示范项目。

（三）湖北"垄上行综合惠农信息服务平台"

湖北广播电视台垄上频道对农服务品牌"垄上行"在湖北省广大农村干部群众中深入人心，2011 年，创新打造了以农业农村农民信息化服务为主要方向的"垄上行综合惠农信息服务平台"，它深度整合各级各类涉农信息服务资源，用多媒介渠道横向融合以及跨行业纵向互通的方法，以"三屏（手机、电视、电脑屏）+数据库（会员制）"的方式，通过贴近的、交叉覆盖、类似于"漫灌+滴灌"的传播手段，实现涉农信息服务的无缝覆盖和有效到达，最终建成一个互联互通高效精准的对农服务"信息链+产业链"通道。

1. 多终端集合

该平台利用农技服务条件、大众传媒的传播特性及通信技术优势，以知名电视品牌、通信网络、移动互联网等为主干，借助"手机报+电视栏目+呼叫中心+情报站长+网站、微博、微信+手机网页、客户端+互动活动"等渠道，将信息内容、服务路径、技术终端

---

① 武义 O2O：《阿里"农村淘宝"：村民不必会电脑》，http://www.cnbeta.com/articles/344469.htm/2014 - 11 - 08。

全部整合到平台上，可谓传播手段多元、信息服务网络立体，有效地解决了农村信息不对称的问题。

2. "漫灌 + 滴灌"的信息服务模式

该服务平台打造了"三屏融合、三网融合全覆盖 + 会员制 + 大数据"精准化即"漫灌 + 滴灌"这种立体化、全面服务"三农"的新型服务模式。将电视的"广谱、漫灌"特性，与各个新媒体、人际传播的"一对一、滴灌"特性充分融合，实现了对农信息服务的方式创新。

3. 运营模式的创新

第一，平台依托数据库、基层网络，以会员服务机制吸引农户，以农户吸引厂商，通过开展商品团购等商务服务共同开拓农村市场。第二，通过大数据分析、多路径传播形式，精确、有效、及时地将有关致富、供求、科技、政策、生活等各类信息传递到农民手中，促进其提高农业生产技术和生产模式水平，利用有效的土地等资源获得最大收益以改善农民的生活质量；使厂商针对农民的需求精准地推出团购、展销等商务活动，并为"新农会"的分析策划和宣传付费，使信息产生附加价值，实现农会的盈利并反哺其提供的对农信息服务，促进现代信息技术在农村的可持续发展。第三，平台通过整合上下游资源，逐步搭建完善交易平台、支付体系、追溯体系、征信体系，探索订单式农业的经销模式，促进农产品小生产与大市场有效衔接，构建现代农产品流通渠道，解决农产品卖难买贵的问题，严防农民的生产风险，促进农民增收致富。

三 利用现代信息技术优化对农信息服务平台的构建

2012 年"1 号文件"提出要"搭建三网融合的信息服务快速通道，抓紧建立全国性、区域性农产品信息共享平台"①。这不仅是中央的要求，也是西部农村信息传播的迫切需要。而大数据、云计算等

---

① 《中共中央国务院印发〈关于加快推进农业科技创新持续增强农产品供给保障能力的若干意见〉》，2012 年 2 月 1 日，新华网（http://news. xinhuanet. com/fortune/2012 – 02/01/c_ 111478116_ 2. htm）。

信息技术的发展为其提供了强力的技术支撑，应充分利用现代信息技术实现西部农村对农信息服务平台的优化。

（一）利用云计算技术建立对农信息服务共享平台

云计算（cloud computing）是一种新的信息技术手段。通俗地讲，云计算的"云"是指存在于互联网服务器集群上的资源，包括硬件资源（服务器、存储器、CPU 等）和软件资源（应用软件、集成开发环境等）。① 云计算的过程就是本地计算机通过互联网发出一个需求信息，远端会有成千上万的计算机为其提供所需要的资源。② 云计算的核心思想是将大量通过互联网连接的计算机资源加以统一管理和调度，构成一个计算机资源池，向用户提供按需服务。这种服务是可以随时获取、按需使用、随时扩展、按使用付费的，主要包括以基础设施作为服务、以开发平台作为服务、以软件应用作为服务三种形式。③ 将云计算技术引入农业信息服务，可以将零散资源整合成极大规模的数据库云，既可轻松实现无线存储、超级运算、高速传输、资源共享等传统技术无法实现的功能，又可以有效发挥中国信息基础设施建设较完善的优势，实现多种资源的便捷获取和全面共享，提高对农信息传播的有效性。

云计算技术已被确定为中国信息化产业发展"十二五"规划的重点项目之一。一些地方已经率先开始实施"云"项目工程，如无锡的"中国云谷"，北京的"祥云工程"，山东省的"金农工程"一期省级信息平台系统等。

利用云计算技术建立的对农信息服务共享平台（简称"对农信息服务云平台"），包括基础设施、设备平台、用户终端、基础软件和应用软件五个方面。④

农业信息服务云平台的总体架构和功能如下：

---

① 杨海燕：《云计算在图书馆领域内的应用》，《经济研究导刊》2011 年第 9 期。

② 斯琴其木格：《云计算概念的产生、定义、原理及前景分析》，《赤峰学院学报》2011 年第 12 期。

③ 赵宇：《云计算》，《党的文献》2012 年第 3 期。

④ 崔文顺：《云计算在农业信息化中的应用及发展前景》，《农业工程》2012 年第 1 期。

　　将依托现有农业信息服务平台，采取统一规划、统一关系的一体化策略并行建设。

　　农业信息服务云平台的总体结构是一个层次化的系统结构，由基

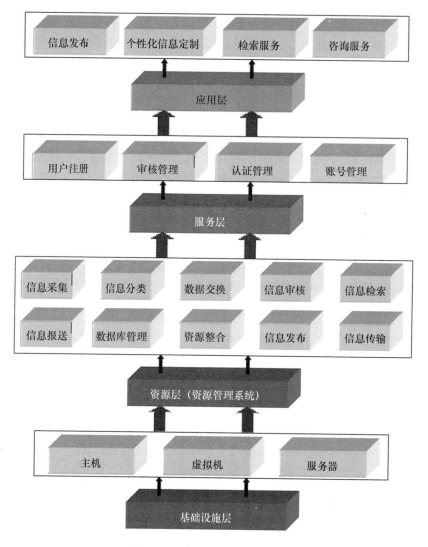

图6-1 信息服务云平台架构

资料来源：郭美荣等：《农业信息服务云平台架构初探》，《农业网络信息》2012年第2期。

础设施层、资源层、服务层和应用层组成，实现服务平台的内容资源整合、安全信息发布与管理、全文检索与互动服务，同时实现单点登录、统一认证等用户标准管理功能。为了保证农业信息服务云平台的稳定运行，需要建立一个统一的技术架构体系，必须遵守信息服务平台总体框架、信息资源目录和交换体系等标准规范、管理体系和系统安全标准规范体系。

如图6－1所示，基础设施层通过各种网络方式组成一个庞大的计算机群，利用云计算技术构建大型数据中心。

资源层建设统一的数据交换与管理平台，提供资源统一服务入口，有效实现信息资源的整合、互换与共享。

服务层将建设独立于所有应用系统之外的统一的用户身份认证及权限管理中心，为用户提供了统一安全的管理。

应用层建设统一的目录体系，提供安全灵活的信息发布、深入的信息检索和及时方便的互动服务。

对农信息服务云平台通过加强各涉农部门之间的沟通与协调，有效解决了对农信息传播中所存在的信息重复、分割拥有、垄断使用和无效传播等问题，推动了各信息供给主体的信息资源开放，实现了"一站式"双向服务，达到了一站登录、各站共享的效果。[1]

（二）利用数据挖掘技术促进信息资源的共享与传播

数据挖掘技术是指通过统计、在线分析处理、情报检索、机器学习、专家系统和模式识别诸多方法，从大量的、不完全的、有噪声的、随机的、模糊的数据中搜索隐藏于其中具有潜在意义信息知识的过程，是数据库知识发现中的一个步骤，因此也被称为资料探勘、数据采矿。[2] 数据库由文本、视频、数据、图片等对象，按照数据结构对其进行组织、存储与管理后形成。在对农信息服务领域，是基于互联网信息数据库的数据挖掘，即 Web 的数据挖掘是最成熟、应用最广泛的类别。

---

① 郭美荣、李瑾、秦向阳：《农业信息服务云平台架构初探》，《农业网络信息》2012年第2期。

② 龙腾芳：《数据挖掘技术在农业领域中的应用研究》，《微计算机信息》2005年第8期。

数据准备、数据挖掘与评价结果构成了数据挖掘的全过程。基于互联网信息的数据挖掘基本过程为：首先，查找资源：从目标文档中得到数据，这里的信息资源除包含在线文档外，电子邮件、电子文档、新闻组、网站的日志数据甚至通过 Web 形成的交易数据库中的数据也都包括在内。其次，对信息的选择和预处理：从取得的 Web 资源中剔除无用信息并对其进行整理，如去掉对象中的广告链接、去除多余格式标记等。再次，模式发现：对于处理后的数据进行挖掘。最后，模式分析：验证、解释上一步骤产生的模式，既可由机器自动完成，也可与分析人员交互完成。①

信息量庞大、信息传播定位困难是农业信息服务平台目前最棘手的两大问题，而数据挖掘技术的应用却能有效提升信息传播质量与效率，因此，它在农业信息服务中应用前景广阔。

第一，政府部门通过数据挖掘技术可以掌握全局的基本情况。其一，西部农村的地理环境与经济结构具有复杂性的特点，使用 Web 数据挖掘技术，对各地地理环境、农业方面的情况进行准确了解，从而引导农业规范发展。其二，在市场信息方面，可以运用挖掘技术掌握国内外市场需求供给信息，科学引导农民的生产活动。其三，政府应发挥农业信息服务平台的组织功能，利用自身的资源优势组织专家参与、建设、规范数据库知识的标准，传授数据库挖掘技术的使用方法，引入大量的数据信息。

第二，西部 12 省、市、区农业生产具有相当的复杂性与时变性，农民专业合作社、种养殖大户、普通农户等西部农民对信息的需求也是千差万别。环境的地域性和脆弱的经济承载力，农民的文化水平和教育基础都使其成为信息时代的"弱势群体"。面对海量的信息，要求西部农民自己去直接捕捉和筛选是不现实的。因此，数据挖掘技术有助于农民从混乱无序的农业信息中及时、快捷地寻找到先进的农业技术，实现各取所需，从而满足农民差异化的信息使用需求。

第三，数据挖掘技术对农业企业产品的生产、销售具有重要作

① 王立梅、仲伟强：《Web 挖掘技术在农业信息服务平台中的应用探讨》，《科技教育向导》2012 年第 27 期。

用。目前，在农产品价格、产量方面使用的数据挖掘方式就是利用时间序列分析与 ARMA 模型算法，探索农产品价格变化规律，预测其发展变化、趋势等。大数据技术的使用还可准确预测客户消费趋势、市场，为农业企业创造新的经济增长点。另外，数据挖掘技术还可应用在农业电子商务方面，即帮助农业企业家进一步拓展客户资源和产品市场。

就目前来看，无论是传统的"政府主导型"还是"社会参与型"农村信息服务平台，都缺乏对现代信息技术的使用，不能从根本上解决困扰中国农业信息化发展资源共享问题。云计算和大数据技术在农业信息领域的使用，即将信息资源和服务进行统一管理，通过为用户提供统一的资源发现、使用和管理等服务入口，实现了用户只要具备网络覆盖的条件和接收终端即可随时随地使用服务。

第二节　改善对农信息产品的供给和质量

西部大开发促进了西部农村的信息化建设，对农村信息传播在宣传党的方针政策，推广农业科技知识，提高农民素质，加快农产品流通，推进农业产业结构调整，促进农业增效、农民增收中发挥着重要的作用。但与中、东部地区相比，西部地区对农信息产品的供给和质量还有很大差距。信息基础设施落后、信息传播环境较差、信息接收设备缺乏、现代信息技术应用水平低等因素，都制约着信息产品的生产和传播利用，不仅产品供给总量匮乏，而且质量不高。因此，如何改善对农信息产品的供给和质量，使西部农村信息化实现健康发展，提升对农信息传播的有效性也就成为当前西部农村信息传播必须解决的问题。

一　建立对农信息产品多元化供给机制

中国对农信息产品同时具有公共性和准公共性的特征。气象、科技、农业基础、农村政策等信息属于公共服务特性明显的信息产品。而农业生产高科技、农产品市场、农村医疗等信息产品则属于市场特性明显的信息产品类别。鉴于此，政府不可能成为唯一的供体，必须建立多元化的供给机制。

（一）构建以政府为主体的多种对农公共信息产品供给模式

出资者、生产者和消费者是农村公共产品供给的三个主体。农村公共产品的主要出资者或埋单者是政府，这与公共产品具有非竞争性和非排他性的特点密切相关。另外，针对农村居住、生产较分散的特点，政府必须提供更多的优惠政策来引导和激励企业或个人加入农村公共产品供给的行列中。根据出资者和生产者的具体合作方式，构建以政府为主体的多种对农信息产品供给模式。

第一是"政府出资＋政府生产"模式，生产成本高、收费难度大的纯公共信息产品适用此种模式。此种模式还可细分：一是政府间协议，可采取上下级政府之间的财政转移支付来完成；二是农业科技研发推广，出资由政府，生产则由政府下属单位负责；三是农村能源提供，则采取出资由政府，产品提供归国有企业负责的方式。

第二是"政府出资＋社会生产"产品供给模式。在市场化条件下，这是普遍采用的产品供给模式。它主要适用于具有生产准入门槛较低、供给内容界定明确、竞争者众多、供给效果可以量化等特点的对农信息产品，可以采取政府出资，通过政府采购的方式，让社会生产。

第三是"政府社会合作投资"模式，包括了"政府企业合作投资"和"政府村民合作投资"等。

第四是"政府出制度、社会投资"模式，研究表明，制度既可以让准公共产品上升为纯公共产品，从而将社会投资转变为政府投资；也可以让纯公共产品下降为准公共产品，由政府投资转变为社会投资。①

（二）通过公共财政保障对农信息产品供给主体的成长

西部农村对农信息产品应更凸显适用性、实用性、个性化等特点，为促使对农信息产品供给主体保障高质量信息产品的供给，地方公共财政可投入一定资金，以降低市场性信息供给的生产成本，减少风险，充分激励其成长。

---

① 李圣军：《农村公共产品的政府供给模式及其演变》，《江汉论坛》2012 年第 5 期。

1. 通过专项拨款，使对农信息产品供给主体的市场性信息生产成本降低。

首先，在公共信息产品供给体制方面，可尝试建立分层的、财权与事权相适应的模式。其次，为保证涉农公共信息产品在不同地区间的公平供给，可考虑将多种转移支付形式归并为一般性转移支付和专项转移支付两类，推动省级以下政府的转移支付制度建设，从而缩小因不同地域财力差距所导致的不公平。① 最后，在信息产品供给基础设施建设方面，可通过对农村信息化软硬件条件的改善，着力解决"最后一公里"的问题，从而为企业打开对农信息产品供给的市场方便之门。

2. 多项措施并举，有效降低对农信息产品供给主体的经营风险

政府应重视涉农信息供应商的合法权益和经济收益，可以考虑在融资、税收等方面给予保护性的政策倾斜，创造各种条件以促使其健康发展，鼓励他们积极进入或参与涉农共享性信息产品的提供，政府可积极购买，以充实公共信息产品供给平台。这样既在公共信息产品生产过程中引入竞争机制，促使政府机构提升信息产品供给效率，又为市场化的农村信息产品供给主体提供一个政府购买公共信息产品的新市场。②

二　培育完善中国对农信息产品市场

信息产品市场是信息产品供需双方进行交易，使知识、信息扩散并应用到社会经济活动各个领域，转化为直接生产力的过程。③ 因此，信息产品市场具有调节信息产品供求矛盾和监视、导向、检测、反馈、预警和决策支持作用。由于中国社会主义市场经济还处在初级阶段，信息部门封闭，信息手段落后，信息资源配置不够合理，致使对

---

① 高明：《我国农村公共物品政策演变：论从制度外走向制度内供给的必然》，《华中农业大学学报》（社会科学版）2012 年第 8 期。

② 梁媛：《公共财政促进涉农信息产品供给的探讨》，《湖南大学学报》（社会科学版）2009 年第 1 期。

③ 刘雅静：《信息消费：内涵、决定因素及发展对策》，《图书馆理论与实践》2005 年第 10 期。

农信息产品的市场功能并未得到充分发挥。培育和完善对农信息产品市场，就应建立多层次、多类型的信息产品市场，从法律和经济等方面加强对信息产品市场的扶持、保护和管理。

（一）形成"政府＋企业"的主信息服务主体结构

对纯粹公共信息产品和原始信息的提供，可以政府部门为主，充分发挥其公共信息服务功能。对准公共信息产品，则可通过价格机制、供求机制和竞争机制来调动相关领域的部门或企业提供信息产品。逐步形成原始信息由政府部门提供，二、三次信息由其他信息服务主体供给的信息服务格局。其中，政府部门可调动各级财政共同开发建立农村公共信息服务智能平台，以发挥自身信息资源优势。其他信息服务主体在信息产品供给的各环节建立起协调与分工的合作模式，最终形成竞争有序的信息服务市场体系，进一步提高市场运行效率。

（二）规范市场信息服务主体的行为

在对农信息供给方面，对存在的不良信息、虚假信息的治理整顿应该由各级司法、工商部门负责，健全信息服务市场的法律、法规建设，对各类市场信息服务主体形成约束和规范。同时应保障提供高质量信息服务的市场主体的合法权益。还可推行效用评估机制，通过考核、监督各类市场信息服务主体，打造信息"明星企业"，进一步降低信息需求者选择的盲目性。

（三）增强农民的信息意识与信息能力

政府可先免费向农民提供市场供销信息，切实帮助农民解决销售困难等实际问题，帮助农民树立信息可产生经济效益的观念。进而逐步刺激、增强农民购买农村信息产品的欲望和动力，使农民真正成为农村信息市场的主体用户，进而盘活农村信息市场的潜在需求。

（四）加强农村信息经营人才的培养

一方面，可考虑利用高校优质资源，培养一批面向农村不同层次的信息经营人才，来促动农村信息市场的进一步发展。另一方面，可采取多种方式，如农业部门组织的针对在职信息经营人员的免费培训，为农村信息市场输送更多专业的营销人才。

三　新媒体环境下对农信息产品的开发

（一）对农信息产品的开发过程和基本任务

信息产品是对未经加工的信息资源进行加工，或对已加工的信息资源进行再加工而形成的产品，是开发信息资源的结果。[①] 信息产品具有信息含量高、劳动性及满足人们信息需求等特点。信息、信息资源、信息产品三者之间的关系是连续不断、逐渐深入的。农业信息产品开发过程，表现为对信息进行筛选，成为信息资源，开发者再有效地聚集信息资源，经过加工后成为各种信息产品，并提供给最终用户的连续性过程。信息产品的生产者和消费者通过信息环境相互联系，成为信息资源开发过程的两极。

对农信息产品有效开发的根本在于：一是形成包括信息内容的收集、存储与组织等可支配资源，是信息服务者的"资本"。二是对信息进行有效组织，生产出各种信息产品，并把信息产品提供给需求者。三是完善信息环境，即发生信息生产、交换关系的场所和社会条件。总体而言，其基本任务就是汇集信息内容，形成信息产品，以恰当的形式提供给需要的使用者。

（二）对农信息产品开发的战略选择

信息产品开发主要包括信息资源的积聚与形成、信息渠道的建设与用户培育、组织与市场信息环境的改善等环节。一般而言，对农信息产品开发可分为横向和纵向两种开发战略。横向开发战略，即在不同的阶段集中突破某个环节的战略，一般按步骤开展，如先建设渠道，再开发产品，最后完善环境。纵向开发战略，则是选择某些领域先后完成资源形成、渠道建设和环境改善三个阶段的任务，使这个领域能够先行全线贯通，发挥效益，然后再考虑另一个领域，具有明显的选择性、约束性特点。

（三）新媒体环境下信息产品开发的内容

随着通信技术的高速发展，中国已进入了新媒体时代，西部农村

---

① 吴嘉威：《基于网络外部性的网络经济组织理论分析——一个解决马歇尔冲突的新思路》，《现代商贸工业》2013 年第 7 期。

的信息基础设施有了大幅改善，农业也渐渐步入了信息农业与精准农业的时代，对农信息产品的开发要充分考虑新媒体时代的特点，要为农民提供主动、便捷和个性化的信息产品。

首先，重视农业信息产品开发的理论研究。既包括对农信息产品开发的理论、政策、规划与战略研究，还涉及具体实施层面的设计，如制定网络农业信息发布和分类编码等的国家标准和规范等。其次，强化农业信息产品系统化建设及深度开发。对已有的基础资源数据库进行深化，同时注重信息资源基础建设的持续性、系统性。最后，加强基于新媒体环境的农业实用软件系统的研究和开发。建立基于网络和移动互联网的农业信息服务云平台；推动和加大农村电子商务的发展，逐步推广在安全、技术、法律制度、税收、隐私权保护、基础设施等方面的经验总结。

四　提高对农信息产品的质量

在当前形势下，无论是信息产业的自身发展，还是激烈的市场竞争，都对信息产品的质量提出了强烈的要求。提高对农信息产品质量不仅关系到信息产业的发展，而且是推进中国农业现代化的必然要求。如何提高对农信息产品的质量水平，关键在于构建对农信息产品质量发展的长效机制，以开发品种、提升质量、培育品牌、改善服务、提高效益为着力点，努力把对农信息产品质量提高到一个新水平。

（一）建立稳定而全面的信息采集系统

1. 通过定期采集农业生产资料行情、基本农产品价格及农民收入等信息，逐步形成覆盖农业和农村经济领域的信息采集系统。

2. 结合西部农村信息的需求特点，建立有关经济、法律、农技、市场等一批符合西部农业发展情况的区域性数据库，开发应用相关的信息处理和服务软件。

3. 不断增强信息加工处理能力。定期组织农业生产和农村经济形势协商会，分析预测西部农业和农村经济形势。

（二）采取多样化的农业信息发布方式

建立农业信息发布制度，信息的整理、分析、发布要向制度化、标准化方向迈进。除利用传统形式发布信息外，还要充分利用移动互联网、互联网或将互联网与传统媒介相结合发布信息的途径。

（三）采取差异化的信息产品传播，满足不同类型农户的信息需求

在西部农村，龙头企业、农产品批发市场、中介组织、农民经纪人、种养大户、普通农户等不同类型用户的信息需求各异。如龙头企业最需要了解产品供销、行业发展及农业政策等信息；农产品批发市场最需要了解市场供求信息及国家相关政策信息等；中介组织最需要了解农业科技、致富、产销等信息；农民经纪人最需要了解市场供求、分析预测及致富等信息；种养大户最需要了解市场供求、价格、新技术及病虫害防治技术等方面的信息。综上所述，只有充分考虑不同类型农户信息需求的差异性，才能为西部农户提供更有效的信息服务。

第三节　提高西部农民的媒介素养

媒介素养，是指人们面对传媒的各种信息时的选择能力、理解能力、质疑能力、评估能力、创造和制作能力以及思辨性回应能力。①公民时代的到来，使得培养具有独立思考和集体理性意识的现代公民，成为不可逆的社会潮流。媒介素养被认为是现代人必须具备的核心素养之一，媒介素养教育相应成为培养现当代社会理性公民、现代公民的重要教育方式。在媒介素养教育实施的过程中，政府、媒介和受众都发挥着重要的作用。在西部农村，一直以来，严重影响和制约其信息传播有效性的一个突出问题，就是信息传播方漠视农民的主体地位，其信息产品不能有效满足农民的生产生活需求；而农民作为受传者也没有主动利用媒介获取自己所需信息的意识和习惯，以致形成农村信息传播的恶性循环。当前迫在眉睫的任务是如何提高西部农民的媒介素养，使他们能够无障碍地利用广播电视、网络、手机等媒体获取对自己生产、生活的有效信息并带来经济效益，这是提升西部农

---

① 郑智斌、樊国宝：《论农村受众的媒介素养教育——基于安西镇调查的视角》，《南昌大学学报》2005年第5期。

村信息传播有效性的重要途径。

一 以政府为主导，努力提高西部农民的媒介素养

农民的媒介素养提升绝非朝夕之功，而是一项耗时费力高投入的系统工程，单靠农民自身很难完成甚至无法开展。在西部农村社会经济建设发展中，各地政府应该给予高度重视，以行政力量为主导，将农民媒介素养教育纳入新农村建设和农村信息化建设之中，在资金、政策等方面给予大力支持和优先安排。

（一）大力推进媒介环境建设

随着通信技术的快速发展，媒介格局的不断变化，农村传播环境日益复杂，传播媒介与渠道随之多元化，传统媒体、新媒体各具特色，构建了多种传播模式，从而形成了繁杂、无序化的相互关系。针对此种新情况，政府应整合传播运作与管理，实施媒介融合的传播战略，积极推进软硬件建设，最终为农民构建健全、良好的媒介生态环境以便于开展媒介素养教育。

具体而言，第一，加强对农村基础信息设施的投入，在政策、资金、人力、物力等方面向"三农"倾斜；第二，设立农村信息化建设专项资金，以利于农村信息化的持续发展；第三，开展"普遍服务"，从基础电信和广播电视业务扩展到互联网业务；第四，建成村级信息网络体系，实现信息宽带网络入户，并采取优惠政策，提速降费，调动农民上网的积极性。

（二）大力发展农村教育文化事业，提高农民整体文化素质

调查显示，受地理条件、传统观念的影响，西部地区农村农民的受教育水平普遍偏低，这对农民使用媒体技术形成了障碍。众所周知，教育是提高人口素质的基础和根本，中国推行的《义务教育法》就是着力发展农村教育文化事业，保证孩子受教育的权利。而对成年农村劳动力群体，政府要加大对农村教育文化事业经费的投入，这将为农民适应现代社会工作打好基础。政府开展面向农民的专业继续教育，一方面可开展各种形式的技术技能培训，另一方面则利用报刊、电台、电视等当地媒体宣传涉农的各项政策、管理制度和就业服务等内容，提升农民的眼界和政策素养，有利于广大农村劳动力就业观念

转变、就业本领增强，争取获得更高的收入。据国家统计局《2014年全国农民工监测调查报告》数据，西部地区输出农民工 7285 万人，比上年增长 180 万人，增长 2.5%，高中以上文化程度比例增加，而且接受技能培训的比例也有所提高。

（三）积极开展媒介素养教育

西部农村的农民媒介素养教育应该做好以下几方面的主要工作。

1. 确定开展媒介素养教育的重点内容

多年研究媒介素养的学者卜卫认为，媒介素养教育应该包括了解基础的媒介知识以及如何使用媒介、学习判断媒介信息的意义和价值、学习创造和传播信息的知识和技巧以及了解如何利用大众传媒发展自己四方面的内容。[①]

一是进行媒介传播的常识和观念教育。即从信息、传播的概念入手，了解各类媒介的特性和用途、组织生产、传播功能与规律等，树立科学的媒介观、传播观。由浅入深，通过改善农民的知识结构，为其打下媒介认知能力与传播技能的基础。

二是引导农民主动接触媒介。由政府倡导，运营商或互联网企业投入，创造农民便捷使用媒介的条件，如"农家书屋"工程为农民提供书屋、书籍及音像制品；再如一些互联网企业协同运营商在农村建立 4G 网络、发放智能手机、赠送网络流量，再配备培训师专门负责为农民培训互联网知识，帮助其接触新媒体，使用微信等社交软件，并向媒体反馈，以提高使用媒体及其信息的广度、深度和效率。在这一领域，一些互联网巨头已做了积极尝试。

三是培养农民理解与鉴别信息的能力。调查显示，电视是农村最具优势的媒体，政府可投入专项经费，由媒体具体操作，邀请专家开设系列的媒介素养教育专题讲座，指导其学习解读、鉴别媒介中不同性质的信息；还可组织农民赴媒体参观考察，了解媒体节目采集、制作及传播流程，提升其媒介素养。

四是媒介运用技能。媒介素养教育的根本目的是增强农民有效使用信息传播媒介为自己服务的能力，即农民学习使用不同媒介的基本

---

① 卜卫：《论媒介教育的意义、内容和方法》，《现代传播》1997 年第 1 期。

技能技巧，并使其能有效创造、制作媒介信息或专门作品等。

2. 配送、出版适宜西部农民阅读的媒介读物

当地政府可依托新闻出版署实施的"农家书屋"工程，为农民选配适宜的阅读书籍或音像制品，包括媒介传播管理、生产、消费等。另外，可考虑与当前的农民素质教育相结合，实现促进农民个人全面发展的最终目标。

3. 探索多种有效的教育途径、模式与方法

农民媒介素养的培养应成为一项全社会的长期工程，积极调动学校教育、社会教育、新闻媒介和家庭教养等有效途径，展开实践。具体来说，在西部农村，学校是农民学习媒介知识最便利的场所，但需投入一定的师资及设备。还可以推广"社会参与模式"，除采用传统的技能培训式的课堂教学，鼓励农民积极使用媒介，并交流有关使用经验外，还可使用视听阅读、游戏、示范、培训、讲座、蹲点、活动等农民喜闻乐见的手段开展。在调研中发现，有的地区开办了"市民学校"，还有的开展了"互联网＋"培训。中国研究媒介素养教育的资深学者卜卫认为，在媒介素养教育中家庭教育发挥着重要的作用，只有家长具备一定的媒介素养才能有效引导孩子，随着农民受教育程度的普遍提高，通过家庭教育开展媒介素养成为可能，并能显现一定的成效。

4. 在具体开展媒介素养教育时，可列计划分层次

从县乡政府干部尤其是农业部门人员开启，进而在不同的农户主体，如村能人、种养殖业大户、农村经纪人中进行尝试，最后带动广大农民参与媒介素养教育。

二 发挥传媒优势，培养农民的媒介能力

农村信息传播体系架构以传播者为中心，即使在新媒体信息传播环境下，媒体对农信息传播缺位的现象也依然严重。单向、线性的传播方式决定了农民受众只能被动接收信息，与媒体无法形成互动，虽偶有反馈，也非常微弱，这是时下西部农村信息传播的现实困境。在传播者处于绝对的控制地位并决定传播内容和传播方式的对农传播体系中，并不能真正满足农民受众的信息需求，广大农民成了被媒体边

缘化的弱势群体。这实质上是一种传媒歧视，有学者归纳了对农传播的传媒歧视形式，主要表现在媒介分布、信息权力极不平衡和传媒价值立场偏颇等方面，这将加剧现代社会的知识信息鸿沟，破坏媒介生态和平等公正原则，不仅可能带来诸多社会问题，同时也会影响和扭曲大众媒介自身的发展。① 因此在媒体层面上，需要转变理念、转换思维，高度重视并积极解决西部农村信息贫困问题。

（一）政府重视对农传播媒体的格局构建

在承认大众媒体商业属性的同时，倡导其承担社会责任，政府可以对传媒的对农传播内容设立一定的标准，引导和规范大众媒体的涉农传播信息。同时，可设立财政专项拨款或社会资金资助以搭建公共属性的媒体，面向农村受众，为其利益表达提供通路。另外，还可倡导建立社区媒介，利用其在地理上、心理上接近农村受众的优势进而发挥其规模小、参与性、双向互动性强的特点。

构建大众媒体＋公共媒体＋社区媒体的对农传播媒介体系，确保对农传播的平台搭建，从而保证涉农传播信息的针对性，激发农民获取新知识和信息的兴趣，进而增强其运用媒介的能力。

（二）消除传媒歧视，树立为农服务的理念

前期调研发现，在西部农村地区针对农民的媒介资源异常匮乏，媒介发展极不平衡，传媒视角偏差，导致在为数不多的有关"三农"的报道中，农民成为边缘人，传媒为农服务的意识较为淡薄。针对此种情况，传媒应转变观念，主动担负起社会责任，即使从经济效益来看，农村媒介市场开拓也是大有可为的。地方媒介应注重制作内容与农民的关联度，为农村受众提供真正实用、新鲜的信息。

（三）提高媒介传播者的媒介素养

服务"三农"媒介的传播者更应该深入了解农村受众的需求特色和信息的解读能力，注重传播内容，增强传播效果。针对西部农村地区的具体情况，传媒从业人员应准确把握农村受众的需求，因此，对农传播媒介人员除具备专业技能外，还要熟悉有关国家的"三农"政策，并能深入农村了解村情，接触农民，生产"适销对路"的媒

---

① 樊葵：《当代信息传播中的传媒歧视》，《当代传播》2003 年第 9 期。

介内容，最终提升农民的媒介素养。

（四）让农民成为媒介的主动参与者

农民在接触媒介的同时就是一种社会参与的重要方式，媒介素养就是让广大接触媒体的社会公众在新媒体环境下，努力提高自身对各种媒介信息的解读和批判能力以及使用媒介所提供的信息为个人生活、社会发展所用的能力。因此，更多的农民参与媒介、通过媒介进行自我表达意识的培养是媒介责无旁贷的责任。具体来说，专门为农民量身定做节目，让他们成为节目的主角，在内容的设置上充分考虑农民的需求和层次，不要让农民对媒体"望而却步"，或者做"旁观者"。通过对农民媒介观念的教育与培养，有效缩小数字鸿沟，增强维权意识和参与意识，在一定程度上提升农民的弱势地位。

三　西部农民媒介能力的自我培养

发展经济是西部广大农村地区的首要任务。地处偏僻、交通落后等因素限制了西部农村地区的发展。但西部农民也不能坐等现状的改变，解决西部农村落后面貌的根本之道在于持续不断地提高西部农民自我发展的能力。调查显示，导致西部农民发展滞后的主观因素就是西部地区农民落后保守的思想观念，而提高农民的媒介素养有利于转变观念。

（一）学习媒介的基础操作，提升使用媒介的能力

农民通过学习掌握与媒体接触的常识，懂得合理利用媒介完善自我、服务自我。如对报刊版面、广播、电视频道的特点有所了解，掌握与媒体取得联系的技巧，熟悉计算机基本的操作方法，能上网浏览信息、发帖表达意见或求助、邮件联系、聊天交友，能使用手机收发短信并使用 QQ、微信等社交软件。[①]

（二）学习关于媒介的基本知识，增加对媒介信息的理解和批判

通过学习媒介的基本知识，能知道新闻的生产流程，娱乐节目是

---

① 岳琳：《新媒体环境下西部农村信息传播困境及对策研究》，《陕西理工学院学报》（社会科学版）2014 年第 4 期。

怎样策划出炉的，媒体构筑的虚拟世界是对现实的一种反映，了解一些媒介的基础知识有助于广大农民更加主动和自信地接触和利用传统的媒介资源。在互联网时代，农民要提升对新媒体的认知，要能在海量信息中寻找、辨别信息，促进个人的独立思考和理性分析能力，对农民无疑是非常宝贵的。

西部农民必须加强文化知识的学习，通过阅读、培训来强化自己的知识储备，训练自己的立体思维，对媒介信息具有一定的批判力。在陕南镇巴调研时，有农户抱怨说相信了媒介传播的致富信息，最终却导致经营以惨败收场，这与农民对信息的理解力和判断力较弱有着直接关系。

（三）学会使用新媒介，能够在媒介上传播信息

以微博、微信、播客、论坛、即时通信为代表的自媒体时代的到来，完全颠覆了以往的新闻生产流程和媒体价值观，新媒体赋权为个体化的传播提供了可能性。在此背景下，西部农民实现了从传播到互播的转变。但是，从调研来看，受西部农民文化程度、经济能力、传统观念的影响，自媒体在西部农村的使用情况并不理想，只有部分农民群体如农民工、种养殖大户、村能人、农村经纪人或靠近城区的农民能享用这一现代文明成果。

（四）利用媒介自我发展能力的培养

利用媒介实现自我发展，是人们接触媒介的动机之一，也是媒介素养教育的最高效用。我们在甘肃平凉崆峒调研时了解到，有农民自办农业网站，展示电子商务的案例，但是也有一些种养殖大户规模很大，但从未利用媒介为自己找市场、问价格，这与农民的传统观念根深蒂固颇有关系，农民对媒介所具有的功能还没有清晰的认识

综上所述，西部农民必须加强文化知识的学习，从而提高媒介使用技能；转变传统保守的媒介接触思维，提升通过媒介传播自我心声、保护自身利益的积极性；主动参与传播活动，自行掌握并行使媒介话语权来维护自身权益；善于利用媒介信息，获取自我发展的能力。

第四节 基于移动互联网时代新媒体在对农信息传播中作用的思考

2016 年 1 月《第 37 次中国互联网发展状况统计报告》出炉，其数据显示，截至 2015 年 12 月，中国网民规模达 6.88 亿，互联网普及率为 50.3%，手机网民规模达 6.20 亿，农村网民规模达 1.95 亿，较 2014 年底增加 1694 万人，且新增网民使用的上网设备主要为手机。移动互联网营销快速发展，微信营销推广使用率达 75.3%。[①] 随着 3G、4G 移动通信技术的成功商用、移动终端智能化，移动互联网迅速发展，新媒体对农信息传播面临着空前的机遇。新媒体在农业传播的应用中有着不可替代的优势，如果成熟应用，发挥良好作用的话，肯定能够为农民致富增收、为农业经济良好发展做出更大的贡献。但目前中国农村信息传播的方式和手段明显落后于科技创新的步伐，这有待于政府在意识、政策，企业在资金，科研院所在科技创新，农民在媒介素养等方面加大力度，有效推动基于新媒体的对农信息传播事业的发展。

一 新媒体在西部农村信息传播中的策略思考

（一）政府是推动新媒体对农信息传播的主力

毫无疑问，政府是农村信息化的基础，在世界各国，政府在农业信息传播方面都发挥着举足轻重的作用。美国政府历来都很重视新技术在农业方面的应用，从早期的工业革命至今，政府一直鼓励将信息技术应用于农业。美国农业部最主要的职责就是对全美农业提供全面有效的农业信息服务。在农业信息资源建设方面，美国政府每年都进行 10 亿美元以上的经费投入，占据了整个农业投入的 10%。[②] 而与中国国情相似的印度，其新媒体在农村信息传播中的发展更昭示了政

[①] 中国互联网络信息中心：《第 37 次中国互联网络发展状况统计报告》，2016 年 1 月。

[②] 赵妤：《新媒体在农业传播中的应用研究》，浙江海洋学院 2014 年硕士学位论文。

府的重要作用。印度有 72.5% 的人口生活在农村地区，政府制定了一系列有效措施来推动新媒体在农村的发展。一是在 2002 年建立了普遍服务义务基金（简称 UOSF），它是面向除纯增值业务提供商外的所有运营商征收的，费用额度是调整的总收入的 5%。随着普遍服务范围的扩大，这一征收比例也是有所增加的。二是 GSS 计划，这是由运营商 BSNL 和 POST 合作推进的。这一项目的具体内容包括：在边远地区和农村地区生活的大多数人都可接入电话业务；移动电话是为农村和边远地区邮递员与具有特许权的人提供的，用于通信目的；安装可被多人使用的电话；通信费的多少可灵活掌握；凡为农村提供电信服务的人，不仅可获得电信设备，而且可获得一定的收入。三是 Internet Dhabas 计划。它的主要内容是：在农村地区帮助实现拨号连接，作为主要的缩小数字鸿沟的工具；在农村地区提供免费 Internet 接入，只收取通话费；没有工作的人具有经营网吧的特许权，以此增加就业机会；现有的 PCO 特许权可升级为 Internet 网吧经营权；建立网吧的基础设施成本由特许权获得者支持；50% 的收入（网吧的收入）还得用于网吧建设。①

美国、印度的新媒体在农村发展的经验给了我们很大的启示。但在中国，社会资本对农业信息化的投入不够积极，因为农业信息传播领域的市场受投资回报周期较长、直接的经济效益不够明显等因素的影响而前景不明确。因此，政府应该在政策引导和经济扶持方面加大力度。

首先，从媒介环境上看，移动互联时代带来了智能手机等移动终端在农村大爆发式增长的态势，政府在意识上应重新审视和制定农业信息传播政策，与时俱进，制定的政策要切实可行，使新媒体、新技术被有效应用到发展农业经济和服务农民之上。其次，政府要加强作为，采取和出台相关政策：一要注重协调分工。明确组织管理体系及部门职责，整合各领域的资源，形成上下贯通、左右协调和讲求实效的新机制，实现力量集成、优势互补和资源共享，进而提高农业信息传播的有效性。二要建立引导和激励机制。通过创造一个良好的，社

---

① 曹月娟：《印度农村新媒体发展研究》，《新闻爱好者》2013 年第 2 期。

会大众、资本和农民等受众群体都认可的政策环境，引导并推动农业新媒体传播体系快速高效地进行，从而形成各方面收益最大化的政治和经济效益。比如，制定完善的税收补贴机制，采取财政补贴、税收和信贷优惠措施，鼓励民间资本积极开拓农村传媒市场；还要制定完善的利益分配机制，着力解决各主体在农业信息项目中共同投资、协同服务、共同获益的原则，有利于实现农业信息化的可持续运作。再次，在投入上，政府应继续加大对农业信息化的资金投入。新一轮通信技术的发展，移动互联网及移动终端的进村入户都需要政府资金的大量注入。2012 年启动的"宽带普及提速工程""村村通""户户通"等的后续建设，都是有效推动新媒体对农信息传播的基础建设。2014 年 1 月，工信部颁布《关于设立新增国家级互联网骨干直联点的指导意见》，有利于改善中国互联网络性能，推动互联网产业的地理布局。国家发改委、财政部、工信部三部委又联合批复同意四川省开展"宽带乡村"试点工程建设，总投资为 6.95 亿元，覆盖中江、盐亭等 20 个县（市、区），重点建设乡镇到行政村光缆，农村地区基站接入光缆，农村地区 FTTH 等有线接入网、TD-LTE 无线网络及其他配套设施。① 最后，在人才培养上，要重视农村基础信息人才的输送、农村基层干部的培训和农民新媒体素养的提升。院校要注重培养兼具信息传播与农业知识的复合型人才，以适应新媒体对农信息传播的需要。农村基层干部要加强信息运用知识的培训，着力提升自身整合运用新媒体的能力，成为农业信息化事业的得力干将。运用多种方式、方法加强对农民互联网、手机等新媒体知识的宣传和培训，提高农民的兴趣和参与度，以保障新媒体对农信息传播的效果。

（二）运营商、企业公司、科研院所各司其职，协同发展推动新媒体对农信息的有效传播

推动智能手机等新媒体对农信息传播，打破固定宽带和电脑的束缚，让农民轻松便捷地接收信息，实现互联网络和无线互联网络的无缝对接，这些都需要运营商的大力支持。第一，不断完善农村基础通

---

① 《四川省获批国家"宽带乡村试点"》，中国农业新闻网（http://www.farmer.com.cn/）。

信网，电信运营商投身"村村通""宽带普及提速"等基础信息建设工程，提升中国行政村和自然村的网络覆盖率和密度，为农村信息传播奠定网络基础；第二，丰富农村信息服务渠道，提供优惠资费政策。一方面在农村地区加大实体营业厅的建设力度，拓展乡村服务网点，改善农民入网难、交费难的问题；另一方面有针对性地提供优惠的资费政策，确保农民"用得起"。① 第三，进一步开发新技术、新应用软件，降低农民上网门槛。据调查，农村新增网民中使用手机上网的用户规模已呈现绝对优势。这与智能手机在农村的普及密切相关。农民受教育水平普遍偏低，而手机上网不需要学习电脑技能、输入法，不需要懂英语，这大大降低了农民上网的门槛，而中文域名、中文邮件、照相等新技术、新功能的引入，更是丰富了农村网民的互联网应用。如中文邮件的发送可以使农民用母语发送电邮，相机功能在手机上的普及，未来可能不必写一个字，只用手机拍照就可以发布一条农产品的销售信息。以微信为代表的自媒体正在飞速发展，其社交属性已被延展，正在向更多的领域渗透。西部地区农民使用微信致富的报道也见诸报端，新疆吉木萨尔县二工镇的水果种植户孙晶使用微信两年，粉丝500多名，2014年5月利用微信营销自种的杏子和油桃，在朋友圈上传种植和管理的照片，吸引了周边上百名城市游客来采摘，每天营业额上千，平均一棚的收入达到3万元，走上了致富路。② 但这只是个案，有研究人员对农民工使用微信的情况作了调研，发现受文化水平、观念、经济能力等因素的制约，农民工使用微信较少，建议通过降低智能机的价格、简化微信使用方法、推送符合农民工需求的内容来提升微信在农民工群体中的使用。

随着移动互联网技术和市场经济的发展，互联网产业的发展前景已受到了各大企业的青睐。"发家致富靠劳动，勤俭持家靠京东""生活想要好，赶紧上淘宝"，这些颇具创意的墙体广告，一夜之间出现在广大基层县乡的街巷。据说，京东在全国100多个乡镇刷了8000

---

① 李道亮：《中国农村信息化发展报告（2012）》，电子工业出版社2013年版。
② 魏照春、马娇：《吉木萨尔县农民孙晶用微信卖桃杏》，天山网，2014年6月3日，http://news.sina.com.cn/c/2014-06-03/183930285171.shtml。

幅墙体广告。这都昭示着广袤的农村互联网市场已经引起了互联网巨头的极大兴趣。第一，互联网产业链延伸到了农产品销售上，为农民提供了有效的信息服务。阿里平台下的"聚划算"团购平台通过聚果、聚菜行动，为农民解了燃眉之急。2012 年 11 月，陕西省武功县爆发苹果滞销，"聚划算"与传统水果经销商、水果经纪人联合发起"聚果行动"，至 12 月 10 日，陕西省武功县滞销苹果约 80.5 吨被团购一空，为果农解了困。再如天猫网物流事业部发起"邮 E 站"项目，在农村发展代购业务，解决了农民的困难。第二，农业电商带动农村互联网发展，提升农民触网率。中国社会科学院的数据显示，平均每家农民网点带动 1.63 位农民成为网商，这种辐射效应一方面会使农民因电子商务的增收功能而转为网民，另一方面会加强网民在互联网的应用深度和广度。① 如浙江的"遂昌模式""沙集模式"都颇具代表性。新闻报道的京东送种子下乡，是互联网产业深入农村信息市场的又一标志性行为。

科研院所是新媒体对农信息传播能力建设的核心。农业信息技术成果将成为农村经济社会发展最重要的生产力。中国农业科学研究院研发的"农信采"对农信息采集设备和"农搜"信息挖掘系统突破了农业信息采集技术瓶颈，为信息采集标准化、规范性带来了福音。再如"村村响""基于 3G 的基层农技推广信息化平台"等信息传播技术及设备的研究与应用，针对不同服务对象，创立了符合农村民情的信息服务新模式，有效解决了信息服务不到位的问题。以上研究都为提升新媒体对农信息传播的能力发挥了重大作用。

通过运营商提供基础设施、互联网企业提供平台建设、科研院所提供技术支持，各方协同发展，积极推动新媒体对农信息的有效传播。②

（三）整合多方力量，注重打造适合农民需求的新媒体内容

新媒体要传播适应农村、农民实际的信息内容，如果新媒体内容

---

① 《中国互联网发展报告（2013）》，电子工业出版社 2013 年版。

② 岳琳：《移动互联网时代基于新媒体的西部农村信息传播策略思考》，《新闻界》2014 年第 23 期；《新媒体环境下西部农村信息传播困境及对策研究》，《陕西理工学院学报》（社会科学版）2014 年第 11 期。

没有真正贴近农民，不符合农民口味，那么政策支持就会成为另一种浪费和纯粹的"形式扶农"。第一，打造基于手机等新媒体终端的农村信息资源库群，确立与完善涉农信息资源共建共享机制。对所有涉农机构应打破行业和部门界限，统筹规划，合理配置，共建共享，形成具有农业特色的信息资源体系。第二，加快对农信息采集标准体系的建设。实现信息采集、处理、发布一体化。第三，建立固定专门的信息采编队伍。信息采集要符合农民的实际需求、阅读需求和作息习惯。第四，要针对不同对象的需求，细化采集的信息内容，信息采集涉及农产品的产前、产中、产后、加工、流通、代销等一系列过程。第五，应充分考虑农民消费新媒体的能力，如互联网接入费、网络数据流量费和电话费。重点对农村信息资源中的文字、图片和视频等素材进行分类、采集、筛选、整合、加工和知识化管理，加强数据库技术的研究和开发，确定最适合智能手机等移动终端使用和传输的素材制作标准，最终建设一批具有地域特色、高效的农业产业数据库，为基于新媒体的农村信息服务提供强有力的资源支撑。

（四）多措并举，提升农民的媒体素养

随着新媒体对农信息传播研究的深化，近年来，有多位学者提出了对农信息传播的中心对象不是农村而是农民，新媒体对农信息传播要"面向农民"。可以看到，新兴媒体已经深入社会的每个角落，影响力愈加强大。在这种背景下，"新媒介素养"的概念被提出来，即在社交网络革命、互联网革命和移动革命的背景下，个人为了适应新的媒介环境和社会关系的变化，构建更大、更好的社交网络，应该掌握新的能力。美国学者雷尼、威尔曼提出了在互联网推动下的"网络化个人主义"时代，公民应该具有的新媒介素养包括图像处理能力、导航能力、信息的组织和联通能力、专注能力、多任务处理能力、怀疑精神以及道德素养。① 这对西部地区的农民而言无疑是巨大的挑战。因此，提升新媒体对农信息传播的关键就在于提升农民的媒体素养。首先，以政府为主导，努力提高西部农民媒体素养。政府积极推进媒

① ［美］雷尼、［美］威尔曼：《超越孤独：移动互联时代的生存之道》，杨伯溆、高崇等译，中国传媒大学出版社 2015 年版。

介环境建设，大力发展农村教育文化事业，积极开展媒介素养教育。其次，要消除传媒歧视，培养农民的媒介能力。通过构建以农村受众为中心的信息传播体系，提高媒介传播者的媒介素养，让农民成为媒介的主动参与者。最后，注重农民媒介能力的自我培养。积极学习计算机操作方法、上网、浏览、发帖、邮件、聊天、收发短信、微博、微信等新媒体技能，使农民能够接触和使用新媒体，在此基础上，进一步学习关于媒介的基本知识，增加对媒介信息的理解和批判，使农民能够积极、主动地理解信息，最后实现利用媒介培养自我发展的能力。在我们的调研中，还有部分农民拒绝媒介，从不使用媒介找市场、问价格，这还需要转变农民的保守观念。另外，新媒体会为农民带来海量的信息，要杜绝"负面信息"效应，增强农民应对新媒体负功能的免疫力，切实提升农民的媒介素养，为新媒体对农信息传播提供最佳的接收终端。

二　"互联网＋农村"的西部对农信息传播有效性前景展望

"互联网＋"已成为 2015 年的十大流行语，排名第二，一般来说就是"互联网＋各传统行业"，但并非简单相加，而是利用信息通信技术以及互联网平台，让互联网与传统行业进行深度融合，创造新的发展生态。它代表一种新的社会形态，即充分发挥互联网在社会资源配置中的优化和集成作用，将互联网的创新成果深度融合于经济、社会领域之中，从而在新领域创造一种新生态。[①] 2015 年 3 月，腾讯董事长马化腾提交议案，希望"互联网＋"这种生态战略能够被国家采纳，成为国家战略。2015 年 7 月 4 日，李克强总理签批，国务院印发《关于积极推进"互联网＋"行动的指导意见》[②]。2015 年 12 月 16 日，世界互联网大会在浙江乌镇举行，习近平总书记再次提出正在实施的"宽带中国"战略和"互联网＋"行动计划，预计到 2020 年，中国宽带网络将基本覆盖所有农村，打通网络基础设施"最后一

---

① 吴帝聪、陈小勤：《一本书读懂互联网＋》，广东人民出版社 2015 年版。
② 赵竹青：《国务院〈关于积极推进"互联网＋"行动的指导意见〉》，《中国共产党新闻网》（http://cpc.people.com.cn/n/2015/0705/c64387-27255409.html）。

公里"①，真正推动网络基础设施建设，同时推进"数字中国"建设，发展分享经济，提高发展质量和效益。

一些互联网龙头企业也正积极尝试在西部农村引进新媒体，尝试"互联网＋农业"的模式。腾讯于2014年在贵州黎平县铜关村，一个人均年收入只有2800元的山村开展"移动互联网乡村计划"，先和贵州移动合作，投资100多万元建立4G基站，接着给村民派发国产智能手机，又给村民赠送1G的网络流量，于是，4G网络＋智能手机＋免费流量产生了连锁反应：铜关村及周边村庄利用互联网平台高价销售了自产的有机米、茶叶等农特产品；建立了中国第一个村级公众服务号，处理各种村务；建设了铜关侗族大歌生态博物馆，既保护了当地文化，又引来大批游客，开发了旅游资源。现在铜关村已吸引了更多的投资企业来此开发新的产品。腾讯在这一模式中主要提供了早期资金、微信平台和媒体资源，即搭建了信息平台。这一模式是否能复制，使中国更多的农村受益，还要拭目以待。但不争的事实是，随着移动互联网的到来，这个穷乡僻壤的小山村确实改天换日了。据腾讯消息，2009年开始，腾讯已开始帮扶贵州黎平县和雷山县，在黎平捐助了价值10万元的多媒体教室50个，1万元配电脑的书屋46个，但效率不高。农民白天务农，电脑闲置成为摆设，并没有起到互联网启蒙的作用。而智能手机则携带方便，利用农民的碎片化时间实现了连接，使这个没有在有线网络时代受益的村庄直接迈入了移动互联网时代。

在"互联网＋"迅速发展的浪潮中，农业领域并不受互联网企业的青睐，被认为是离互联网最远的社会子系统，但腾讯开展的"移动互联网乡村计划"却开辟了"互联网＋农业"的先河，并吸引了更多的企业加入这一计划中来，如广州、深圳、北京等一线城市的公司纷纷为铜关村设计微信智慧村庄运营平台、民宿、提供土特产包装设计等。腾讯认为，它只是搭建了信息平台，引导互联网人才和互联网

---

① 李刚：《学习领会贯彻解读习主席乌镇重要讲话 推动世界互联网发展的三条"天路"》，《信息安全与通信保密》2016年第1期。

思维进入农村，进而盘活乡村本身就存在的资源。[①] 但在腾讯的这一实验中可以看到，在"互联网＋"时代，连接的触角延伸到农村，借助互联网跨越数字鸿沟的命题正在进行着有意义的探索，而对农信息传播模式也将更加丰富。

2016 年的中央"1 号文件"指出，要下大力气补齐农村这块"短板"，其中最短的一块就是贫困。[②] 而西部农村更是贫困人口的聚集区，打好扶贫攻坚战，在移动互联网时代，利用互联网思维，提高西部农村地区的信息化程度和农村信息传播的有效性是十分重要的途径。通过"互联网＋农村"模式的有益尝试，扩大西部地区农民接触有益信息的渠道，提升农民的信息能力，使其转变观念，消除与现代农业、现代文明的差距，成为新型农民，促进西部农村经济社会的发展，实现小康社会的伟大目标。

---

① 张绪旺：《"互联网＋农村"腾讯下乡能否复制》，《北京商报》，http：//tech. sina. com. cn/i/2015－08－24/doc－ifxhcvrn0320299. shtml。

② 《中共中央国务院关于落实发展新理念加快农业现代化 实现全面小康目标的若干意见》，新华网（http：//news. xinhuanet. com/politics/2016－01/27/c_ 1117916568_ 4. htm），2016 年 1 月 27 日。

第七章 对农信息传播有效性评价指标的实证研究

建立西部对农信息传播有效性评价指标并不是本课题的最终目的，还必须将其应用于实践中。本章将采用课题组构建的西部对农信息传播有效性测评指标体系，在实地深度调研的基础上，测算各类信息媒介传播的有效程度，以检验评价指标的可用性和科学性，并力求用测定的数值对当前西部对农信息传播效果做出客观准确的描述和评价。

第一节 指标细化

为测试西部对农信息传播有效性测评指标的适用性，在针对某地的实证测评部分，课题组对指标的具体使用进行了进一步细化，用1—5 分的打分法对18 个二级指标制定了详细的评分规则，同时确定了具体的数据来源。另外，考虑到各个传播媒介不同的特性，分别设计了电视、网络、报纸、组织传播以及人际传播有效性的细化指标，同时采取了广泛参与式及深度访谈等多种交流途径，可以比较全面地了解不同用户对各类传媒的评价，并以电视评分标准为参考，结合网络、报纸、组织及人际传播的不同特点，得到了各自的评分标准（详见表 7 – 1 至表7 – 5）。

表 7 - 1 　　　　　电视对农信息传播有效性评分标准及数据来源

一级指标	二级指标	指标说明	评分标准	分值	数据来源
传播效果	R_1 传播者信誉	传播者诚实、客观、公正程度	传播者非常客观	5	用户调查
			传播者比较客观	4	
			传播者客观	3	
			传播者不太客观	2	
			传播者有歪曲事实的现象	1	
	R_2 渠道/信号覆盖率	有线/卫星电视覆盖率*	有线/卫星电视覆盖率 >50%	5	村委会调查
			有线/卫星电视覆盖率介于 40%—50%	4	
			有线/卫星电视覆盖率介于 30—40%	3	
			有线/卫星电视覆盖率介于 20%—30%	2	
			有线/卫星电视覆盖率 <20%	1	
	R_3 渠道拥有率	农民是否开通有线/卫星电视	开通有线/卫星电视	5	用户调查
			未开通有线/卫星电视	1	
	R_4 信息量	信息内容数量与种类状况	电视传播的信息量大、类型丰富	5	用户调查
			电视传播的信息量较多、类型较丰富	4	
			电视传播的信息量一般	3	
			电视传播的信息量较少、类型较单一	2	
			电视传播的信息量很小、非常单一	1	
	R_5 受众信息需求明晰度	农民对信息需求种类与目的的明晰程度	十分明确自身所需信息种类	5	用户调查
			比较明确自身所需信息种类	4	
			基本明确自身所需信息种类	3	
			不大清楚自身所需信息种类	2	
			完全不清楚自身所需信息种类	1	
	R_6 内容知晓度	农民对信息内容的关注程度	对电视上的信息内容十分关注	5	用户调查
			对电视上的信息内容比较关注	4	
			关注电视上的信息内容	3	
			不大关注电视上的信息内容	2	
			完全不关注电视上的信息内容	1	

续表

一级指标	二级指标	指标说明	评分标准	分值	数据来源
传播效率	R_7 内容时效性	信息内容传播的及时程度	电视传播信息很及时	5	用户调查
			电视传播信息比较及时	4	
			电视传播信息一般	3	
			电视传播信息不及时	2	
			电视传播信息很不及时	1	
	R_8 内容保真度	准确呈现信息内容的程度	电视呈现信息内容非常真实准确	5	用户调查
			电视能准确呈现信息内容	4	
			电视呈现信息内容一般	3	
			电视呈现信息内容不大准确	2	
			电视呈现信息内容完全不准确	1	
	R_9 内容理解度	农民对信息内容的理解程度	电视信息非常好理解	5	用户调查
			电视信息容易理解	4	
			对电视信息基本理解	3	
			电视信息不大容易理解	2	
			看不懂电视	1	
	R_{10} 信息需求满足度	信息满足农民信息需求的程度	完全能满足并超出预期	5	用户调查
			比较能满足	4	
			满足程度一般	3	
			不太能满足	2	
			完全不能满足	1	
	R_{11} 受众信息消费水平	农民信息资费支付能力	通过电视获取信息花销十分便宜	5	用户调查
			通过电视获取信息花销比较便宜	4	
			通过电视获取信息的开销能承受	3	
			通过电视获取信息比较昂贵	2	
			通过电视获取信息非常昂贵	1	

续表

一级指标	二级指标	指标说明	评分标准	分值	数据来源
传播效益	R_{12}渠道接触频度	农民接触信息渠道频繁程度	平均每天收看电视 >4 小时	5	用户调查
			每天收看电视介于3.1—4 小时	4	
			平均每天收看电视介于2.1—3 小时	3	
			平均每天收看电视介于1—2 小时	2	
			平均每天收看电视 <1 小时	1	
	R_{13}受众反馈	农民在获取信息基础上与传播者进一步反馈、了解相关信息状况	电视反馈途径多，十分愿意互动	5	用户调查
			电视反馈途径多，比较愿意互动	4	
			电视反馈途径较一般，可以互动	3	
			电视反馈途径少，不大愿意互动	2	
			无法反馈或不愿意反馈	1	
	R_{14}受众信息收集	农民收集信息的能力	十分善于从电视上捕捉有用信息	5	用户调查
			比较善于从电视上捕捉有用信息	4	
			能从电视上捕捉有用信息	3	
			不大能从电视上捕捉有用信息	2	
			完全不能从电视上捕捉有用信息	1	
	R_{15}受众信息评价	农民分析、评价信息的能力	能非常准确地评判信息质量	5	用户调查
			能比较准确地评判信息质量	4	
			基本能评判信息质量	3	
			能部分评判信息质量	2	
			完全不能辨析信息质量	1	
	R_{16}受众信息运用	农民运用信息的能力	能十分娴熟地将电视信息运用于生产生活	5	用户调查
			能比较娴熟地将电视信息运用于生产生活	4	
			基本能将信息运用于生产生活	3	
			不大能将信息运用于生产生活	2	
			完全不能将信息运用于生产生活	1	

续表

一级指标	二级指标	指标说明	评分标准	分值	数据来源
信息传播环境	R_{17}农村经济	当地农村经济发展水平**	人均年纯收入＞9000 元	5	村委会调查
			人均年纯收入 7501—9000 万元	4	
			人均年纯收入 6001—7500 元	3	
			人均年纯收入 4501—6000 元	2	
			人均年纯收入≤4500 元	1	
	R_{18}政策推行	有助于当地提升信息传播和信息服务水平的政策执行与推广状况	有政策，可操作性强且完全实施	5	村委会
			有政策，可操作性强且大部分实施	4	
			有政策，有操作性但小部分实施	3	
			有政策，有可操作性但没实施；或者政策口号性强，不具有可操作性	2	
			没有任何政策支持	1	

说明：＊有线/卫星电视覆盖率以《2014 年中国统计年鉴》中"2013 年农村有线广播电视用户数占农村家庭总户数（35.29%）为参考值，赋值为 3，然后按照 10% 的浮动确定其余得分；有线/卫星覆盖率的统计范围涵盖"户户通"和"村村通"两种方式。

＊＊当地农村经济发展水平以《2014 年中国统计年鉴》中"2013 年西部地区农村居民人均纯收入（6833.6 元）"为参考值，然后适当浮动确定其余得分。

表 7－2　　**网络对农信息传播有效性评分标准及数据来源**

一级指标	二级指标	指标说明	评分标准	分值	数据来源
传播效果	R_1传播者信誉	网络媒体诚实、客观、公正程度	网络媒体非常客观	5	用户调查
			网络媒体比较客观	4	
			网络媒体客观	3	
			网络媒体传播者不太客观	2	
			传播者有歪曲事实的现象	1	

续表

一级指标	二级指标	指标说明	评分标准	分值	数据来源
传播效果	R_2 渠道/信号覆盖率	宽带信号覆盖率*	宽带覆盖率大于35%	5	村委会调查
			宽带覆盖率介于30%—35%	4	
			宽带覆盖率介于26%—30%	3	
			宽带覆盖率介于20%—25%	2	
			宽带覆盖率小于20%	1	
	R_3 渠道拥有率	农民是否开通宽带	开通宽带	5	用户调查
			未开通宽带	1	
	R_4 信息量	信息内容数量与种类状况	网络传播的信息量大、种类丰富	5	用户调查
			网络传播的信息量较大、较丰富	4	
			网络传播的信息量一般	3	
			网络传播的信息量小、较单一	2	
			网络传播的信息量很小、单一	1	
	R_5 受众信息需求明晰度	农民对信息需求种类与目的的明晰程度	十分明确自身所需信息种类	5	用户调查
			比较明确自身所需信息种类	4	
			基本明确自身所需信息种类	3	
			不大清楚自身所需信息种类	2	
			完全不清楚自身所需信息种类	1	
	R_6 适合度	农民对信息内容的关注程度	对网络上的信息内容十分关注	5	用户调查
			对网络上的信息内容比较关注	4	
			关注网络上的信息内容	3	
			不大关注网络上的信息内容	2	
			完全不关注网络上的信息内容	1	
传播效率	R_7 内容时效性	信息内容传播的及时程度	网络传播信息很及时	5	用户调查
			网络传播信息比较及时	4	
			网络传播信息一般	3	
			网络传播信息不及时	2	
			网络传播信息很不及时	1	

续表

一级指标	二级指标	指标说明	评分标准	分值	数据来源
传播效率	R_8 内容保真度	准确呈现信息内容的程度	网络能非常准确地呈现信息内容	5	用户调查
			网络能准确地呈现信息内容	4	
			网络呈现信息内容一般	3	
			网络呈现信息内容部分准确	2	
			网络呈现信息内容不准确	1	
	R_9 内容理解度	农民对信息内容的理解程度	网络信息十分好理解	5	用户调查
			网络信息比较好理解	4	
			网络信息基本能够理解	3	
			网络信息不大容易理解	2	
			完全不理解或者不明白网络信息	1	
	R_{10} 信息需求满足度	信息满足农民信息需求的程度	完全能满足并超出预期	5	用户调查
			比较能满足	4	
			满足程度一般	3	
			不太能满足	2	
			完全不能满足	1	
	R_{11} 受众信息消费水平	农民信息资费支付能力	通过网络获取信息费用十分便宜	5	用户调查
			通过网络获取信息费用比较便宜	4	
			通过网络获取信息费用基本能承受	3	
			通过网络获取信息比较昂贵	2	
			通过网络获取信息非常昂贵	1	
传播效益	R_{12} 渠道接触频度	农民接触信息渠道频繁程度**	平均每天上网超过 4 小时	5	用户调查
			平均每天上网 3.1—4 小时	4	
			平均每天上网 2.1—3 小时	3	
			平均每天上网 1—2 小时	2	
			平均每天上网小于 1 小时	1	

续表

一级指标	二级指标	指标说明	评分标准	分值	数据来源
传播效益	R_{13}受众反馈	农民在获取信息基础上与传播者进一步反馈、了解相关信息状况	网络反馈途径多,十分愿意互动	5	用户调查
			网络反馈途径多,比较愿意互动	4	
			网络反馈途径较多,可以互动	3	
			网络反馈途径虽多,但不大愿意互动;或者网络反馈途径少,无法互动	2	
			无法反馈或不愿意反馈	1	
	R_{14}受众信息收集	农民收集信息的能力	十分善于从网络上捕捉有用信息	5	用户调查
			比较善于从网络上捕捉有用信息	4	
			能从网络上捕捉有用信息	3	
			不大能从网络上捕捉有用信息	2	
			完全不能从网络上捕捉有用信息	1	
	R_{15}受众信息评价	农民分析、评价信息的能力	能非常准确地评判信息质量	5	用户调查
			能比较准确地评判信息质量	4	
			基本能评判信息质量	3	
			能部分地评判信息质量	2	
			完全不能辨析信息质量	1	
	R_{16}受众信息运用	农民运用信息的能力	能十分娴熟地将网络信息运用于生产生活	5	用户调查
			能比较娴熟地将网络信息运用于生产生活	4	
			基本能将信息运用于生产生活	3	
			不大能将信息运用于生产生活	2	
			完全不能将信息运用于生产生活	1	
信息传播环境	R_{17}农村经济	当地农村经济发展水平	人均年纯收入9000元以上	5	村委会调查
			人均年纯收入7501—9000元	4	
			人均年纯收入6001—7500元	3	
			人均年纯收入4501—6000元	2	
			人均年纯收入≤4500元	1	

续表

一级指标	二级指标	指标说明	评分标准	分值	数据来源
信息传播环境	R_{18}政策推行	有助于当地提升信息传播和信息服务水平的政策执行与推广状况	有政策，可操作性强且完全实施	5	村委会
			有政策，可操作性强且大部分实施	4	
			有政策，具有可操作性但小部分实施	3	
			有政策，有可操作性但没实施；或者政策口号性强，不具有可操作性	2	
			没有任何政策支持	1	

说明：＊宽带覆盖率以《2013 年中国农村互联网发展状况调查报告》中"中国农村互联网普及率达到 27.5%"为参考值，赋值为 3，然后按照 5% 的浮动确定其余得分。

＊＊农民接触信息渠道频繁程度以《2013 年中国农村互联网发展状况调查报告》中"农村网民平均上网时长为 21.5 小时/周"为参考值，赋值为 3，然后按照一定比例浮动确定其余得分。

表 7-3　　　　报纸对农信息传播有效性评分标准及数据来源

一级指标	二级指标	指标说明	评分标准	分值	数据来源
传播效果	R_1 传播者信誉	报纸发行方诚实、客观、公正程度	报纸发行方非常客观	5	用户调查
			报纸发行方比较客观	4	
			报纸发行方客观	3	
			报纸发行方不太客观	2	
			报纸发行方有歪曲事实的现象	1	
	R_2 渠道/信号覆盖率	报纸在当地的发行情况	报纸递送到各户	5	村委会调查
			报纸只递送到村委会	3	
			报纸无法送达当地	1	
	R_3 渠道拥有率	农民是否订阅、阅读报纸	自费订阅报纸 2—3 种	5	用户调查
			自费订阅报纸 1 种	4	
			未订报，但经常看报	3	
			未订报，但偶尔看报	2	
			从不看报	1	

续表

一级指标	二级指标	指标说明	评分标准	分值	数据来源
传播效果	R_4 信息量	信息内容数量与种类状况	报纸传播的信息量大、种类丰富	5	用户调查
			报纸传播的信息量较大、较丰富	4	
			报纸传播的信息量一般	3	
			报纸传播的信息量小、较单一	2	
			报纸传播的信息量很小、单一	1	
	R_5 受众信息需求明晰度	农民对信息需求种类与目的的明晰程度	十分明确自身所需信息种类	5	用户调查
			比较明确自身所需信息种类	4	
			基本明确自身所需信息种类	3	
			不大清楚自身所需信息种类	2	
			完全不清楚自身所需信息种类	1	
	R_6 内容知晓度	农民对信息内容的关注程度	对报纸上的信息内容十分关注	5	用户调查
			对报纸上的信息内容比较关注	4	
			愿意关注报纸上的信息内容	3	
			不大关注报纸上的信息内容	2	
			完全不关注报纸上的信息内容	1	
传播效率	R_7 内容时效性	信息内容传播的及时程度	报纸传播信息很及时	5	用户调查
			报纸传播信息比较及时	4	
			报纸传播信息一般	3	
			报纸传播信息不及时	2	
			报纸传播信息很不及时	1	
	R_8 内容保真度	准确呈现信息内容的程度	报纸能非常准确地呈现信息内容	5	用户调查
			报纸能准确地呈现信息内容	4	
			报纸呈现信息内容一般	3	
			报纸呈现信息内容部分准确	2	
			报纸呈现信息内容很不准确	1	

续表

一级指标	二级指标	指标说明	评分标准	分值	数据来源
传播效率	R_9 内容理解度	农民对信息内容的理解程度	报纸信息十分好理解	5	用户调查
			报纸信息比较好理解	4	
			报纸信息能够理解	3	
			报纸信息不大容易理解	2	
			报纸信息不能理解、看不懂	1	
	R_{10} 信息需求满足度	信息满足农民信息需求的程度	完全能满足并超出预期	5	用户调查
			比较能满足	4	
			满足程度一般	3	
			不太能满足	2	
			完全不能满足	1	
	R_{11} 受众信息消费水平	农民信息资费支付能力	通过报纸获取信息花销十分便宜	5	用户调查
			通过报纸获取信息花销比较便宜	4	
			通过报纸获取信息花销一般	3	
			通过报纸获取信息比较昂贵	2	
			通过报纸获取信息非常昂贵	1	
传播效益	R_{12} 渠道接触频度	农民接触信息渠道频繁程度	每天都看报纸，且日均超过1小时	5	用户调查
			每天都看报纸	4	
			经常看报纸	3	
			偶尔看报纸	2	
			从不看报纸	1	
	R_{13} 受众反馈	农民在获取信息基础上与传播者进一步反馈、了解相关信息状况	报纸反馈途径多，十分愿意互动	5	用户调查
			报纸反馈途径多，比较愿意互动	4	
			报纸反馈途径较多，可以互动	3	
			报纸反馈途径虽多，但不大愿意互动；或者报纸反馈途径少，无法互动	2	
			无法反馈或不愿意反馈	1	

一级 指标	二级指标	指标说明	评分标准	分值	数据 来源
传播效益	R_{14}受众信息收集	农民收集信息的能力	十分善于从报纸上捕捉有用信息	5	用户调查
			比较善于从报纸上捕捉有用信息	4	
			能从报纸上捕捉有用信息	3	
			不大能从报纸上捕捉有用信息	2	
			完全不能从报纸上捕捉有用信息	1	
	R_{15}受众信息评价	农民分析、评价信息的能力	能非常准确地评判信息质量	5	用户调查
			能比较准确地评判信息质量	4	
			基本能评判信息质量	3	
			能部分地评判信息质量	2	
			完全不能辨析信息质量	1	
	R_{16}受众信息运用	农民将信息运用于生产生活的能力	能十分娴熟地将信息运用于生产生活	5	用户调查
			能比较娴熟地将信息运用于生产生活	4	
			基本能将信息运用于生产生活	3	
			不大能将信息运用于生产生活	2	
			完全不能将信息运用于生产生活	1	
信息传播环境	R_{17}农村经济	当地农村经济发展水平	人均年纯收入大于9000元	5	村委会调查
			人均年纯收入7501—9000元	4	
			人均年纯收入6001—7500元	3	
			人均年纯收入4501—6000元	2	
			人均年纯收入≤4500元	1	
	R_{18}政策推行	有助于当地提升信息传播和信息服务水平的政策执行与推广状况	有政策，可操作性强且完全实施	5	村委会
			有政策，可操作性强且大部分实施	4	
			有政策，有操作性但小部分实施	3	
			有政策，有可操作性但没实施；或者政策口号性强，不具有可操作性	2	
			没有任何政策支持	1	

表 7 - 4　　　　　　**组织对农信息传播有效性评分标准及数据来源**

一级指标	二级指标	指标说明	评分标准	分值	数据来源
传播效果	R_1 传播者信誉	村委会诚实、客观、公正程度	村委会传递信息非常客观	5	用户调查
			村委会传递信息比较客观	4	
			村委会传递信息一般	3	
			村委会传递信息不大客观	2	
			村委会传递信息非常不客观，会歪曲事实	1	
	R_2 渠道/信号覆盖率	村级组织健全	村级组织非常健全	5	村委会调查
			村级组织基本健全	3	
			村级组织不健全或不运作	1	
	R_3 渠道拥有率	与村委会信息沟通渠道顺畅，信息是否传递到户	与村委会信息沟通比较顺畅	5	用户调查
			与村委会信息沟通非常顺畅	3	
			无法与村委会进行信息沟通	1	
	R_4 信息量	信息内容数量与种类状况	村委会传播的信息量大、种类丰富	5	用户调查
			村委会传播的信息量较大、较丰富	4	
			村委会传播的信息量一般	3	
			村委会传播的信息量小、较单一	2	
			村委会传播的信息量很小、单一	1	
	R_5 受众信息需求明晰度	农民对信息需求种类与目的的明晰程度	十分明确自身所需信息种类	5	用户调查
			比较明确自身所需信息种类	4	
			基本明确自身所需信息种类	3	
			不大清楚自身所需信息种类	2	
			完全不清楚自身所需信息种类	1	
	R_6 内容知晓度	农民对信息内容的关注程度	对村委会的信息内容十分关注	5	用户调查
			对村委会的信息内容比较关注	4	
			对村委会的信息内容关注程度一般	3	
			不大关注村委会的信息内容	2	
			完全不关注村委会的信息内容	1	

续表

一级指标	二级指标	指标说明	评分标准	分值	数据来源
传播效率	R_7 内容时效性	信息内容传播的及时程度	村委会传递信息很及时	5	用户调查
			村委会传递信息比较及时	4	
			村委会传递信息一般	3	
			村委会传递信息不大及时	2	
			村委会传递信息很不及时	1	
	R_8 内容保真度	准确呈现信息内容的程度	村委会传递的信息真实准确	5	用户调查
			村委会传递的信息比较真实准确	4	
			村委会传递的信息准确性一般	3	
			村委会传递的信息不大准确	2	
			村委会传递的信息很不准确	1	
	R_9 内容理解度	农民对信息内容的理解程度	村委会传递的信息直白、浅显易懂	5	用户调查
			村委会传递的信息比较好理解	4	
			村委会传递的信息基本能理解	3	
			村委会传递的信息只能明白一部分	2	
			村委会传递的信息完全不明白	1	
	R_{10} 信息需求满足度	满足农民信息需求的程度	完全能满足并超出预期	5	用户调查
			比较能满足	4	
			满足程度一般	3	
			不太能满足	2	
			完全不能满足	1	
	R_{11} 受众信息消费水平	农民信息资费支付能力	通过村委会获取信息都是免费的	5	用户调查
			通过村委会获取信息需要花一点钱	4	
			通过村委会获取信息花销一般	3	
			通过村委会获取信息比较昂贵	2	
			通过村委会获取信息非常昂贵	1	

续表

一级指标	二级指标	指标说明	评分标准	分值	数据来源
传播效益	R_{12} 渠道接触频度	农民接触信息渠道频繁程度	经常收到村委会的各类信息	5	用户调查
			偶尔收到村委会的信息	3	
			几乎收不到村委会的信息	1	
	R_{13} 受众反馈	农民在获取信息基础上与传播者进一步反馈、了解相关信息状况	村委会反馈途径多，十分愿意互动	5	用户调查
			村委会反馈途径多，比较愿意互动	4	
			村委会反馈途径较多，可以互动	3	
			村委会反馈途径虽多，但不大愿意互动；或者村委会反馈途径少，无法互动	2	
			无法反馈或不愿意反馈	1	
	R_{14} 受众信息收集	农民收集信息的能力	十分善于从村委会获取有用信息	5	用户调查
			比较善于从村委会获取有用信息	4	
			能从村委会获取有用信息	3	
			很少从村委会获取有用信息	2	
			完全不能从村委会获取有用信息	1	
	R_{15} 受众信息评价	农民分析、评价信息的能力	能非常准确地评判信息质量	5	用户调查
			能比较准确地评判信息质量	4	
			基本能评判信息质量	3	
			能部分评判信息质量	2	
			完全不能辨析信息质量	1	
	R_{16} 受众信息运用	农民运用信息的能力	能十分娴熟地将信息运用于生产生活	5	用户调查
			能比较娴熟地将信息运用于生产生活	4	
			基本能将信息运用于生产生活	3	
			不大能将信息运用于生产生活	2	
			完全不能将信息运用于生产生活	1	

续表

一级指标	二级指标	指标说明	评分标准	分值	数据来源
信息传播环境	R_{17}农村经济	当地农村经济发展水平	人均年纯收入大于9000元	5	村委会调查
			人均年纯收入7501—9000元	4	
			人均年纯收入6001—7500元	3	
			人均年纯收入4500—6000元	2	
			人均年纯收入4500元以下	1	
	R_{18}政策推行	有助于当地提升信息传播和信息服务水平的政策执行与推广状况	有政策，可操作性强且完全实施	5	村委会
			有政策，可操作性强且大部分实施	4	
			有政策，有操作性但小部分实施	3	
			有政策，有可操作性但没实施；或者政策口号性强，不具有可操作性	2	
			没有任何政策支持	1	

表7-5　　**人际对农信息传播有效性评分标准及数据来源**

一级指标	二级指标	指标说明	评分标准	分值	数据来源
传播效果	R_1传播者信誉	传播者诚实、客观、公正程度	亲朋熟人非常可靠	5	用户调查
			亲朋熟人比较可靠	4	
			亲朋熟人可靠	3	
			亲朋熟人有时候不可靠	2	
			亲朋熟人完全不可靠	1	
	R_2渠道/信号覆盖率	当地人际关系	当地人际交流非常顺畅	5	用户调查
			当地人际交流一般	3	
			当地人际交流不顺畅	1	
	R_3渠道拥有率	农民是否有广泛的人际沟通渠道	交往广泛，人脉广	5	用户调查
			交往比较广泛，有一定的人脉	4	
			交往一般	3	
			很少与人交往	2	
			几乎不与人交流信息	1	

一级指标	二级指标	指标说明	评分标准	分值	数据来源
传播效果	R_4 信息量	信息内容数量与种类状况	亲朋熟人传播的信息量大、种类丰富	5	用户调查
			亲朋熟人传播的信息量较大、较丰富	4	
			亲朋熟人传播的信息量一般	3	
			亲朋熟人传播的信息量小、较单一	2	
			亲朋熟人传播的信息量很小、单一	1	
	R_5 受众信息需求明晰度	农民对信息需求种类与目的的明晰程度	十分明确自身所需信息种类	5	用户调查
			明确自身所需信息种类	4	
			基本明确自身所需信息种类	3	
			不大清楚自身所需信息种类	2	
			完全不清楚自身所需信息种类	1	
	R_6 内容知晓度	农民对信息内容的关注程度	对亲朋熟人传递的信息十分关注	5	用户调查
			对亲朋熟人传递的信息比较关注	4	
			关注亲朋熟人传递的信息	3	
			不大关注亲朋熟人传递的信息	2	
			完全不关注亲朋熟人传递的信息	1	
传播效率	R_7 内容时效性	信息内容传播的及时程度	亲朋熟人传递信息非常及时	5	用户调查
			亲朋熟人传递信息比较及时	4	
			亲朋熟人传递信息一般	3	
			亲朋熟人传递信息不大及时	2	
			亲朋熟人传递信息很不及时	1	
	R_8 内容保真度	准确呈现信息内容的程度	亲朋熟人能非常准确地呈现信息内容	5	用户调查
			亲朋熟人能准确地呈现信息内容	4	
			亲朋熟人呈现信息内容一般	3	
			亲朋熟人呈现信息内容不太准确	2	
			亲朋熟人呈现信息内容完全不准确	1	

续表

一级指标	二级指标	指标说明	评分标准	分值	数据来源
传播效率	R_9 内容理解度	农民对信息内容的理解程度	亲朋熟人的信息十分好理解	5	用户调查
			亲朋熟人的信息比较好理解	4	
			亲朋熟人的信息能够理解	3	
			亲朋熟人的信息不大容易理解	2	
			亲朋熟人的信息听不懂、不明白	1	
	R_{10} 信息需求满足度	信息满足农民信息需求的程度	完全能满足并超出预期	5	用户调查
			比较能满足	4	
			满足程度一般	3	
			不太能满足	2	
			完全不能满足	1	
	R_{11} 受众信息消费水平	农民信息资费支付能力	通过亲朋熟人获取信息不花钱	5	用户调查
			通过亲朋熟人获取信息有一定花费	3	
			通过亲朋熟人获取信息很花钱	1	
传播效益	R_{12} 渠道接触频度	农民接触信息渠道频繁程度	平均每天都会与亲朋熟人聊天,沟通消息	5	用户调查
			经常与亲朋熟人聊天,沟通消息	4	
			偶尔与亲朋熟人聊天,沟通消息	3	
			有事才联系,没事不沟通	2	
			几乎不与亲朋熟人聊天、沟通消息	1	
	R_{13} 受众反馈	农民在获取信息基础上与传播者进一步反馈、了解相关信息状况	与亲朋熟人反馈途径多,十分愿意互动	5	用户调查
			与亲朋熟人反馈途径多,比较愿意互动	4	
			与亲朋熟人反馈途径较多,可以互动	3	
			亲朋熟人反馈途径虽多,但不大愿意互动;或者亲朋熟人反馈途径少,无法互动	2	
			无法反馈或不愿意反馈	1	
	R_{14} 受众信息收集	农民收集信息的能力	十分善于从亲朋熟人处获知有用信息	5	用户调查
			比较善于从亲朋熟人处获知有用信息	4	
			能从亲朋熟人处获知有用信息	3	
			不大能从亲朋熟人处获知有用信息	2	
			完全不能从亲朋熟人处获知有用信息	1	

续表

一级指标	二级指标	指标说明	评分标准	分值	数据来源
传播效益	R_{15}受众信息评价	农民分析、评价信息的能力	能非常准确地评判信息质量	5	用户调查
			能比较准确地评判信息质量	4	
			基本能评判信息质量	3	
			能部分评判信息质量	2	
			完全不能辨析信息质量	1	
	R_{16}受众信息运用	农民运用信息的能力	能十分娴熟地将信息运用于生产生活	5	用户调查
			能比较娴熟地将信息运用于生产生活	4	
			基本能将信息运用于生产生活	3	
			不大能将信息运用于生产生活	2	
			完全不能将信息运用于生产生活	1	
信息传播环境	R_{17}农村经济	当地农村经济发展水平	人均年纯收入大于9000元	5	村委会调查
			人均年纯收入7501—9000元	4	
			人均年纯收入6001—7500元	3	
			人均年纯收入4501—6000元	2	
			人均年纯收入≤4500元	1	
	R_{18}政策推行	有助于当地提升信息传播和信息服务水平的政策执行与推广状况	有政策，可操作性强且完全实施	5	村委会
			有政策，可操作性强且大部分实施	4	
			有政策，有操作性但小部分实施	3	
			有政策，有可操作性但没实施；或者政策口号性强，不具有可操作性	2	
			没有任何政策支持	1	

第二节　对农信息传播有效性的实地测评

西部对农信息传播有效性测评指标经细化后，就可以在西部农村中进行实际应用和验证。2013年4—5月，课题组深入贵州农村，利用课题组设计的"西部对农信息传播有效性评价指标体系"，测算了当地几种主要媒介对农信息传播的有效性。

一 贵州概况

贵州省地处云贵高原东部，是全国唯一没有平原的省份，境内有乌蒙山、大娄山、苗岭山、武陵山四大山脉，山地和丘陵占全省面积的 92.5%，素有"八山一水一分田"之说，境内分布着国家 14 个集中连片贫困地区中的 3 个，即武陵山片区、乌蒙山区和滇黔桂石漠化区。贵州属传统的农业省，农业人口和农业产业比重较大。按常住人口计，2013 年末全省总人口 3502.22 万人，其中乡村人口 2215.48 万人，占 62.2%。按三次产业分，2013 年全省第一产业就业人员占总就业人数的 63.3%。贵州农作物品种丰富，栽培的主要有粮食作物、油料作物、纤维植物和其他经济作物近 600 个品种，粮食作物以水稻、玉米、小麦、薯类为主，经济作物以烤烟、油菜籽为主要品种。经济林木主要有油桐、油茶、乌桕、漆树、核桃等。

2013 年，贵州农村居民人均纯收入 5434 元，人均生活消费支出 4740 元。在消费支出中，农民用于交通通信、文教娱乐用品及服务两项的支出占总支出的 16.69%，较 2012 年上升 1.37 个百分点。每百户农村居民家庭拥有彩色电视机 96.53 台，固定电话 13.90 部，移动电话 190.06 部，电脑 5.72 台。

截至 2013 年，全省共有广播电视台 84 座，中短波广播发射台和转播台 11 座；有线电视用户 389.71 万；广播综合人口覆盖率和电视综合人口覆盖率分别为 90.0% 和 94.1%。全年报纸公开发行量为 38954 万份，杂志 1575 万册，图书 6279 万册。有艺术表演团体 39 个，群众艺术馆、文化馆 97 个，公共图书馆 93 个，博物馆、纪念馆 66 个，艺术表演场所 10 个，乡镇综合文化站 1564 个。图书出版社 6 个，音像出版社两个，全年图书出版量 7523.12 万份，杂志出版量 1549.65 万份。

小学学龄儿童入学率 99.3%，与上年基本持平；高中阶段毛入学率 68.0%，比上年提高 5.8 个百分点；高等教育毛入学率 27.4%，比上年提高 1.9 个百分点。全省人均受教育年限为 7.28 年。①

二　实地调研基本情况

（一）研究设计

贵州是多民族聚居地区，且东、西、南、北各区域在经济发展水平上也有较大差异，因此课题组在选点时，分别选取了经济发达的贵阳（贵州中部）和遵义（北部）、经济发展较好的毕节市黔西县（西部）以及经济较落后的黔东南苗族侗族自治州黎平县（东部）的 16 个村庄。课题组主要采取调查访问、个案访谈及 PRA 参与式农村评估研究方法。为了克服研究者先入为主的研究缺陷，课题组设计的问题都是开放性的，以便客观了解当地农民信息需求的现状及农村信息传播的真实面貌。

基本研究思路如下：首先，访谈员进入农民家中，询问农民家庭和个人基本情况，主要包括性别、年龄、文化程度、职业、个人年平均收入、家中信息设备拥有情况（电视、电脑、智能手机、传统手机、收音机、图书、报刊）。其次，了解农民是否具有信息意识。问题表述为"在你的生产经营活动中，你需要信息吗？"再次，询问农民信息需求的类型和信息获取渠道。表述为"你一般都需要什么样的信息？通常通过哪些途径获得？"最后，请受访者对自己用到的信息媒介进行评价。主要由 18 个问题构成，让用户根据自己的体验进行打分，以下是以电视为例的问题。

1. 电视传播信息是否诚实、客观、公正？（　　）

2. 你认为电视提供的信息数量是否充足？（　　）种类是否多样？（　　）

3. 你是否清楚你需要哪些类型的信息？（　　）

4. 你对电视上的信息关注吗？（　　）

5. 你认为电视传播信息及时吗？（　　）

6. 你认为电视能准确呈现信息的内容吗？（　　）

---

① 贵州省统计局、国家统计局贵州调查总队：《2013 年贵州省国民经济和社会发展统计公报》，http://info.gzgov.gov.cn/system/2014/03/05/013258674.shtml。

7. 电视上的信息容易理解吗？（　　）

8. 电视上的信息能满足你的需求吗？（　　）

9. 你认为通过电视获取信息的费用怎样？（　）

10. 你认为电视在进行互动反馈方面，做得怎么样？（　　）

11. 你每天看电视的时间多长？（　　）

12. 如果你在电视上看到有用信息，你会在生产生活中应用吗？（　　）是及时运用还是再等等看？（　　）

13. 你能从电视上及时捕捉有用信息吗？（　　）

14. 你能准确地评价电视上发布信息的优劣真假吗？（　　）

15. 你是否具备将电视上的有益信息运用于生产生活中的能力？（　　）

16. 你觉得通过电视获取信息是否方便？（　　）

17. 你是否曾经因为运用电视上的信息节省了你的生产投入？（　　）大约节约了多少？（　　）

18. 你是否曾经因为运用电视上的信息增加了你的生产收益？（　　）大约增加了多少？（　　）

如果农民觉得打分困难，则由调查员根据农民的表述进行评分，评分后再和被访者确认。

（二）样本构成

本次调查样本采取各村镇推荐人选和田野（或入户）有选择地抽样相结合的方式。每到一村庄，首先和村委会取得联系，了解各村基本情况，包括各类信息渠道/信号覆盖率、本村经济发展水平以及政策推行情况，并获取富裕户、中等户及贫困户分布的基本情况，然后按照一定比例进行抽样。最终课题组历时 15 天，进行个别访谈 130人次，组织焦点小组 6 场。个别访谈 130 人的基本情况如表 7 - 6所示。

表 7 - 6 显示，首先，本次访谈从性别上看，女性占比较多，男女比例为 4.3 : 5.7，主要是由于在当下农村，男性外出打工者较多，平日留守在家的主要以妇女为主。其次，从职业上看，大多数受访者还是以种植业为主，占 54.6%，少部分农民除了种植之外，还从事修理、运输等工作。另外，还有 1/4 左右的农民以养殖为主，从事养

表 7-6   贵州农村受访者基本情况

项目	选项	人数（人）	比例（%）	项目	选项	人数（人）	比例（%）
性别	男	56	43.1	年龄	25 岁（含）以下	5	3.8
	女	74	56.9		26—35 岁	35	26.9
职业	种植	71	54.6		36—55 岁	90	69.2
	养殖	32	24.6		56 岁（含）以上	6	4.6
	种植、修理	5	3.8	文化程度	文盲	7	5.4
	运输	6	4.6		小学	25	19.2
	店主、种植	14	10.8		初高中	78	60
	其他	2	1.5		中专及以上	20	15.4

猪、养牛、养鸡、鸭、鹅等传统养殖。从年龄上看，本次访谈 90% 的受访者年龄都在 26—55 岁，这是由本课题的研究任务和目的决定的，课题组在取样时，进行了人为干预，采取了有选择地抽样。从文化程度看，受访农民以初高中为主，共 78 人，占 60%，其次为小学 25 人，占 19.2%，中专及以上学历的共 20 人，占 15.4%，文盲 7 人，占 5.4%，且文盲中有 6 人均为 56 岁以上老人，仅有一位为 45 岁妇女。由此可见，在贵州农村已经普及了义务教育，青年农民以初、高中学历为多。

同时在访谈中，课题组根据双方交流情况选取了 30 位具有典型特征的受访者作为重点分析对象，其基本情况见表 7-7。

表 7-7   典型受访者基本信息

受访者编号	村庄编号	性别	年龄	受教育程度	职业描述
GY1	SB	男	43	高中	种经果林、蔬菜
GY2	SB	男	25	初中	养殖
GY3	SB	女	45	小学	养猪大户
ZY1	AC	女	38	初中	务农
ZY2	AC	男	45	初中	务农
ZY3	JS	男	47	初中	烤烟
BJ1	QL1	女	40	小学	种经果林、蔬菜

受访者编号	村庄编号	性别	年龄	受教育程度	职业描述
BJ2	QL1	女	45	文盲	种经果林、蔬菜
BJ3	QL1	男	45	小学	养殖
BJ4	QL1	男	46	初中	务农
BJ5	QL1	男	46	初中	养殖、厨师
BJ6	QL1	女	47	初中	种早熟蔬菜
BJ7	QL1	女	32	初中	黑坝乌鸡养殖大户
BJ8	QL2	女	38	小学	养殖
BJ9	QL2	男	32	初中	种植绿化树
BJ10	QL2	男	28	初中	运输
BJ11	QL2	女	26	初一	务农、修车
BJ12	QL2	女	52	初中	小卖店主
BJ13	QL2	女	48	初中	务农
BJ14	QL2	男	54	文盲	无业，敬老院老人
BJ15	QL2	男	58	初中	小卖店店主
BJ16	HZ	女	30	初中	务农
BJ17	HZ	女	50	小学	务农
BJ18	HZ	女	40	小学	务农
BJ19	HZ	女	42	小学	务农
BJ20	HZ	男	40	小学	种经果林、蔬菜
LP1	GT	女	40	小学	种西瓜
LP2	GT	女	47	文盲	务农
LP3	GT	女	46	初中	店主、务农
LP4	HP	男	35	初中	种西瓜

说明：①职业描述中的务农是指从事传统粮食种植，而未使用大棚等相对先进的种植技术；而标明"种经果林、蔬菜""种西瓜"的情况均为种植规模较大且收入明显高于传统农作物种植的受访者。

②QL1和QL2为毕节市的两个不同村庄，由于名称首字母相同，故用数字1、2分别区分。

以上 30 名典型访谈者主要来自贵阳市乌当区 SB 村、遵义市遵义县 AC 村和 JS 村，毕节市黔西县的三个村 QL1、QL2、HZ 和经济较落后的黔东南苗族侗族自治州黎平县的两个村 QT、HP。

这些村寨各具特色，能较好地代表贵州农村概貌。从居住人口看，既有以汉族为主的典型西部农村，如 SB、AC；也有少数民族和汉族杂居的村子，如黎平县的 QT 村是汉、苗杂居，全部姓吴；黎平县的 HP 村居住着汉、苗、侗等民族，以石姓为主。从当地经济发展来看，SB 和 QL 都以种植经果林为主，而 AC 和 JS 村是典型的山区农业村，农民主要种植水稻、玉米、蔬菜（辣椒、洋荷、大蒜）等，经济作物以烤烟为主。从农民人均纯收入来看，这几个村寨也相差悬殊，其中经济发展较好的是贵阳的 SB 村，遵义的 AC 村、JS 村以及毕节的 QL1 村，这四个村农民人均纯收入在 5000 元以上；经济发展中等的是毕节的 QL2 村，该村人均纯收入为 3800 元；经济发展落后的有三个村，分别是毕节的 HZ、黔东南的 QT 和 HP 村，其人均纯收入均不足 2500 元。

三　贵州农民信息获取基本情况

本次调查的主要目的是根据贵州农民的日常信息行为，了解其所需信息类型及主要信息获取渠道，然后以此为基础进行各种媒介信息传播有效性的实证研究。

（一）农民信息需求类型

了解用户需求的信息类型是开展信息服务工作的基础，也是考察农村信息传播有效性的起点。结合近年来其他对农信息研究的成果以及前期预调研的结果，课题组将农民的信息需求类型归纳为政策信息、市场信息、科技信息、生活信息及娱乐信息五大类，并在每类信息之下列出了细目供被访者进一步判断并作答（见表 7－8）。

通过与农民的交谈发现，他们对以上五大类信息都有需求，但需求最高的是政策信息，最低的为科技信息（见图 7－1）。在政策信息方面，农民们最关心的是与自己切身利益相关的各类政策，如医疗、养老以及各种补贴政策。BJ1 说，他非常需要医疗、养老保险等方面的信息，村委会开会也会讲解一些政策宣传的内容，但是仅仅停留在开会宣传阶段，会后再无相关信息，也没有深入了解的渠道。LP8 表

表7-8   农民信息需求类型

信息类型	信息细目
市场类信息	农产品价格行情，农产品供求行情，农产品市场分析预测，化肥、种子、农药价格，致富项目，就业信息
科技类信息	病虫害防治技术，旱涝灾害应对技术，实用种养殖技术，农产品加工技术，农产品品种信息，清洁能源技术
政策类信息	土地政策，农业贷款政策，医疗政策，养老政策，计划生育政策，补贴政策（农业保险补贴、农资补贴）
生活类信息	法律知识，消费资讯，子女教育信息，健康保健知识
娱乐类信息	文艺节目，电视剧等

示，他非常想了解国家政策，但村干部与村民交流少，因此无法获取相关信息，另外，养老资金没到位，不知道该向哪里反映。BJ19也表示了同样的困惑，说村里没有村民代表大会，因此他对村里的事情几乎一无所知。在生活类信息中，农民最想了解新闻及法律类信息，如BJ13说，她最喜欢看电视上的法制节目，比如通过中央二台的《社会与法》，她就了解了许多自我保护和防坑防骗经验，也学习了不少法律知识。个别受访者表示他们对医疗、保健信息没兴趣，主要原因是看完就忘记。农民还关注市场信息，主要是从各自的实际出发，想了解相关产品的市场价格，如蔬菜种植户想了解蔬菜价格，养猪、养鸡户关注猪肉和鸡肉的价格。在娱乐信息中，农民最喜欢看电视剧，在我们到访的农民家中，几乎家家电视都打开着，很多受访者表示只要忙完农活回到家就会打开电视，女性通常喜欢看电视剧，尤其是能反映社会现实的生活剧，如《娘要嫁人》《后厨》等。科技信息需求比例最低，除了几个种养大户明确表示需要科技信息之外，其余从事小规模家庭式劳作的普通农民都说他们很少关注科技信息。

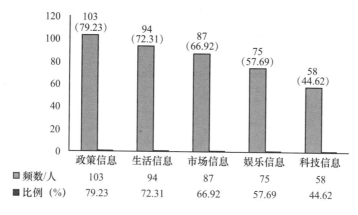

图 7 - 1 贵州农民信息需求类型

事实上，科技信息在农村的尴尬传播现状由来已久。王宗义在 2010 年曾撰文分析，实际上并不是农民不需要科技信息，而是要有效利用科技信息，并不是仅仅凭借农民的主观愿望就可以完成的。[①]首先，农业科技普及效用的显现和提升需要规模化生产环境。以农业新产品的推广为例，由于当前农村一家一户分散种植的生物环境和田间管理无法达到新品种长期繁衍的要求，因此新品种送到以"包产到户"为主要生产方式的农民手中后，最多三年就退化、湮灭了。其次，科技信息的应用转化离不开科技人员的指导。农业新科技、新品种的普及，绝不仅仅是将优良品种、新型肥料、低毒农药加上种植教材等提供给农民就行了。它需要经验丰富的农业科技人员，结合当地的土壤、水源、气候等客观环境条件，摸索出一套适合当地环境的种植模式，并通过言传身教将此传授给农民。毕节市 LP4 的经历就证明了这一点，他是一位具有初中文化的村组长，是当地人眼中的能人。他家以种西瓜为业，在谈到如何种西瓜时，他表示因为没有技术员指导，西瓜种植都是自己摸索。问及是否经常查阅相关西瓜种植的书，他表示因为各地土质不一样，且村子里没有技术光盘，所以书上的技术很难借鉴。

[①] 王宗义：《农家书屋建设与图书馆社会服务体系研究：由农家书屋可持续发展问题引发的思考》，《图书与情报》2010 年第 4 期。

　　2011 年，付芳靖等对贵州省贵阳市、铜仁市、安顺市、遵义市、黔南州的 11 个行政村的 345 人的调查发现，贵州农民需求的信息涉及政治、经济、科技、社会和娱乐各个领域的方方面面，具有多元化、差异化和综合化的特点，且每个个体的需求差异较大。但总体来说，人们最需要的是与生产生活密切相关的农业科技（80.30%）、医疗卫生（64.45%）和天气预报（58.51%）等信息；其次是与农业农村发展密切相关的政策法规（60.96%）、新闻时事（53.15%）和与农业生产致富相关的价格供求等市场经济信息（49.18%）；再次是生活百科信息（为 42.89%）；最后，还有少部分受访者需要办事指南（26.81%）、文化教育（14.10%）和娱乐八卦类（5.24%）信息①。本次调研结果与之相差较大，一方面可能由于样本选取和调查方式上的差异。在样本选取上，付芳靖等的调研对象不仅涉及种植养殖户和普通农民，而且包括来自农村的基层政府工作人员、科技工作者和农村经纪人三类非从事传统劳作的人群，而本次访谈的主要对象是生活在农村的普通农民，对基层政府工作人员、科技工作者和农村经纪人三类人群少有涉及。另外，在调研方式上，付芳靖等主要采用的是调查问卷，在农民信息需求类型上设置的是封闭式问题，而本次调研是面对面访谈，且信息类型是在农民自由作答的前提下，由访谈员进行分析归类，这种方法可能在了解用户信息需求上更客观。另一方面也体现出随着经济的发展，贵州农民的信息需求发生了较大变化，他们的信息意识普遍提升，对关乎自身权益的政策信息关注度上升，同时伴随着城乡二元经济结构的调整及城市生活对其的冲击，他们和城市人口一样，对生活娱乐信息也有极大兴趣，体现出农民信息需求的多元性。同时也昭示着在构建当代对农信息传播体系的过程中，不能简单地认为农民需求的信息就必然与"农村""农业"以及"农民"等"农"字标签相关；传播者必须关注他们全方位的信息需求。

　　访谈还发现，农民需求信息的类型与职业密切相关。因为政策信

---

　　① 付芳婧、曾柿、罗曦：《贵州农村信息需求调查与服务对策》，《贵州农业科学》2012 年第 7 期。

息关乎每一个人的生产生活，所以大部分农民都关注此类信息。在其余四类信息中，种养大户比较关注市场信息和科技信息，而普通农民获取信息以消遣为主，他们更关注生活信息和娱乐信息。为什么不同职业的农户对信息需求类型存在如此差异？课题组认同肖洪安的分析，他认为，对于小规模生产的农户来说，由于种养的规模有限，产出的农产品主要供自家消费，即使其了解相关的价格、供求等信息，但由于无相应的农产品可出售，导致市场信息对他们的经济利益驱动不足，所以他们很难产生获取、发布市场信息的需求。而对于生产规模较大的农户而言，农产品供求、价格、行情预测、农业政策法规等市场信息和科技信息会给其生产和销售带来直接的经济利益影响，所以他们普遍关注这两类信息，并力求较快地利用信息产生效益。[①]

（二）农民信息获取渠道

近年来，随着国家信息基础设施的逐渐完善以及数字技术、网络技术的迅猛发展，以网络、手机、数字电视等为代表的新媒体在社会上得到了广泛应用。但是在贵州农村，农民获取信息的渠道没有因为新媒体时代的到来而发生太大变化。农民获取信息最主要的渠道依然是电视，占到93.8%。第二是亲友邻居间的人际传播，占58.5%。第三是图书，占比为29.2%。网络渠道仅排第四，且在33个网络使用者中有15人是利用手机上网的。另外还有4名受访者是通过技术光盘获取信息的。如以种植桃树、梨树、柑橘等经果林为业的BJ2，虽然自称文盲，但她表示她能看懂技术光盘，且由于曾经有人专门指导过，她的种植经验大多来自外界信息交流。排在后三位的依次是组织传播、报纸和广播（见图7-2）。考虑到报纸和广播自身的特点以及来自其他媒介的冲击，它们在对农信息传播中的作用日益弱化并不令人意外：报纸虽然易读易保留，对信息的解读也比较深入，在传播政策、科技、农业生产信息等方面具有优势，但是多数农民并没有看报的习惯。我们对《遵义日报》一位记者的访谈也证实了这一点。他说，《遵义日报》的发行从市、县直至村委会一级，受众主要是政

---

① 肖洪安、陶丽：《农户对市场信息的需求意愿及影响因素探析》，《农业经济问题》2008年第9期。

府工作人员，农民则主要通过村委会开会了解报纸信息。

广播排名末位并不令人意外。目前在全国很多农村地区，广播都已淡出了传媒的主阵地。贵州省农村综合经济信息中心杨晓虎撰文指出，最近十多年来，贵州乡村广播逐步退出历史舞台。主要原因是随着互联网的兴起和普及，贵州的大部分地区（包括偏远的农村地区）都具备了上网条件，当地政府对农村有线广播的投入逐步减少，尤其是手机成为广大群众的必需品以后，广播更成了可有可无的传播形式。[①] 我们在访谈中发现，农村中听广播的主要是两类人，一类是私家车主，如 BJ9 主要以种植绿化树为业，年收入十几万，他常通过车载收音机获取信息，尤其是路况交通信息等。另一类是老年人，主要通过广播或者收音机收听戏曲、评书等娱乐节目。

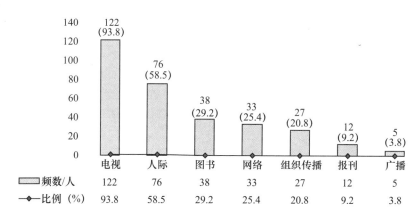

图 7 - 2　农民信息获取渠道统计

本次访谈结果与 2012 年梁萍对贵州侗族地区农村大众传媒的调查既有相似点也有不同点。梁萍发现，在大众媒介中人们最青睐电视，电视机的拥有量最高。其次是电脑，拥有电脑的家庭占总数的54.84%，其中 53.63% 的电脑已连接互联网。这些家庭购买电脑的时间主要集中在 2005 年以后，使用者主要是年轻人以及在党政机关

---

① 杨晓虎、罗曦：《基于农村信息化的贵州省农村广播发展研究》，《科技传播》2015年第 4 期。

工作的人，他们通过电脑浏览新闻、了解外界信息、玩游戏、聊天打发时间等。而在关于报纸订阅情况的调查中，数据显示，只有11.43%的家庭订阅了报纸，有43.55%的人是从来不看报纸的，偶尔看报纸的人占38.31%。样本地区的常见报纸以党报居多，如《贵州都市报》《岭东南日报》《贵州日报》以及《人民日报》等，阅读报纸的人群主要在党政机关工作。至于广播基本无人问津，样本中只有8.47%的家庭表示偶尔会通过手机附带的收音功能收听广播，没有家庭拥有专门的收音机。[①]

另外，值得注意的是，尽管受访者大多都是初高中文化，但是还有不少人以图书作为重要的信息渠道。而且通过进一步分析发现，在选择图书为信息渠道的38人中，有22人同时也选择了网络渠道，这说明在信息媒介选择也存在着马太效应。即那些善于通过两种以上渠道获取信息的人，随着时间的推移，趋向于采用更多的信息渠道。在未来，他们的信息获取能力会越来越强。

综上所述，课题组发现，贵州农民获取信息的主要渠道是电视、人际、图书以及网络，组织传播、报纸和广播的利用率不高。但为了研究的科学性和完整性，我们依然有必要在考察以电视、网络为代表的大众传媒以及以邻居亲友为主的人际传播之后，对以村委会为代表的组织传播和报纸进行考量，以便全面了解贵州农村各种传媒对农信息传播的有效性。图书尽管是贵州农村获取信息的第三渠道，但由于在指标体系构建中，没有涉及图书，因此在实证部分也就不作专门分析了。

四　电视传播有效性测度

按照表7-1规定的评分标准及数据来源，课题组根据对各村村委会的调查，赋予 R_2、R_{17}、R_{18} 三个二级指标的平均分值，其余15个二级指标则根据访谈情况，由被访农民或访谈员根据农民的回答赋1—5分，然后通过求所有被访者单项赋分的平均值，即获得每个二

---

① 梁萍：《侗族地区大众传播现状及其对当地社会变迁的影响》，华东师范大学2013年硕士学位论文。

级指标的评分分值，单项得分来自于评分分值与总权重之积，最后将单项得分求和，即得到电视有效性得分（评分结果见表7-9）。

表7-9　　　　　　　电视对农信息传播有效性评分结果

一级指标	权重	测评指标			总权重	单项得分
		二级指标	评分分值	权重		
传播效果	0.4832	R_1 信誉	3.89	0.0389	0.0188	0.0731
		R_2 渠道、信号覆盖率	5	0.0896	0.0433	0.2165
		R_3 渠道拥有率/知晓率	4.26	0.1129	0.0546	0.2326
		R_4 信息量	4.18	0.213	0.1029	0.4301
		R_5 受众信息需求明晰度	3.07	0.2585	0.1249	0.3834
		R_6 内容适宜度	3	0.2871	0.1387	0.4161
传播效率	0.2717	R_7 内容时效性	3.48	0.0417	0.0113	0.0393
		R_8 内容保真度	4.11	0.0998	0.0271	0.1114
		R_9 内容理解度	4.15	0.1675	0.0455	0.1888
		R_{10} 信息需求满足度	3.22	0.2696	0.0733	0.2360
		R_{11} 受众信息消费水平	3.3	0.4214	0.1145	0.3779
传播效益	0.1569	R_{12} 渠道接触频度	3.66	0.0478	0.0075	0.0275
		R_{13} 农村受众反馈	2.29	0.1023	0.0161	0.0369
		R_{14} 受众信息收集	2.56	0.1643	0.0258	0.0660
		R_{15} 受众信息评价	3	0.2666	0.0418	0.1254
		R_{16} 受众信息运用	3.33	0.419	0.0657	0.2188
信息传播环境	0.0882	R_{17} 农村经济发展水平	2	0.25	0.0221	0.0442
		R_{18} 政策推行	3	0.75	0.0662	0.1986
有效性得分						3.4227

数据表明，贵州农村电视传播的有效性为3.4227。按照5分制评分标准，1—5分别对应"很差""差""一般""好""很好"，即在贵州农村，电视传播的有效性处于中等偏上水平。从18个二级指标看，得分在4分以上的指标有5个，分别是渠道/信号覆盖率、渠道拥有率/覆盖率、信息量、内容保真度以及内容理解度。

在贵州农村，有线/数字电视的覆盖率较高，农民从电视上获取信息十分方便。我们在毕节市黔西县的 QL1 村调研时，在村委会的外墙上看到了由贵州广电网络黔西分公司和大关镇 QL1 村村委会发布的《关于 QL1 村实施无线数字电视覆盖工程的通知》。通知规定，开通无线数字电视（又称"户户通"）采取自愿方式，收费标准为：机顶盒每个 268 元，前 250 个免费发放，一年半的收视费为 304 元，即 17 元/月。开通以后，相比以前的村村通，尽管花费有所增加，但增加了以前不能收看的 CCTV－3、CCTV－6、CCTV－5、CCTV－8 以及贵州电视台的多套节目，如百姓关注、毕节新闻、黔西新闻等。同时，还有一个"小学 1—6 年级同步教育辅导"，可辅助家长教育。在该村采访时，所有被访家庭都已经开通了数字电视，BJ1 家中还正在播放"小学 1—6 年级同步教育辅导"课程，不过在电视机前，并没有看到她家的孩子。问及原因，BJ1 说孩子不大爱学习，所以很少看这个节目。但是她却希望通过经常播放，能对孩子的学习有帮助。她盼着孩子能好好学习，长大以后有出息，不要再重复她的生活。在黔东南黎平县，村组长 LP4 介绍说，他们村 56 户人家中开通的基本上是村村通，收费标准是一次性支付 100 元再无后续费用。而有线电视使用少，因为每个月的收视费为 7 元，显然，用村村通是更为经济的选择。

对于电视的信息量，130 位被访者基本上都持肯定态度，认为电视传播的信息量大、内容丰富，并给予了较高的评分。在内容保真度上，大多数受访者认为，电视能准确呈现信息内容，他们最相信电视播出的新闻及法制节目。LP3 说，他很喜欢看中央二套的"社会与法"，可以从中学到知识，学会保护自己，避免上当受骗。BJ8 甚至认为，"电视上的信息肯定都是真的，不然怎么会上电视啊？"不过，也有受访者对电视节目的真实性提出质疑。如 GY2 认为，网络和电视上传播的信息未必是真的，但是由于网络上的信息可以深入查询，因此在保真度上要高于电视。LP4 则认为，电视新闻也有真有假，他举例说，他在外地打工期间曾看到和听到了很多事情，但这些事情电视从来没报道过。在内容理解度方面，多数受访者认为，电视节目图文并茂，比较好理解。唯有受访者 BJ14 表示，由于他不识字且听不懂普通话，即使看电视，也只能是稀里糊涂、一知半解。

除以上五个指标外，电视信誉、渠道接触频率、内容时效性、受众信息消费水平、受众信息运用等二级指标也得到了不错的评分，均在 3.3 分以上。尤其在传播者信誉这项指标上，人多数受访者都认为，电视节目制作方比较客观，尤其对中央电视台的客观性评价最高。其综合频道（CCTV－1）、新闻频道（CCTV－13）、法制频道（CCTV－12）、财经频道（CCTV－2）以及军事农业频道（CCTV－7）受到最多的关注及喜爱。这一点在其他学者的调查中也得到了印证。申端锋对全国 870 位农民的抽样调查结果显示，在当前乡村生活中，中央一台的《新闻联播》受到 54.5% 的青年农民、64.1% 的中年农民以及 58.4% 的老年农民的喜爱，他们一致认为中央电视台的新闻节目最可靠，最真实[1]。孙秋云等在贵州雷山县西江镇、河南汝南县进行乡村调查时发现，绝大部分村民都相信中央电视台更为公正，更为基层百姓的利益着想。有村民认为，中央台更切合实际、公道，所以经常收看中央 1 台、4 台、5 台和 12 台；也有村民认为，中央新闻代表着国家对外广播的形象，不可能胡来，所以它能客观真实地反映国家的政策和一举一动。不过在对地方台的评价上，本次访谈发现，农民的评价也不错，很多村民表示除了中央台外，他们也喜欢看贵州电视台，以便了解本地新闻及社会事件，这点与孙秋云的调研结果大相径庭。[2] 他发现，老百姓虽然高度认可中央台，但对地方台却非常不满，有村民甚至认为，本地的电视台和当地政府是一个鼻孔出气，它们只会根据政府的意志往好的方面宣传，而不会报道政府做得不好的事情，很虚假。本次对地方台客观公正性评价的上升，反映了地方媒介在当地老百姓心目中认可度的改善。

另外，"渠道接触频率"得到 3.66 分，表明大多数农户对电视的接触频率都比较高，在我们访谈时段，只要有人在家，电视就是打开的，他们收看的主要是电视剧、新闻以及法制等节目。访谈发现，在受访的 130 人中，每天都看电视的有 116 人，占比 89.2%。86% 的受

---

[1] 申端锋：《电视与乡村社会的变迁》，《华中科技大学学报》（社会科学版）2008 年第 6 期。

[2] 孙秋云等：《电视传播与乡村村民日常生活方式的变革》，人民出版社 2014 年版，第 121、219—220 页。

访者每天看电视的时长为 1—4 个小时。通过让村民绘制每日活动图，课题组发现，受访者看电视的时间主要集中在中午午休时段和晚上 7—11 点。在问及"平时休闲娱乐活动有哪些"时，93.2% 的人选择看电视，大部分人认为闲的时候只有看电视，即使做家务或者做其他事情也会同时打开电视机，电视已经成为他们生活中的必需品。

五　网络传播有效性测度

中国互联网络信息中心 2012 年、2013 年发布的《中国农村互联网发展状况调查报告》显示，农村网民已经成为中国互联网的重要增长动力。2012 年底，中国农村网民人数为 1.56 亿，农村互联网普及率达到 23.7%，比城镇互联网普及率（59.1%）低 35.4 个百分点。而在 2013 年一年里，农村网民比上年增加了 2101 万人，增长率为 13.5%，农村网民规模达到了 1.77 亿，农村互联网普及率比上年增长了 3.8 个百分点，达到 27.5%，农村网民在整体网民中的比例达到 28.6%。同时，与城镇的互联网普及率（62%）差距也较上年同期下降了近 1 个百分点，降至 34.5%，城乡互联网普及差距进一步缩减[①]。

与全国快速发展的态势相一致，贵州省的互联网普及率也保持着较高的增速。据 2013 年贵州省通信管理局发布的《贵州省互联网发展报告》，2013 年，贵州全省网民规模比 2012 年净增 155 万人，达到 1146 万人，年增长率为 15.6%，增速位居全国第三；互联网普及率达到 32.9%，比 2012 年高出 4.3 个百分点，其中城乡网民比例为 35.7∶14.3。使用 4M 以上宽带接入速率的宽带用户比 2012 年提高了 26.6 个百分点，达到 70.6%。采用光纤入户的家庭有 90 万个，城市地区 20M 以上宽带接入能力占比达到 66%，农村地区 4M 以上宽带接入能力占比达到 80%，行政村通宽带比例达到 77.9%。[②] 显然，贵州的互联网建设工作在近些年里取得了显著成效。但是，互联网接入能力及相关硬件平台的搭建是否必然意味着信息可以通过网络在贵州

---

① 中国互联网信息中心：《2013 年中国农村互联网发展状况调查报告》。
② 纪缘圆：《贵州省发布 2013 年〈贵州省互联网发展报告〉蓝皮书》，人民网贵州频道（http://gz.people.com.cn/BIG5/n/2014/0523/c222152-21270489.html）。

农村进行有效的传播？其传播效果到底怎样？采用与电视有效性测评相同的方法，得到了贵州网络传播有效性的评分结果（见表7-10）。

表7-10　　　　　　　　网络对农信息传播有效性评分结果

一级指标	权重	测评指标			总权重	单项得分
		二级指标	评分分值	权重		
传播效果	0.4832	R_1 信誉	2.52	0.0389	0.0188	0.0474
		R_2 渠道、信号覆盖率	2	0.0896	0.0433	0.0866
		R_3 渠道拥有率/知晓率	1.88	0.1129	0.0546	0.1026
		R_4 信息量	4.2	0.213	0.1029	0.4322
		R_5 受众信息需求明晰度	2.95	0.2585	0.1249	0.3685
		R_6 内容知晓度	3.12	0.2871	0.1387	0.4327
传播效率	0.2717	R_7 内容时效性	4.45	0.0417	0.0113	0.0503
		R_8 内容保真度	3.37	0.0998	0.0271	0.0913
		R_9 内容理解度	3.21	0.1675	0.0455	0.1461
		R_{10} 信息需求满足度	3.4	0.2696	0.0733	0.2492
		R_{11} 受众信息消费水平	1.96	0.4214	0.1145	0.2244
传播效益	0.1569	R_{12} 渠道接触频度	2.6	0.0478	0.0075	0.0195
		R_{13} 农村受众反馈	2.8	0.1023	0.0161	0.0451
		R_{14} 受众信息收集	2.99	0.1643	0.0258	0.0771
		R_{15} 受众信息评价	2.68	0.2666	0.0418	0.1120
		R_{16} 受众信息运用	3.52	0.419	0.0657	0.2313
信息传播环境	0.0882	R_{17} 农村经济发展水平	2	0.25	0.0221	0.0442
		R_{18} 政策推行	3	0.75	0.0662	0.1986
有效性得分					2.9591	

结果显示，网络传播有效性得分为2.9591，即处于中等偏下水平。通过对18个二级指标得分的考察，发现仅有信息量和内容时效性两个指标分值在4分以上，3分以下的指标有10个，占总指标的一半多。具体分析18个二级指标，课题组得到以下结论：

第一，渠道/信号覆盖率、渠道拥有率/知晓率以及受众消费水平低是影响网络对农传播最直接的原因。《2013 年中国农村互联网发展报告》显示，截至 2013 年底，中国农村互联网的普及率达到 27.5%，但在我们调研的 16 个村寨 130 位受访者中，只有 33 人曾利用网络获取信息，占样本总数的 25.38%，低于全国平均水平 2.12 个百分点。且家中有电脑并连接互联网的仅为 23 人，其余 11 人则是利用手机上网。从各村寨互联网覆盖情况看，11 个村寨宽带覆盖率低于 20%，3 个村寨宽带覆盖率在 20%—25%。只有毕节市黔西县大关镇的 QL 村和贵阳市乌当区 SB 村宽带覆盖率较高，分别为 33.3% 和 29.8%，超过了全国农村平均水平。据毕节市大关镇镇长介绍，由于黔西县文化局对购买电脑制定了优惠政策，因此在 QL1 村 550 户村民中，有 100 多户家中有电脑，每百户农村家庭中电脑拥有率约在 20%，远远高于贵州每百户农村家庭拥有 5.72 台电脑的平均水平。拥有电脑的家庭主要分布在鸭池河两边，村民购买电脑一方面是因为鸭池河是当地小有名气的景点，他们在与外来游客的广泛交往中认识到了信息的重要性；另一方面也是由于该村经济水平相对较高，村民生活比较富裕，有购买电脑并支付高昂网费的经济能力。然而，一两个村寨较高的互联网覆盖率并不能从根本上改变贵州农村网络信息传播的低效。

　　样本地区互联网普及率较低是由多种原因造成的：（1）农民文化程度偏低，难以驾驭功能繁杂、操作麻烦的智能终端设备。样本地区农民的文化程度基本为初高中，还有不少是小学文化甚至文盲，访谈中不少农户都表示不会使用智能手机，手机只是用来接打电话，一半以上的人不会发短信，更别说使用其他手机功能了。（2）大多数农民收入偏低，不愿支付高额的互联网使用费。贵州农村地理条件复杂、村民居住分散，宽带网络的建设成本、使用成本和电脑购买成本高，而农民收入却比较低，这在很大程度上限制了他们对网络的使用。在问及为何不通过互联网获取信息时，除了"文化程度低不会用"这一因素外，更主要的原因是大多数被访者认为网络信息消费比较贵。毕节 QL2 村的 BJ10 初中文化，28 岁，以跑运输为业，作为贵州年轻农民的代表，他对信息比较敏锐，以前家里也装过宽带，但现在不用了。主要原因有三：一是他家的网线是绑在室外的电线杆上面的，由于缺乏保护，设备很容易被偷或被破坏。二是当地电信部门规

定，每村至少要达到 8 户以上的农户申请才能开通宽带；三是每年
1590 元的网络使用费相对于他 4500 元的年收入太高了。BJ11 念书念
到初一，26 岁，和丈夫一起经营着一个汽车修理店，年收入 4.5 万
元以上，家境较殷实。在她家里，我们看到了电脑，但她说现在也不
上网了。据她介绍，电脑是两年前买的，当时当地的"家电下乡补贴
项目"规定，购买电脑只需花 2800 元，同时电信局还会免费赠送两
年的宽带。而现在两年的免费期已过，自己交网费也没有什么优惠、
不划算，所以就不用了。（3）农民互联网知识缺乏。在访谈中，很
多农户都表示，他们虽然知道互联网好，能给学习和生产生活带来很
多便利，还能看电影、听音乐、玩游戏，但是至于互联网到底是怎么
回事，应该怎么利用互联网，他们完全不了解。也有农民把电脑看成
一个游戏机，认为它的主要功能就是打游戏、聊天，如果买了放在家
里，就很容易导致孩子患网瘾，耽误学习，所以不愿意买电脑。
（4）在贵州农村，网民并不是从事农村生产的主体。首先，从年龄
上看，相比于全国，贵州网民群体年龄呈现出明显的年轻化：10—29
岁的年轻人占到贵州网民群体的 60.5%，19 岁以下的网民占比更是
高达 38.0%，比全国同年龄段平均比例（25.7%）高出了 12.2 个百
分点。从职业上看，贵州省网民的职业分布主要以学生为主体，比例
为 32.4%，其次为个体户和自由职业者、无业/下岗/失业人员，比
例分别为 17.9% 和 11.6%。而从收入上看，贵州省网民收入整体偏
低，月收入低于 1500 元的网民比例达 51.3%，月收入高于 2000 元的
比例则远低于全国平均水平。大量网民的低龄化、无业化、低收入化
带来的是农村中 30 岁以上人口、有正式职业者及高收入群体接触网
络不足，这无疑是制约贵州省提升互联网消费水平的重要因素之一。
因为后者既是农村生产的主体，也是具有较高消费能力的群体，他们
对互联网应用意识的缺乏直接导致了贵州省农村互联网的低渗透率，
也导致了新媒体在当地传播的缺失。

第二，渠道接触频率低是第二制约因素。与电视不同，在访谈
中，我们发现即使家有联网电脑的农户，也几乎无人正在使用电脑，
电脑基本上都处于关机状态。不少受访者表示，由于每天都比较忙，
电脑只是在需要查找有用信息的时候才开。ZY3 是遵义县烤烟种植大

户，家有电脑，但由于已近中年，且只有初中文化，所以他上网一般需要家中孩子辅助，孩子在家时，才能帮助其找到所需的烤烟方面的网络视频，他自己还不熟练。BJ7 是毕节市 QL1 村的黑坝乌鸡养殖大户，她家获取信息的渠道比较多，电视、电脑、图书、报纸等都是其信息源。她说，她老公有时会上网查询养鸡信息，但是由于白天忙于打理生意，所以电脑也只是在有需要的时候才使用。GY2 是贵阳市乌当区的农户，家里有 20 多头猪，他表示他上网最常做的事是用"百度搜索"，查询猪病预防等信息，有时也聊手机 QQ，虽有微博但不太会用。《2013 年中国农村互联网发展报告》显示，在对互联网的各种应用中，农村网民使用率最高的为即时通信，其次是搜索引擎和博客/个人空间，而前几年颇受网民喜爱的网络音乐、网络视频和网络游戏使用率下滑，显示出娱乐类应用发展已趋于饱和。与此相比，贵州上网农民的信息行为略有不同，他们上网主要是为查询有用信息，其次是即时通信，最后才是玩游戏。这显示出样本地区网民更注重实用性的特点。这可能是由于本次调查的农村网民中有 50% 以上属于当地的种养大户，其余还有小卖店店主等。他们的职业和个人阅历决定了他们在利用网络时更理性。

第三，网络的信誉度低也是重要原因。尽管网络具有信息传递及时，可以实现按需检索等优点，但也有不少受访者认为网络信息鱼龙混杂、真假难辨。在"传播者信誉"这个二级指标上，认为网络媒体客观的受访者比例仅为 43%，有 14% 的受访者认为网络媒体有歪曲事实的现象，还有 43% 的受访者认为网络媒体不客观。这也是不少具有初高中文化且家庭经济条件较好的农民不买电脑，不开通宽带的主要原因之一。如 GY1 高中毕业，是本村的党员创业致富示范户，1980 年开始种桃树，现在改种柑橘，10 亩地左右，家中年收入在 4 万元以上。早年在部队的经历使其具有较强的信息意识，信息获取手段也较多，主要是电视、种植类图书等。同时，也非常重视人际信息传播，柑橘的销售价格主要通过亲戚朋友以及打电话咨询等方式。但是他却不上网，问及原因，他说网络不可靠，重要信息还是应该从电视上获取，因为电视上的信息图文并茂，其真实性有国家监管，"不是真的，他们（指电视制作方）怎么敢乱说？……网络上啥人都有，谁都能发布信息，那样的信息怎么能信?"因此，目前他尚无买电脑、装宽带的打算。

不过，在访谈中也发现，尽管互联网在贵州农村覆盖率较低，大多数农民也很少接触网络，但是那些种养大户、小卖店店主以及从事修理、运输等职业的农民对于网络传播的效果基本持肯定态度，他们中的一部分人已经将网络信息的积极作用用到了自己的生产生活中，如 BJ12 虽然是一位 52 岁的农村妇女，但因为家中孩子用电脑，所以她也学会了使用网络订货、发货，感受到网络带给其小卖店生意的便利。GY3 是当地的养猪大户，家里养了 200 多头猪，尽管她只是小学毕业，但她表示因为老公是高中毕业，所以网线接通后，家里会买电脑，辅助自己查询养殖方面的信息。同时，普通农户对网络信息传播的及时性、获取信息的自由性非常看重，但是由于网络使用费高、个人文化程度低等综合因素，无法有效利用网络信息。

六　报纸传播有效性测度

报纸作为传统媒介的代表之一，在帮助农村居民转变观念、解放思想、了解先进的农业科技知识和实用技术方面大有可为。在中国发展社会主义新农村的时代背景下，通过报纸的广泛辐射培养一大批有文化、懂技术、会经营的新农民，让他们提升文化素养、增强致富本领更显得迫切。然而，在中国报刊的发展史上，受制于各种主客观因素的影响，农村报业市场总体萧条，报纸对农传播一直没有引起足够的重视与关注，长期处于被边缘化的境地①。如今，随着网络等新媒体的兴起，报纸在农村的传播局面更显尴尬。在我们对 130 位村民的调查中，仅有 12 人订阅了报纸，占比 9.2%。尽管如此，作为传统大众传媒的重要手段之一，仍然有必要考察一下报纸在贵州对农传播中的有效性。根据表 7 - 3 的评分标准，得到了报纸对农信息传播有效性的结果（见表 7 - 11）。

------

① 于国宁：《让报纸成为建设社会主义新农村的助推器——我国农村报业市场的调查》，《江苏教育通讯》2011 年第 1 期。

表 7 - 11　　　　　　　　报纸对农信息传播有效性评分结果

一级指标		测评指标			总权重	单项得分
	权重	二级指标	评分分值	权重		
传播效果	0.4832	R_1 信誉	4.03	0.0389	0.0188	0.0758
		R_2 渠道、信号覆盖率	3.5	0.0896	0.0433	0.1516
		R_3 渠道拥有率/知晓率	1.25	0.1129	0.0546	0.0683
		R_4 信息量	3.42	0.213	0.1029	0.3519
		R_5 受众信息需求明晰度	3.86	0.2585	0.1249	0.4821
		R_6 内容知晓度	2.39	0.2871	0.1387	0.3315
传播效率	0.2717	R_7 内容时效性	2.42	0.0417	0.0113	0.0273
		R_8 内容保真度	3	0.0998	0.0271	0.0813
		R_9 内容理解度	2.61	0.1675	0.0455	0.1188
		R_{10} 信息需求满足度	2.49	0.2696	0.0733	0.1825
		R_{11} 受众信息消费水平	3.09	0.4214	0.1145	0.3538
传播效益	0.1569	R_{12} 渠道接触频度	2.34	0.0478	0.0075	0.0176
		R_{13} 农村受众反馈	2.53	0.1023	0.0161	0.0407
		R_{14} 受众信息收集	3.09	0.1643	0.0258	0.0797
		R_{15} 受众信息评价	3.04	0.2666	0.0418	0.1271
		R_{16} 受众信息运用	2.7	0.419	0.0657	0.1774
信息传播环境	0.0882	R_{17} 农村经济发展水平	2	0.25	0.0221	0.0442
		R_{18} 政策推行	3	0.75	0.0662	0.1986
有效性得分					2.9101	

　　结果显示，报纸对农传播的有效性得分为 2.9101，低于网络对农传播的得分，处于中等偏下水平。通过对 18 个二级指标得分的考察，发现仅有"传播者信誉"这一指标在 4 分左右，其余指标得分都较低，3 分以下的指标有 9 个，占总指标的一半，且渠道拥有率/知晓率、内容知晓度、内容理解度、信息需求满足度、渠道接触频度五项指标的得分均在 2.5 以下。

　　无疑，造成报纸对农传播有效性低的最直接原因是渠道接触频率低。2014 年 4 月，由中国新闻出版研究院组织实施的《第十一次全国国民阅读调查》显示，2013 年，中国国民人均报纸阅读量为 70.85 期（份），较 2012 年的 77.20 期（份）下降了 6.35 期（份）——在纸质图书和电子书阅读量上升的同时，报刊和期刊的阅读量依然保持下降趋势。[①] 在中国广大农村，由于偏远地区报纸发行成本高及受众的文化程度、阅读习惯等因素的影响，人均报纸阅读量则更低，除村委会及村干部订阅党报外，一般的农户极少订阅报纸。2012 年 2 月，梁萍对黔东南苗族侗族自治州的肇兴、车江、龙图三个侗寨的调研显示，在所有农户中，订阅报纸的家庭仅为 11.43%，有近四成的农户（38.31%）偶尔会看报纸，还有四成以上（43.55%）的人从来不看报纸。样本地区订阅的党报居多，常见报纸为《贵州都市报》《岭东南日报》《贵州日报》《人民日报》等，阅读报纸的人群主要在党政机关工作。[②] 本次调查结果也与此类似，有 90.77% 的农民家中不订报，41% 的农民从来不看报纸。在大多数农民看来，现在看电视非常方便，电视节目也很丰富，无论是政策信息，还是其他科技信息、生活信息等，看电视均比看报纸要直观且易理解。还有个别农民认为："读书看报那是村干部的事情，是文化人的习惯，我们一个种地的，大字不识几个，看啥子报纸呦？"

不过，在订阅报纸的 12 人中，课题组发现了一个现象：这些村民基本上都是经济条件较好，且由于职业原因需要经常与外界进行交流的人群。BJ9 是毕节市大关镇七里村的一位农民，同时也是当地比较成功的生意人。他主要从事绿化树种植及经营，在贵阳有门面，年收入 10 多万元。他个人订阅的报纸主要是《贵阳晚报》和《参考消息》等。与学者们的看法不同，他订报的主要目的不是从报纸上寻找商机、发家致富，而是了解国内外大事，在访谈中他表示最近正在关注朝鲜半岛局势，对于感兴趣的信息他还会通过多途径进行深度了解。BJ7 是当地的养鸡大户，她家订报的主要目的是了解更多的信息，为自家的乌鸡养殖和生活服务。

---

① 孙海悦、洪玉华：《第十一次全国国民阅读调查结果发布》，《中国新闻出版报》2014 年 4 月 22 日。

② 梁萍：《侗族地区大众传播现状及其对当地社会变迁的影响》，华东师范大学 2013 年硕士学位论文。

尽管报纸在农村的订阅率极低，但是相比电视和网络两大媒体，报纸的信誉得分却最高，为 4.03 分。无论是订报的还是未订报的受访者，大多数人都认为报纸上的信息最可靠。BJ9 说："报纸上的信息（广告除外）都是可信的，因为这是政府行为嘛！"《遵义日报》的一名被访记者也说："农民比较相信党报的权威性。"不仅如此，基于对报纸的信任，不少订户还会打电话到报社，了解他们感兴趣的信息的深度内容。该记者表示，《遵义日报》的专版"事在农家"在当地具有一定的影响力，反响也较好，经常会有农民打电话到报社进行咨询，如再生资源如何变废为宝、各种补贴政策、如何鉴别农资真假等。当有咨询电话打到报社时，报社会告知农户发稿记者的电话，以便农民了解更多的信息。

还有一点需要说明的是，本次调查样本极少涉及村干部，加之受访的农民很少会使用智能手机或者用手机上网，因此样本中基本没人订阅手机报。但据《遵义日报》的记者介绍，该报的手机报在遵义市十二个县都有订户，订户数约为 5 万个，主要是当地的基层干部，目的是了解各类信息。如果将此考虑其中，则报纸的接触频率应略高一些。

七　组织传播有效性测度

组织传播是指组织内各成员之间、组织与组织之间、成员与成员之间的信息交流与传递过程。其根本任务是通过信息传递沟通组织内部的联系，以减少组织及组织成员对自身环境认识的不确定性。它包括三种传播通道：（1）自上而下的传播：通常采用文件、会议、命令、指示等形式，它对保持组织的统一、完成组织的任务具有决定性作用；（2）自下而上的传播：这是组织成员向领导、下级向上级反映自己要求、愿望，提出批评、建议的正常渠道；（3）横向传播：这是组织成员之间的同级沟通，是协调行动、解决问题的必要途径。出于研究的需要，课题组主要考察受访地区自上而下和自下而上两种通道的信息传递情况。另外，由于在受访地区，政府农技推广组织、农村专业技术协会等组织机构的对农传播活动较少，因此本课题中的组织传播主要指由村委会与村民之间的信息交流与传递过程。

采用表 7-4 的评分标准，得到了组织传播有效性为 3.4179（见表 7-12）。

表 7-12　　　　　　　　组织对农信息传播有效性评分结果

一级指标	权重	测评指标			总权重	单项得分
		二级指标	评分分值	权重		
传播效果	0.4832	R_1 信誉	2.63	0.0389	0.0188	0.0494
		R_2 渠道、信号覆盖率	3	0.0896	0.0433	0.1299
		R_3 渠道拥有率/知晓率	3.32	0.1129	0.0546	0.1813
		R_4 信息量	3.15	0.213	0.1029	0.3241
		R_5 受众信息需求明晰度	3.13	0.2585	0.1249	0.3909
		R_6 内容知晓度	4.18	0.2871	0.1387	0.5798
传播效率	0.2717	R_7 内容时效性	1.96	0.0417	0.0113	0.0221
		R_8 内容保真度	2.26	0.0998	0.0271	0.0612
		R_9 内容理解度	3.44	0.1675	0.0455	0.1565
		R_{10} 信息需求满足度	3.29	0.2696	0.0733	0.2412
		R_{11} 受众信息消费水平	4.54	0.4214	0.1145	0.5198
传播效益	0.1569	R_{12} 渠道接触频度	3.6	0.0478	0.0075	0.0270
		R_{13} 农村受众反馈	3.8	0.1023	0.0161	0.0612
		R_{14} 受众信息收集	3.31	0.1643	0.0258	0.0854
		R_{15} 受众信息评价	3.15	0.2666	0.0418	0.1317
		R_{16} 受众信息运用	3.25	0.419	0.0657	0.2135
信息传播环境	0.0882	R_{17} 农村经济发展水平	2	0.25	0.0221	0.0442
		R_{18} 政策推行	3	0.75	0.0662	0.1986
有效性得分					3.4179	

表 7-12 中的结果表明组织对农信息传播的效果比电视略差，但高于网络和报纸。这一排序并不意外。在农村，信息首先依赖组织传播和大众传播。组织传播凭借其严密的组织层级构架体系，具有传播的权威性和体制性特征。国家政策在农村的传播，主要是乡镇一级党委、政府以体制内的组织方式从上级组织接收、了解政策，然后通过

村委会、村党支部等基层组织实现政策信息的传播。这种以组织的层级制架构、党和政府的权威性为特点的传播方式，能够实现大规模的动员并保证传播的有效性，曾在中国乡村历史上发挥过重要作用。[①]即使在各类传媒竞相出现的今天，以村委会为代表的基层组织依然是农民获取信息的重要途径。这既是中国农村信息传播几千年传承的习惯使然，也是由村委会这个基层组织自身的特点决定的：首先，从村委会获取信息满足易用性原则。按照穆斯定律的推演，如果用户利用某一方式获取信息比不利用这一方式更麻烦，就不会使用这一方式。[②]显然，在农村群居所构成的熟人社会里，去村委会打听政策、获取信息是一个较为便捷的渠道，而且可以采用面对面交流的方式，也有助于更好地理解信息的内容。其次，从村委会获取信息符合经济性原则。按照这一原则，用户获取信息的方式必须是经济的，其费用低而效率高。相比电视、网络、报纸等大众传媒，从村委会获取信息基本上没什么费用，反映在18个二级指标上，即受众信息消费水平得分较高，所以这也是提升有效性得分的一个重要因素。最后，从村委会获取信息满足目的性原则。在信息传播中，传者对受众的信息传播效果在很大程度上取决于是否能满足用户的信息需求，受众的信息查询是一种以满足信息需求为目的的主动活动。从当前西部农村信息传播的现状来看，虽然大众传媒的信息丰富，但真正涉农信息的种类和数量所占比例并不大，大部分是与都市生活相关的生活休闲、娱乐等信息，与农民受众的关联度很低。而以村委会为代表的农村基层组织是政治性组织，主要功能是宣传和贯彻国家政策，保证农业生产和社会管理的有序和稳定，其信息传播的特点是"有事即传播"，冗余信息少。因此农民需要了解与自身利益相关的各种政策信息时，大多会先去村委会咨询，这也是内容知晓度得分较高的原因。

在访谈中，课题组也了解到一些村委会在信息传播方面发挥积极作用的案例。如BJ15在当地经营一家小卖店，是商务部"万村千乡

---

① 闵阳：《西部农村政策信息传播有效性的影响因素分析》，《新闻界》2014年第11期。

② 胡昌平：《信息服务与用户》，武汉大学出版社2008年版，第162页。

市场工程示范店"的店主，他认为，近些年来基层政府在"上情下传"等方面做得较好：2011 年，他通过村里开会知道了县里有种辣椒项目，每亩补贴 200 元；同年，也是通过村里开会了解到省政府为发展特色产业提供无息贷款等；他还知道有关"妇女返乡创业扶贫基金"的事情。BJ1 也提到，村委会经常开会进行一些政策宣传。

不过值得注意的是，尽管从信息的有效性来看，基层组织在宣讲上级政策方面发挥着积极作用，但这并不意味着村民对基层组织的满意度也高。从 18 个二级指标来看，组织传播的信誉、内容时效性、内容保真度的得分都很低，均在 3 分以下。在访谈中，认为村委会传递信息非常客观的比例仅为 10%，有 48% 的受访者认为，村委会传递信息不客观或有歪曲事实的现象。BJ15 虽然通过村委会了解到了很多政策，但是由于种辣椒项目每亩 200 元的补贴没能得到落实，他认为，这个项目是领导为了图政绩。BJ4 则说："现在国家好呀，为我们老百姓着想，制定了不少好政策，但基层政府瞎糊弄，有好处都让他们得了，什么种植呀、养殖的补贴我们都没见到……"

造成农民对基层组织和干部在对农信息传播方面满意度低的原因是多方面的，不少学者对此进行了专门研究。陈雪琼曾撰文分析了惠农政策组织传播的困境及成因。他指出，组织传播的"科层制扭曲"造成了惠农政策在一些地区不能良好地执行。主要表现是：第一，等级化政策传播导致信息流失、双向不畅。组织传播是一种层级式传播方式，在自上而下的传播路径中，各职能部门基于自身利益考量，会对信息进行一定的人为加工，如故意隐瞒、过滤、删减以及扭曲等。而在自下而上的传播路径中，由于中国自古以来重官轻民的思想还在不少领导干部心里作祟，致使他们不重视探访基层。即使上级有相关实地走访、下乡调研的要求，他们往往也是"走过场"、敷衍塞责；在信息反馈时更倾向于隐瞒不良信息，报喜不报忧，这就造成了自上而下信息传播的流失以及自下而上传播信息的损耗。第二，"人格化"政策传播导致多偏好、少公正。"人格化"是中国行政管理体制中长期存在且负面影响较严重的一个问题。它是指官员在日常行政公务中基于自我利用的考虑，在传播和执行各项政策时偏离政策目标，做出大量策略性行为。比如在传播一条信息时，他们倾向于吸收对自身有利的信息，而极力掩盖不利信息。第三，非理性政策传播导致缺监督，少处罚。目前中国在信息传播领域的法律制度尚不完善，对组织传播的效果缺乏有效监督，且在应对传播过程中出现的不良行为时处罚过于温和，使得部分基层工作人员对组织传播的严肃性和重要性认识不足，产生大量不作为行为。[1]

孙秋云认为，伴随着20世纪90年代以来电视的普及，中国乡村地区社会政治信息输入的渠道发生了根本性改变，农民不再将基层政府作为国家的代理人。由于电视传播的信息可感知度、理解度和信任度更高，他们选择了直接从媒体，尤其是从中央级电视媒体中获取中央政府的政策和施政理念。这一方面促成了中央政权的权威及其国家代表的形象牢固地树立在乡村村民心目中；另一方面也消解或解构了村民对日常生活中实际接触的基层政权权威和国家代表的形象。[2]

笔者则认为，农民对基层组织和干部在对农政策传播方面的工作不认可，一方面是由于基层组织者自身工作的缺陷，如采取较单一的信息传播渠道；基层干部在实施政策时简单粗暴，只顾照搬上级要求而不结合当地实际情况；在政策实施过程中不与群众开展有效的沟通；为应付检查搞形式主义等。另一方面也应该看到农民自身的局限：寻求信息主动性不足，缺少利用各种不同类型媒介收集自己所需信息的能力等。比如对于本村村务公开栏上的信息，不少农民表示他们很少主动去了解，至于常见的墙体标语口号、横幅等更是毫不在意。[3]

八　人际传播有效性测度

人际传播是社会中个人与个人之间的信息交流，在乡村社会中，它主要是指村民通过相互走访、口耳相传的方式，在本地区域内的亲朋好友、农村科技示范户、种养大户和意见领袖所形成的熟人社会之

---

① 陈雪琼、刘建平：《惠农政策组织传播的科层困境与出路》，《农村经济》2012年第10期。

② 孙秋云等：《电视传播与乡村村民日常生活方式的变革》，人民出版社2014年版，第121、219—220页。

③ 闵阳：《西部农村政策信息传播有效性的影响因素分析》，《新闻界》2014年第11期。

间进行信息传播。该传播方式具有信息反馈及时、直接促进人际关系发展的优点，但同时由于在人际传播中，人们往往会对信息按自身的理解进行传递，所以容易造成失真。那么，人际传播在乡村社会中的有效性到底怎样？采用表7-5的评分方法，得到了贵州人际传播有效性得分为3.5845（见表7-13），位居五种传播方式之首。

表7-13　　　　　　农村人际信息传播有效性评分结果

一级指标	权重	测评指标			总权重	单项得分
		二级指标	评分分值	权重		
传播效果	0.4832	R_1 信誉	3.3	0.0389	0.0188	0.062
		R_2 渠道、信号覆盖率	4.6	0.0896	0.0433	0.1992
		R_3 渠道拥有率/知晓率	3.4	0.1129	0.0546	0.1856
		R_4 信息量	2.9	0.213	0.1029	0.2984
		R_5 受众信息需求明晰度	4.15	0.2585	0.1249	0.5183
		R_6 内容知晓度	3.74	0.2871	0.1387	0.5187
传播效率	0.2717	R_7 内容时效性	2.97	0.0417	0.0113	0.0336
		R_8 内容保真度	2.95	0.0998	0.0271	0.0799
		R_9 内容理解度	3.85	0.1675	0.0455	0.1752
		R_{10} 信息需求满足度	3.2	0.2696	0.0733	0.2346
		R_{11} 受众信息消费水平	4.9	0.4214	0.1145	0.5611
传播效益	0.1569	R_{12} 渠道接触频度	3.85	0.0478	0.0075	0.0289
		R_{13} 农村受众反馈	4	0.1023	0.0161	0.0644
		R_{14} 受众信息收集	3.2	0.1643	0.0258	0.0826
		R_{15} 受众信息评价	2.05	0.2666	0.0418	0.0857
		R_{16} 受众信息运用	3.25	0.419	0.0657	0.2135
信息传播环境	0.0882	R_{17} 农村经济发展水平	2	0.25	0.0221	0.0442
		R_{18} 政策推行	3	0.75	0.0662	0.1986
有效性得分						3.5845

通过对18个二级指标分析发现，在人际传播中，有4个指标得分均在4分以上，得分高低依次是受众信息消费水平、渠道覆盖率、受众

信息需求明晰度以及受众反馈，其中受众信息需求明晰度及受众信息消费水平两项指标的总权重位于 18 个二级指标总权重的第二、三位。还有 8 个指标得分在 3 分以上，因此人际传播渠道有效性得分最高。

图7-2 已经显示了人际传播是贵州村民获取信息的第二大渠道，占比为 58.5%，仅次于电视。在访谈中，我们也发现大多数受访者都不是独自在家，常有邻居串门聊天。显然，乡亲邻里间的频繁交往在很大程度上促成了人际传播的高有效性。BJ6 是我们在田间采访的一位农妇，46 岁，初中未读完，以卖早熟蔬菜为业，年收入在 1.5 万元左右。尽管收入不错，但她的信息来源却比较单一，她不读书看报，不看手机短信内容，没有接受过农业技术培训，也很少看电视。问及为何很少看电视的原因，她说："忙啊，你看我每天凌晨 4 点就起床，先去地里干活，7、8 点就要找车拉菜去市场卖，卖菜回来还得去地里，要干的活儿太多了，哪有时间看电视啊？偶尔不太忙的时候，就晚上睡觉前能看个把小时电视……"她了解蔬菜价格信息的主要渠道就是听别人说，她认为这种方式也很有效，"这么多年都是这么卖菜的，别人说的价格可信"。GY2 初中文化，25 岁，养了 20 多头猪，作为年轻农民的代表，他会上网查信息，会聊手机 QQ，有微博，家中也有图书，不少是关于养殖方面的。但他还是经常通过亲戚朋友打听养殖方面的信息，因为他认为亲朋好友提供的信息更真实可靠。BJ8 小学文化，38 岁，是七里村的养殖大户，年收入 20 万元以上，她获取信息的途径除了电视外，还有当地的饲料店。她说，卖饲料的老板经常会赠送一些养殖方面的书，同时饲料店还经常组织免费的养殖技术培训，由邻村的大户来讲课并带领大家养殖。当猪生病后，自己会主动打电话联系大猪场的技术员，而技术员则会给她提供非常有效的指导和帮助。目前她对饲料店、技术员等提供的信息指导非常满意。

人际传播备受推崇主要有以下原因：第一，与农村社会网络环境有关。农村开放式房屋结构与"串门"的风俗习惯使信息在个人之间的传播非常通畅。多数学者研究证实，人与人之间的交流是农民重要的获取信息的方式，农户偏好通过亲朋好友获得各种信息，如政策信息、农技信息、市场信息以及生活娱乐等。第二，人与人之间面对面的口耳相传方式，使信息在传播中更能激发调动传者与受者参与的积极性，充分发挥反馈的及时性及沟通的情感性等优点，增强农民对信息的信任度和利用率，因此能更有效地实现信息交流的目的。第三，农户通过人际传播获取信息基本上没什么花销。在多数情况下，农村社会中亲朋熟人间的信息交流不需要支付任何费用（有受访者谈到，在极个别情况下，如果想要从种养大户、村干部等意见领袖那里获取致富或惠农政策，需要请吃饭和送礼等），且在该传播方式中，因为传者和受众有着大体相同的生活背景和阅历，便于相互理解沟通，不受农户教育、经济水平的制约。第四，农民偏好从意见领袖那里获取信息。传播学通常把那些活跃在人际传播网络中，经常为他人提供信息、观点和建议并对他人施加影响的人物称为"意见领袖"。由于他们具有消息灵通、待人平和、愿意主动接触、解读和分享新信息的特点，在农村社会人际传播中发挥着举足轻重的作用。目前，中国农村信息传播中"意见领袖"主要包括四类人员：一是以基层公务员和村干部为代表的农村管理者；二是以教师、大中专毕业回乡青年、复员退伍军人及农业科技工作者等为代表的农村知识分子；三是以私营企业主、种养大户、农村经纪人为代表的富裕户；四是外出务工人员。这些"意见领袖"同农民关系密切，常常通过聚集聊天对周围农民的生产和生活起到教育和引领作用，方便简单，随时随地。另外，由于口语化的交谈通俗易懂、话题广泛，并能针对疑惑进行实时解答，因此信息传播的针对性更强，普通农户也更容易理解，所以在传播效果上更深入人心。

最后需要补充的是，在本次调研中，课题组发现，图书在贵州农民的生产生活中扮演着较重要的角色，这和此前的许多研究不同。黔西县大关镇七里村的 BJ8 是一位只有小学文化程度的养殖户，家中养殖的有鸡、羊和猪等，她说她的养殖离不开图书，家中有几十本养殖方面的书，同时她还给我们展示了她经常使用的"图书"—— 一张"母猪饲养管理要点"宣传挂图。尽管在我们访谈员看来，这不是真正意义上的图书，但由于挂图上面图文并茂，比较详细地展示了母猪饲养方面的很多知识，相比长篇大论的图书，该挂图的形式应该更符合农村较低文化程度受众的需求。因此，如何为农村提供浅显易懂、老少皆宜的信息资料，值得每一个信息传播者思考。

九　结论

在完成了各种传播媒介对农信息传播有效性测度以后，有必要再进行一个综合评价。将表 7 - 9 至表 7 - 13 的数据摘出并按一级指标进行统计后，得到了表 7 - 14。它比较直观地反映出各媒介在 18 个二

表 7 - 14　　　　贵州各类媒介对农传播有效性比较统计

指标		在本级权重	媒介类型				
一级指标	二级指标		人际	电视	组织	网络	报纸
传播效果	信誉	0.0389	3.3	3.89	2.63	2.52	4.03
	渠道、信号覆盖率	0.0896	4.6	5	3	2	3.5
	渠道拥有率/知晓率	0.1129	3.4	4.26	3.32	1.88	1.25
	信息量	0.213	2.9	4.18	3.15	4.2	3.42
	受众信息需求明晰度	0.2585	4.15	3.07	3.13	2.95	3.86
	内容知晓度	0.2871	3.74	3	4.18	3.12	2.39
传播效果得分			3.284	3.626	3.426	3.042	3.024
传播效率	内容时效性	0.0417	2.97	3.48	1.96	4.45	2.42
	内容保真度	0.0998	2.95	4.11	2.26	3.37	3
	内容理解度	0.1675	3.85	4.15	3.44	3.21	2.61
	信息需求满足度	0.2696	3.2	3.22	3.29	3.4	2.49
	受众信息消费水平	0.4214	4.9	3.3	4.54	1.96	3.09
传播效率得分			3.991	3.509	3.684	2.802	2.811
传播效益	渠道接触频度	0.0478	3.85	3.66	3.6	2.6	2.34
	农村受众反馈	0.1023	4	2.29	3.8	2.8	2.53
	受众信息收集	0.1643	3.2	2.56	3.31	2.99	3.09
	受众信息评价	0.2666	2.05	3	3.15	2.68	3.04
	受众信息运用	0.419	3.25	3.33	3.25	3.52	2.7
传播效益得分			3.027	3.025	3.306	3.097	2.82
信息传播环境	农村经济发展水平	0.25	2	2	2	2	2
	政策推行	0.75	3	3	3	3	3
有效性得分			3.5845	3.4227	3.4179	2.9591	2.9101

级指标和三个一级指标（由于信息传播环境是一样的，因此没有对此进行比较）上的得分情况。三个一级指标的得分来自于各二级指标在本级的权重与用户评分乘积的和。

综合以上分析，课题组得到了以下基本结论。

（一）各类媒介对农信息传播的有效性总体不高

在贵州农村五种媒介均没达到 4 分——良好的标准。从五种媒介的的排序看，人际、电视以及组织对农传播有效性较高，网络和报纸信息传播有效性一般。

（二）信息传播环境得分不高

从四个一级指标来看，由于受访地区经济发展水平总体滞后于2013 年西部地区平均水平，且有助于提升当地信息传播和信息服务水平的政策执行和推广状况不尽如人意，因此信息传播环境得分不高，仅为 2.75 分。对其他三个指标的横向比较发现：

第一，电视的传播效果最好。

即农民最先从电视上获得自身所需要的信息，其次是组织传播和人际传播。尽管组织和人际也是村民接触较频繁的信息渠道，但由于电视传递的信息量丰富，图文并茂，且在农民的生活中扮演着举足轻重的角色，因此排名第一。

第二，人际传播最有效率。

也就是说，通过人际交流能够以最少的时间、精力、物力、财力获取各类信息。因为人际交流几乎没有什么花费，即信息消费支出几乎为零，所以它较好地满足了农民对投资收益的期望，也符合施拉姆所提出的"信息获选的或然率公式"，即小到一条消息，大到一家传媒，它被人们注意和选择的可能性（或然率）与它能够提供给人们的报偿（价值）程度成正比，与人们获得它的代价（所谓"费力"）程度成反比。

第三，组织传播效益最高。

即通过组织传播的信息最容易在农民的认知层面、心理和态度层面以及行为层面产生正面的、积极的效果。也就是说，农民最容易对通过组织传播的信息进行分析、判断从而确定下一步的行动。

（三）贵州农民对新媒体传播满怀期待

尽管网络对农信息传播的有效性仅排名第四，但是位次的先后并不代表农民对网络传播的否定。对 18 个二级指标得分的横向比较显示，网络信息传播在信息量、信息及时性、信息需求满足度以及受众信息运用四个指标层上排名第一，在内容的保真度上排名第二，说明受访农民非常认可网络传播信息的优势，如信息量大、速度更快、范围更广、更容易对信息进行深度了解以及更便于将信息运用于生产生活中等，但是因为网络媒体对农民的文化程度和经济收入都有较高要求，所以目前还无法超越人际传播、电视传播以及组织传播。在未来，如果需要发挥以电脑、手机等为代表的新媒体在贵州农村经济社会中的重要作用，就必须着手降低电脑购置费和网络使用费，并对大批农村人口进行现代信息素养的培训。

第三节　典型事件的传播有效性调查

为了更深入地了解贵州对农信息传播的有效性，课题组还选取了几条具体信息，在黔西县和黔东南州进行了深度访谈。

一　研究设计

本次调研选择了四川芦山地震（2013 年 4 月）、人感染禽流感事件（2013 年 4 月）两条社会公共信息以及四条地方信息作为调查目标。四条地方信息分别是《黔西县加快发展蔬菜花卉等四个产业奖励扶持办法的通知》（2012 年 11 月）、《黔东南州 2013 年农机购置补贴实施方案》（2013 年 4 月）、《关于丘林村实施无线数字电视覆盖工程的通知》（2012 年 9 月）以及《关于举办黎平县"学以致用、书香黎平"有奖读书活动的公告》（2013 年 4 月）。这几条信息都是在调查实施前或实施时被各渠道传播的信息，且前两条信息于调查期间正被各媒体频繁报道着，而后四条信息则和当地村民的生产生活密切相关。

（一）四川芦山地震

1. 是否知晓该事件？

2. 能否描述该事件的基本情况，如什么时间发生？震级多少？

人员伤亡多少？

3. 获取信息的渠道是什么？

4. 是否相信媒介对整个事件的报道？

（二）人感染禽流感事件

1. 是否知晓该事件？

2. 能否描述该事件的基本情况，如人感染禽流感事件是什么时候最早报道的？最早是在那个地方发现的？感染源是什么？目前发展到什么程度？有多少人感染？

3. 是否知道如何防治被感染？

4. 获取信息的渠道是什么？

5. 该事件是否对您的生产生活产生了影响？

（三）《黔西县加快发展蔬菜花卉等四个产业奖励扶持办法的通知》

1. 是否知晓该通知？

2. 是否知道扶持的四个产业分别是什么？

3. 是否知道对每个产业奖励扶持的标准是怎样的？

4. 获取渠道是什么？

5. 该事件是否对您的生产生活产生了影响？

（四）《黔东南州 2013 年农机购置补贴实施方案》

1. 是否知晓农机购置补贴这件事？

2. 是否知道购买哪些类型的农机具能享受补贴？

3. 是否知道补贴标准是多少？

4. 获取信息的渠道是什么？

5. 该方案是否对您的农业生产发生影响？

6. 您是否会因为政府实施农机购置补贴增强务农的信心？

（五）《关于丘林村实施无线数字电视覆盖工程的通知》（以下简称"户户通"工程）

1. 是否知晓该通知？

2. 是否了解该工程和之前的"村村通"工程的区别？

3. 您从哪里知晓这个通知？

4. 您家的电视是否已换为"户户通"？

5. 您认为"户户通"工程对您的生活产生了什么影响？

（六）《关于举办黎平县"学以致用、书香黎平"有奖读书活动的公告》

1. 是否听说过本次有奖读书活动？

2. 能否描述一下该公告的主要内容（活动时间、活动方式、参赛范围与分组、奖项设置、读书途径、推荐图书名录等）。

3. 您从哪里知晓这个公告？

4. 您相信这个有奖读书活动吗？

5. 您愿意参加这个活动吗？

考察主要从村民对以上六条信息的知晓度、信任度和主要获取渠道等方面展开。

二　研究内容及结果分析

（一）知晓度

知晓度是衡量、检测受传者对传播内容感知程度的主要指标，它包括接触率、关注率、细看率、细读率、细听率、对传播内容的回忆率或复述率等分项指标[①]。本次调查将知晓的程度进行了进一步细分，采用了五级判断法。对六条信息中的每一条，具体操作如下：如果农户仅仅听说过信息的标题，但具体内容不清楚，判定为"知道很少"；能回答针对该信息的提问 2—3 项为"知道一些"；3—4 项为"知道比较多"；对所有提问能回答 80% 以上为"知道很多"。另外，由于后四条主要是针对各地的信息，课题组只采访当地农户，如《黔西县加快发展蔬菜花卉等四个产业奖励扶持办法的通知》只在黔西县 60 位村民中进行，《黔东南州 2013 年农机购置补贴实施方案》只在黎平县 40 位村民中进行。《关于丘林村实施无线数字电视覆盖工程的通知》的覆盖范围只是丘林村和鸭池河两岸的群众，所以调查选取了该区域内的 30 位村民，而《关于举办黎平县"学以致用、书香黎平"有奖读书活动的公告》的访谈对象排除了黎平县两个村庄中不识字的村民，所以各条信息的调查样本数并不相同。

---

① 林之达：《论传播效果的层级性》，《成都大学学报》（社会科学版）2004 年第 4 期。

表 7 – 15　　　　　　　村民对所调查六条信息知晓度情况　　　　　　（％）

	样本数（人）	完全不知道	知道很少	知道一些	知道比较多	知道很多	合计
四川芦山地震	100	0	11	45	27	17	100
人感染禽流感	100	15	32	39	8	6	100
黔西县四产业奖励扶持办法	60	11.67	36.67	41.67	6.67	3.32	100
黔东南州2013年农机购置补贴	40	45	27.5	20	2.5	5	100
丘林村"户户通"工程	30	0	0	16.67	10	73.33	100
黎平县有奖读书活动	30	30	33.33	20	10	6.67	100

　　调查数据表明（见表 7 – 15），在两条社会公共信息中，村民们最了解的是四川芦山地震，17％的被访者均能非常准确地复述芦山地震的发生时间、震级以及遇难者人数，而且不少村民在接受我们采访时就正在收看有关地震的报道。而有关人感染禽流感的信息尽管当时也频繁被各类媒介报道，黎平县还专门召开了 2013 年春防总结暨H7N9 禽流感防控工作培训会，但该事件的知晓率并没有超过九成（85％），且 32％的村民只是听说过这件事，却不能对该信息进行复述，他们不知道人感染禽流感是怎么回事，也不清楚是由什么原因引起的，该如何防范。问及原因，部分村民表示，贵州是一块宝地，历年都未遭遇过天灾或大的疫情，所以他们对这类信息不甚关注。不过，也有 6％的农户对人感染禽流感有较详细的了解，知道该疫情已发展到不少地方，且他们在这段时间里会少吃鸡鸭等家禽以避免被感染。在四条当地信息中，丘林村"户户通"工程知晓率最高，主要原因是该信息不仅以非常醒目的方式张贴在村委会大院中（该大院同时是村民活动中心、村卫生室以及农家书屋也在院内），而且村干部还挨家挨户进行了宣传，所以大家都知道这件事。不过有两成左右的村民并不是十分清楚"户户通"和之前的"村村通"存在多大的差异，只是盲从别人的选择。其余三条当地信息的传播效果相对较差，主要原因是所调查的大多数是普通农户，他们的种植面积都非常有限，不具有享受"黔西县四产业的奖励扶持政策"和"黔东南州2013 年农机购置补贴"的基本条件，所以信息未能被知晓。而对于

由黎平县委宣传部主办、黎平县文体广电局承办，县文明办、县教育局、县妇联、县图书馆、县电视台、各乡镇党委、政府协办的有奖读书活动，尽管是面向当地所有的群众，但是由于读书看报等文化活动在农民的日常生活中几近空白，所以村民们对该信息缺乏关注的热情。不过在采访中也有两人表示对该活动内容非常清楚，如果有时间，希望能参与其中。

（二）信任度

信任度是指受传者对传播信息的真实性、权威性的看法，以及对传播内容合理性的肯定或否定的程度。[①] 在调查上述六条信息的信任度时，样本数略有变化，排除了对各条信息完全不知晓的农户。同时，在测算信任度时，依然采用了五级评分法，即从"完全不相信"至"完全相信"依次对应 1—5 分。调查数据表明，人们对两条社会公共信息的信任度都比较高，尤其对有关四川芦山地震的信息基本上都相信，且不少人表达了对遇难者的同情。而在四条当地信息中，被访者对"黔西四产业奖励扶持办法"和"黔东南州 2013 年农机购置补贴"信任度较低，个别农户认为，上级的政策是好的，但是到达村镇后由于暗箱操作等因素存在，真正该享受补贴的农户却得不到补贴，能得到实惠的就是村镇干部的亲戚和关系户（见表 7 - 16）。

表 7 - 16　　　　　　所调查六条信息的信任度情况　　　　　　（％）

	样本数	完全不信	相信很少	相信一部分	相信比较多	完全相信	合计	平均得分
四川芦山地震	100	0	0	3	15	82	100	4.79
人感染禽流感	76	2.63	6.58	21.06	30.26	39.47	100	3.97
黔西四产业奖励扶持办法	53	20.75	30.19	32.08	13.21	3.77	100	2.49
黔东南州 2013 年农机购置补贴	22	9.09	13.64	18.18	36.36	22.73	100	3.50
丘林村"户户通"工程	30	0	3.33	16.67	33.33	46.67	100	4.23
黎平县有奖读书	21	0	9.52	28.57	47.62	14.29	100	3.67

---

① 林之达：《论传播效果的层级性》，《成都大学学报》（社会科学版）2004 年第 4 期。

（三）信息获取渠道

调查显示，农民获取以上六条信息的主要渠道是电视、亲朋熟人和政府（村委会）。报刊、广播、网络等使用率比较低。报刊利用率低一方面是由于偏远地区邮政投送困难，发行量小；另外一方面则是因为农民文化素质较低，也没有从书报媒介上获取信息的习惯。而网络利用率低也有两方面的原因：一是费用问题；二是文化程度问题（见表7-17）。

表7-17　　　　　　所调查6条信息的主要获取渠道情况　　　　　　（％）

	样本数	电视	广播	报刊	网络	亲朋熟人	村委会	合计
四川芦山地震	100	83	3.00	4.00	2.00	8.00	0.00	100
人感染禽流感	76	76.32	2.63	3.95	2.63	11.84	2.63	100
黔西四产业奖励扶持办法	53	18.87	7.55	5.66	3.77	22.64	41.51	100
黎平县农机购置补贴政策	22	9.09	0.00	13.64	0.00	63.64	13.63	100
丘林村户户通工程	30	0.00	0.00	0.00	0.00	16.67	83.33	100
黎平县有奖读书	21	61.90	0.00	14.29	0.00	9.52	14.29	100

三　结论

对典型事件的认知进一步支持了前面的测算结果，即在贵州农村，电视和人际是农民获取信息的最主要方式，也是最有效的途径。村委会传递信息是否有效以及有效性如何，一方面取决于村委会宣传工作是否到位，如是否进家到户；另一方面取决于村干部在进行信息传播时是否怀有私心。除惠农政策之外，农民对组织传播的信息主动搜寻意识不足。广播、报刊在对农信息传播中的作用较小。而受制于农民文化水平低及相对高昂的电脑购置费及网络使用费，尽管网络信息传播有诸多优点，但是却没有在贵州农村发挥应有的作用。

第四节　影响因素与对策

在测算了贵州各种主要媒介对农信息传播的有效性之后，有必要对影响有效性的各种因素进行分析，从而提出对策和建议，提升信息传播的效果。

一　影响对农信息传播有效性的因素

传播学认为，一个基本的传播过程包括传播者、受传者、信息、媒介和反馈五要素，这五要素都程度不同地影响着传播效果。课题组综合以上研究，发现影响贵州对农信息传播有效性的因素主要表现在以下方面。

（一）受传者（受众）障碍

信息需求是促使农民产生信息获取愿望并决定是否采取信息行为的最根本动因，也是影响信息传播有效性最重要的因素之一。如果媒介传播的信息不符合受众的需要，受众就不会产生主动查找、接收和吸收信息的行为，信息传播的有效性就无从谈起。因此在分析受众障碍时，必须从影响用户信息需求的诸因素进行考量。

1. 受众的职业与工作任务

受众的职业与工作任务是决定他们信息需求的最根本的因素。受众的职业不同、承担的任务不同，所需信息的范围、类型和数量就会不同，这些不同决定了受众所需信息的保证方式。课题组对贵州农村的调研数据表明，由于职业的不同，那些从事大规模种植或养殖的大户，往往信息需求更强烈，获取信息的手段也更丰富，并愿意为获取信息支付一定的费用，如购买上网更流畅的高端智能手机、支付手机上网的流量费、电脑上网的网络使用费等，同时也喜欢尝试新的信息获取方式。而那些留守在家、以照看孩子为主要任务的普通农民，几乎没有什么信息需求，日常活动主要是看电视剧消磨时间。

2. 受众所受的教育及知识水平

社会信息具有实用的属性，表现出一定的使用价值。但是只有当用户的知识结构和水平与信息内容相匹配时，信息的价值才能发挥出来。在贵州农村，信息基础设施建设在近年来取得了重大成就，但受制于文化水平普遍偏低，大多数农民主要还是通过图文并茂、操作简单的电视获取信息。电脑以及智能手机复杂的操作使很多初中及以下文化程度的村民望而却步，他们缺乏对信息技术和网络知识的学习能力；另外，较低的文化水平也使得不少农民在对信息的理解上出现偏差以及误解，直接导致了信息运用水平的低下。

3. 受众个体的信息素质

信息素质是一种能够充分认识到何时需要信息，并有效地发现、检索、评价和利用所需要的信息，解决当前存在的问题的能力。然而，在贵州农村，半数以上的受访者对于信息缺乏明确的认识，尽管他们认为信息对生产生活应该是有作用的，但是到底有什么作用，他们说不清楚。甚至还有18%的农民表示，他们每天的生活就是吃饭、干活、看电视、睡觉的简单重复，并不需要什么信息。其余大部分受访者虽然认为信息有用，但是由于缺乏对信息敏锐的感受力以及不会主动查找信息，因此在生产生活中遇到困难时，除了求助于亲朋好友外，几乎都不会想到利用信息去解决问题。由此可见，在当下的农村，大多数农民还不具备基本的信息素质。近年来，伴随着信息技术和网络技术的发展，信息素质又被赋予了新的内容，在以读、写、计算等基本文化素质为代表的传统素质外，又增加了媒体素质、计算机素质及网络素质，这三种素质要求人们能充分认识包括图书馆信息资源在内的各种信息媒体；了解计算机基本文化并掌握其基本应用；认识和掌握互联网相关知识。① 显然，为了帮助农民在现代信息社会里能更好地生产和生活，克服信息贫困所带来的种种不利，对他们进行现代信息素质的培训是十分必要的。

4. 受众个人志趣与特点

个人志趣与特点系指受众的个人兴趣、个人志向、工作习惯以及心理特点等，它们在很大程度上决定着受众个体对信息的特殊需求。如今，随着大批农村人口进城务工，"农村""农业"等术语和它们所代表的环境对当下的年轻人失去了吸引力，不少青年农民甚至从心底里抵制"农民"这样的身份标签，他们渴望逃脱土地的束缚，奔向收入更高的大城市，并尽早成为城市生活中的一分子。因此他们缺乏对农业科技的热情，表现在信息获取和利用上，就是对农村、农业信息的不屑和淡漠。

---

① 宋明武、杨世松：《信息素质论》，军事科学出版社2006年版，第122页。

5. 受众的生产方式

调研发现，除了种植大户，大多数普通农民都是在自家小规模的"一亩三分地"上进行传统的耕种，他们认为不值得花太多的时间和精力去学习、掌握新的农业生产技术和农产品销售方式。以网络销售为例，尽管大家都认为通过网络有益于农产品购销，但是就个体而言，多数农民却认为没有必要展开网上商务活动。一方面，就农产品销售而言，尽管农户生产的产品数量从家庭消费角度而言已经比较大了，但相对于网上的大市场却显得微不足道。这就导致即使农民有兴趣有时间在网络上发布农产品销售信息并收到反馈，但是由于个体产出的数量有限，难以实现大宗交易。另一方面，就购买种子、农药、化肥而言，由于这些农资在各地市场上价格差别不大，且农民所需的数量又较少，因此从商品的质量信誉及流通环节的费用上权衡，农民最终还是宁愿在当地市场购买。① 而在对新媒体的使用上，他们认为更不值当：首先学习如何上网是件麻烦事；其次购买计算机和智能手机的价格也较昂贵；另外还要支付较高的电话费和网络使用费，这对于单户经营的农民来讲是不值当的。

6. 受众的社会人际网络

作为群居动物，人在现实生活中的行为习惯会受到周围人群的影响，信息需求和信息行为也不例外。周围人群的职业类型、教育水平、问题解决能力与信息能力的强弱等都会对受众信息需求的产生、认识、表达、满足等起到刺激作用。显然，在我们所调研的贵州农村，当地居民依然没有摆脱传统农业生产模式的影响，亲朋、邻里之间的信息交流主要还是以口耳相传为主，而信息来源主要还是电视及道听途说。因此，当受访者周围的人群很少采用其他信息获取手段时，受访者也会停留在原有的信息行为中，以网络为代表的新媒体就难以在当地找到迅速扩散的土壤。

（二）传播者障碍

传播者是信息的发布者，传播者的信誉、传播信息的质量（是否

---

① 冯海英、简小鹰：《以农户为导向的信息需求分析》，《经营管理》2006 年第 12 期。

准确、及时且针对性强）直接影响到用户是否愿意接收和利用信息，因此是影响对农信息传播的又一重要因素。考察贵州农村的主要信息传播者，发现存在以下问题：

1. 大众媒体信息传播针对性不强

在贵州农村，电视、广播、报纸、网络等传媒基本上都能到达农户家中。但是在实际应用中，各类媒介的传播效果并不理想。电视是使用最多的媒介，它以信息丰富、图文并茂、生动直观、操作简单等优势获得了村民的青睐，但是由于电视提供的信息针对性不强且农民只能被动接受，因此在传递科技信息等方面效果不佳。网络作为新媒体的代表，在传递信息的及时性、针对性、反馈性方面有较大的优势，但是由于在网络时代，人人都可以随意发布信息，充当"麦克风"角色，因此网络信息也被认为是准确率和可信度最低的信息，这无疑影响到了它的有效性。当然，相比鱼龙混杂、真假难辨的大众网站，由各级政府部门建设的各类农业网站具有信息准确、分类科学、查找便利等优势，对农业生产和农民生活有重要的参考价值，但由于宣传不够，大多数农民并不知道这些网站的功能，更谈不上使用。在我们调研的上网农户中，90%以上的受访者查找信息都是通过百度等搜索引擎，从未登录过农业网站。至于广播和报纸，现在已经基本退出了农村的信息传播舞台，所以作用微乎其微。

2. 组织传播信任度低

如前所述，组织传播曾经凭借传播的权威性和体制性特征，在中国乡村传播的历史上发挥过重要作用。直至今天，以乡镇、村组为代表的组织传播依然是农民获取各类政策、科技信息的主要渠道。但是渠道的高使用率并不能掩盖组织传播自身的一些弊端，尤其在广泛呼吁信息透明的当下。在本次调研中，组织传播的信誉度排名倒数第二，仅略高于网络。造成组织传播信誉度低的原因是多方面的：一是部分基层执行者确实会利用信息优势为自己或亲属牟取私利，严重影响到农民对基层组织的信任；二是现阶段，由于上级部门对信息透明、公开、公正的监督管理不到位，导致包括信息产品在内的农村社区性公共产品完全处于一种自由放任的状况①；三是出于对基层组织不信任的刻板印象和小农意识，即使基层干部客观公正，但如果未满足自身要求（有时是不合理要求），部分农民也会对基层干部心存偏见、认为他们垄断信息、秘而不宣。

3. 人际传播信息范围有限，意见领袖作用降低

人际传播一直是中国农村社会进行信息沟通的主要渠道，村民们既通过乡亲邻里间的串门聊天促进人际关系的发展，也会通过"意见领袖"传递的信息指导自家的生产生活。它具有交流方便、反馈及时的优点，但是却又存在信息传播与流通范围小，口耳相传容易失真的缺点。不仅如此，随着信息时代中信息数量指数级的增加和真伪辨别难度的提高，即使曾经备受推崇的"意见领袖"，也可能对鱼龙混杂的信息难辨真伪，无法保证每次传播的信息都是正确的。以"意见领袖"之一的农村经纪人为例，由于信息的错综复杂交织着市场的瞬息万变，就使得他们更难以向农户传达真实有效的市场需求。而当农户的利益受损时，农户就会质疑"意见领袖"传递的信息，"意见领袖"的作用也就降低了。②

（三）信息环境障碍

1. 农村信息基础设施虽得到发展，但运行不理想

如今，贵州省的信息基础设施建设已经取得了一定成效：农村地区 4M 以上宽带接入能力占比达到 80%，行政村通宽带比例达到 77.9%，信息基础设施薄弱的面貌已经得到了全面改观。但诸多调查显示，其运行情况并不理想。朱莉调研发现，尽管信息化已经在贵阳市农村的社会管理、公共服务以及农业生产经营等方面有一定应用，但受到硬件配置不到位、软件开发跟不上、农民文化综合素质低及信息意识薄弱等因素的影响，运用信息化的效果未能有效显现。③ 黄河

---

① 刘鸿渊：《论西南少数民族地区新农村建设的现实困难》，《经济体制改革》2011年第 1 期。

② 罗立娜、刘行：《我国农村信息传播中意见领袖现象分析》，《黑龙江农业科学》2014 第 6 期。

③ 朱莉、朱静：《贵阳市农村信息化发展现状与策略思考》，《贵州农业科学》2012年第 2 期。

等人对贵阳、遵义、安顺等 9 个地级市的调查数据显示，虽然这些地方主干的基础设施已经建好，但信息化终端普及率并不高：在毕节、黔南等边远山区，一些乡村还不具备宽带上网条件，以致农业信息不能及时搜集和发布；在遵义凤冈的一些乡村，建成的农家书屋没有专人管理，农民就很难去书屋看书。因此，44.82% 的受访者认为，当地的乡（村）信息服务设施（包括信息站、农业协会、远程教育或科技推广站等）形同虚设，完全没有在农村经济发展和农民的生产生活中发挥应有的作用。① 本次调查也显示，尽管电话、电视、计算机网络、广播、农家书屋等信息服务基础设施在所调查村寨均基本上实现了全覆盖，但是受制于多种因素，农村家庭拥有的信息接收终端严重不足，农民获取信息的手段还是以电视和人际等传统手段为主，政府所力推的农业信息化并没有给农民带来直接的便利。以网络为例，各村寨的网络均已铺设完成，但是要连通到每一个村民家里并不是件容易的事：首先，农村相对封闭落后的环境决定了农民对信息化、互联网这些新事物认识和接受程度较慢，他们缺乏主动了解相关知识的意愿；其次，农民较低的文化素质也决定了他们对于学习上网具有畏难情绪，在他们眼中，网络、计算机、智能手机等都是文化人或者年轻人的专属；最后，对于人均年收入大多在五六千元的贵州农民而言，购买电脑、接入宽带等费用都比较昂贵，在信息效益不能直接转换为经济利润之前，他们不愿意进行此项消费。龙海等人的调查印证了这一点：在贵州农村愿意花钱购买所需信息的农民仅占 30.70%，将近一半的受访者明确表示"不愿意"，而其余 25.10% 的被调查者表示"有钱愿意，无钱不愿意"②。

2. 农村信息人才队伍和农技人才不足

信息人才是提升对农信息传播有效性的重要因素。由于大部分农户家庭收入不高，信息消费的能力有限，加上信息效用的滞后性，导致购买信息的观念还不能为广大农户所接受，许多农户希望由政府出

---

① 黄河、刘小平、龙海：《贵州省农村信息服务现状调查研究》，《湖北农业科学》2012 年第 7 期。

② 龙海、刘小平、黄河：《贵州省农村信息化服务现状实证分析与发展对策》，《南方农业学报》2014 年第 1 期。

资建立农业信息服务组织，免费提供信息服务，或者安排农技服务专家下乡免费指导。但从目前的发展情况来看，贵州现有的农村信息人才和农技人才无论数量还是信息传播的能力都远远不能满足对农信息传播的需要。课题组在毕节市 QL2 村委会看到，不多的几间办公室门口挂满了各种牌子，如"QL2 村支部委员会""黔西县 QL2 村党员创业带富工程服务点""农家书屋""QL2 村消费者投诉站""QL2 治安巡逻中队""农村党员干部现代远程教育终端接收站点"等。每一个工作人员都身兼数职，每天需要处理很多事务。不仅人员紧张，空间也非常局促：农家书屋和"农村党员干部现代远程教育终端接收站点"都和村委会紧挨着，但是这两个地方还有其他用途。因为镇上几个下派的干部没地方吃饭，农家书屋又兼做临时厨房，干部们自己做饭。做好饭，因农家书屋狭小，干部们又转移到"农村党员干部现代远程教育终端接收站点"，利用该室为村民播放农技光盘而摆放的桌椅用餐。通过我们几天的观察，发现尽管农村干部也有为村民开展农技服务、指导农业生产的良好愿望，但是琐碎繁杂的日常事务往往使他们分身乏术。而基层农技人才的补充也面临着尴尬，目前农村大量劳动力特别是较高文化的青壮年涌向城市和发达地区，农村子弟考上大学后不愿意回乡就业和发展，加剧了基层农业信息技术人才缺失的状况。[①]

二　提升对农信息传播有效性的对策与措施

（一）激发农民信息意识，提高受众信息素质

在影响受众信息需求的诸因素中，农户的职业、志趣及小农经营的模式不是短时间内可以改变的，现阶段可以着手的任务主要是激发农民信息意识，提高受众信息素质，努力缩小他们与具有较高信息素养的人群之间的差距，避免他们在未来因为信息贫困而出现经济返贫现象：一方面，要激发用户获取信息的愿望，促使他们将潜在信息需求转化为现实信息需求。各信息服务部门要综合运用小品、相声、歌

---

① 雷娜、赵邦宏、郑红维：《农户信息需求及其影响因素的实证分析》，《农业科技管理》2007 年第 3 期。

舞等老百姓喜闻乐见的方式来激发农民的信息需求，并通过典型事例宣传让农民意识到知识信息在改善生活质量、促进农业生产方面的现实作用。另一方面，现有各级对农信息服务机构应想方设法，充分利用各种条件，教会农民有关电脑的基本知识并学会上网，使他们具有获取信息的能力。可从以下几点入手：（1）引入志愿者模式，解决师资问题。鉴于目前农村会使用电脑的人员不多，可以广泛发动大学生村官、退休教师及家在农村的大学生等作为志愿者，利用寒暑假为当地村民进行电脑知识培训，也可以与当地的公共图书馆和高校图书馆联系，让他们派人到农村开展培训。（2）盘活现有资源，解决信息化装备不足的问题。对农村家庭而言，购买电脑及连接网络的费用较高，在现阶段应充分利用当地为"全国文化信息资源共享工程""农村党员干部现代远程教育工程"以及"农家书屋工程"等配备的现代化设备对农民进行智能手机和电脑的使用培训、网络信息资源检索培训等，让他们先通过免费学习感受信息对生产生活的重要性，以便在日后经济条件改善时进行新媒体方面的投入；另外也应该经常开放这些场所，为农民免费上网提供便利。（3）培训内容注重实用，提高农民的学习积极性。在培训内容上，要在充分调研农民当前信息需求的基础上，从他们最关心、最迫切想学习的内容入手，通过切实解决农民在生产和生活中所遇到的信息难题增强其应用新媒体学习科技知识的积极性。在培训方式上，也要灵活多样：不仅要集中面授，还要经常播放相关培训的各种课件、视频等。

（二）扬长避短、改善服务，彰显对农信息传媒的自身优势

1. 根据农民需求，提供有针对性的信息

受众是影响信息传播有效性最重要的因素之一，因此各类对农信息媒介要改变传统思维，树立以"用户需求为中心"的传播导向，以农民的信息需求、信息利用习惯以及信息价值取向为依据[①]，来组织和提供有针对性的信息。在这方面，甘肃金塔《远教导报》的模式值得借鉴：2012 年以来，金塔县在广泛调研和论证的基础上，整

---

① 于良芝、俞传正、樊振佳：《农村信息服务效果及其制约因素研究：农民视角》，《图书馆杂志》2007 年第 9 期。

合多部门信息，创办了《远教导报》，受到了当地老百姓的欢迎。该报的成功主要有两方面的原因：一是在内容上精挑细选，注重为农民提供适时实用的信息。每月，县远程办都会根据农民生产及生活需要，及时与县农牧、林业、水务、财政等部门沟通，将符合本县实际，具有实用性和代表性的生产、生活信息和农牧业实用技术筛选出来进行刊载。二是注重实效，将导报直接发放到户。为了使报纸真正发挥实效，县远程办每月25日前将当月的《远教导报》上传到"金塔党建网"上，各乡镇和村组、社区则在30日前下载打印导报，然后由站点管理员直接发送到每一户居民手中，减少了导报传送的中间环节，让更多群众以更快、更直接的方式接收相关信息。[①]

2. 扬长避短、综合利用各种传播渠道，实现对农信息的高效快捷传播

要根据报刊、电视、网络、手机短信、组织传播和人际传播等不同传播渠道的特点，综合考虑各地经济状况、交通环境、人口密度和通信基础设施等情况，扬长避短、充分发挥各类信息传媒的优势，构建有机立体的对农信息传播体系，提升信息传播的有效性。

第一，在新媒体向中国广大农村地区发展的路径选择方面，建议在现阶段，先从农民比较喜欢的IPTV、网络影视、手机视频等视听新媒体着手，引导他们感知新媒体，然后通过增加接触频率逐步提高农民的媒介和信息素养，最终达到提升农民现代化观念的功效。[②]

第二，尽管报纸在对农信息传播中的作用日益弱化，但由于农民非常认可报纸的权威性，因此应充分发挥报纸在信任度方面的优势，努力提升农民对报纸的接触频率，扩大报纸在农村的传播范围。可从以下几点着手：首先，村级组织积极行动，为农民看报提供便利。针对目前农民对报纸兴趣不足的现状，应鼓励免费阅读。比如在农家书屋里，将符合农民需求的报纸用报夹夹好陈列出来，方便他们取阅。在村民经常聚集的地方设立展示橱窗，及时将最新的报纸贴出来，让

---

① 马国蕾：《农村信息传播模式的演变及其效果研究——以甘肃金塔为例》，兰州大学2014年硕士学位论文。

② 高红波：《新媒体对农民现代化观念提升的作用与价值》，《新闻爱好者》2013年第7期。

村民在生活劳作之余随时浏览相关信息。有条件的村镇还可以根据农民的需求热点，把有关党的方针政策、法律法规以及各类种植、养殖信息等，分门别类地剪贴、制作成实用信息手册放在村委会或农家书屋里供村民查阅，也可直接发放给村民，让他们在短时间内汲取更多的"养料"。其次，报纸发行方应从农村现状出发，积极策划适合农村居民需求的选题，办出农民朋友真正喜欢的报纸。目前居住在农村的人口以留守妇女、儿童和老人为主，其中能够阅读报纸的又以留守妇女为主力军，因此报纸出版单位可以考虑开设一些她们喜闻乐见的栏目，比如巧手编织、家常菜谱、家庭医生、日常保健、子女教育、生活小窍门等，以满足她们的需要。① 另外还要找准时机，发展手机报。手机报作为"第五媒体"，具有传播速度快、费用低廉、使用方便及覆盖面广等优势。目前，手机报在贵州已经有了一定的基础：从传播者来看，自2007年3月28日贵州省第一份本土手机报《贵州手机报》问世以来，已经开通了包括黔东南版、凯里版、黎平版、雷山版、丹寨版、麻江版、岑巩版、剑河版、施秉版、榕江版、锦屏版以及三穗版在内的9个市（州）版及部分手机报县区版，成为贵州各级干部群众了解国家方针政策、获取新闻资讯的权威、有效和便捷的途径。从受众方看，手机报在贵州也有一定的订户。2015年1月，整合并版发行的全新《贵州手机报》已经拥有200万读者。在课题组2013年奔赴贵州调研时，《贵阳日报》的记者也谈到，该报的手机版在贵阳3区12个县（市）均有订户，人数约5万人。另外，考虑到手机在贵州农村的高普及率，课题组认为，在贵州农村大力推广手机报是可行的。在推广期，建议条件具备的地方对农民开通手机报的费用实行补贴。这是因为尽管手机报每月3元的费用看似不高，但是由于用户总是趋向于采用无偿方式获得信息，而且信息价值具有模糊性和滞后性，因此在没有了解到手机报的好处之前，需要采用优惠措施鼓励农民进行体验。贵州铜仁市万山区推广手机报的做法值得提倡：2014年4月，为了更好地利用新媒体"引导群众、动员群众"，主动

---

① 于国宁：《让报纸成为建设社会主义新农村的助推器——关于我国报业市场的调查》，《江苏教育通讯》2012年第1期。

抢占农村思想宣传阵地，将手机报覆盖范围扩至全区干部职工和部分农村（社区）群众，万山区政府决定向1.3万名村民和居民免费发送手机报。即在《万山时讯》的1.7万余用户中，对于0.4万机关、事业单位人员，他们开通手机报每月需自行支付1.3元，而其余1.3万名村（居）民的手机报费则由财政全额补贴①，这一举措极大地促进了手机报在收入较低的农民群体中的推广。

第三，克服组织传播的弊端，努力恢复其在乡村传播中的权威性和制度性：一方面要加强对组织信息传播者的思想政治教育，消除其在信息传播中的利己思想。同时，构建"第三方"监督机制，加强信息跟踪，对隐匿信息、秘而不宣的行为予以从严处罚。另一方面对于农民普遍关心的各种惠农政策要通过多种方式进行宣讲，做到尽人皆知。一方面可通过制作《惠农政策知识手册》、公布惠农资金分配方案等实际措施，使惠农政策信息透明化；另一方面还要充分利用乡村的黑板报、宣传栏等，采取图画、动漫等简单易懂的方式，方便老百姓理解政策内容。2014年7月，为了提高群众政策知晓率，接受社会监督，贵州省政府公布了《关于开展向群众发放明白卡工作的实施意见》，规定在全省范围内开展明白卡发放工作，方便群众了解惠民政策和惠民项目，用好惠民资金。同时，为了扫除惠民政策宣传的"盲区"和死角，让惠民政策家喻户晓，明白卡发放采取了多种形式：纸质卡发放、政务微博微信新媒体发布、手机短信平台发送、政府网站在线查询以及乡（镇、街道、社区）便民服务点咨询等。② 希望此举能真正发挥组织信息传播的作用，全面提升各级政府的执行力和在老百姓心目中的公信力。另外还要构建自下而上的信息反馈机制，方便农民自由地表达自己的诉求。基层干部应该经常入户走访，通过与村民轻松、随意的交谈，了解他们的信息需求和对组织传播的希冀，以便改进组织传播的效果。

---

① 邓明鹏：《万山区向1.3万群众免费发送手机报》，金黔在线—贵州日报（http://gzrb.gog.com.cn/system/2014/04/22/013421810.shtml）。

② 贵州省人民政府办公厅：《省人民政府办公厅关于开展向群众发放明白卡工作的实施意见》，http://www.gzgov.gov.cn/xxgk/zfxxgkpt/szfxxgkml/201507/t20150703_304083.html。

第四，重视人际传播，发挥意见领袖的作用。人际传播是贵州农村信息传播的第二渠道，它以交流方式随意、话题通俗易懂且反馈及时诸多优点受到村民们的喜欢并成为有效性最高的乡村传播方式。但是在新媒体环境中，不少德高望重、生活阅历丰富的农村"意见领袖"受制于年龄或者固有习惯的制约，不愿意主动接触并适应智能手机、网络等新媒体，这也影响了其他普通村民对新媒体的尝试。因此有必要首先对这类"意见领袖"进行新媒体应用培训，然后通过他们的引领和示范带头作用，形成农村居民普遍关注信息、会查找和辨识信息并能有效利用信息的社会氛围。其次对于农村经纪人这类"意见领袖"，应在充分发挥其信息来源广、善于与人交流的优点的同时，制定相应的政策法规和监管机制规范其行为。① 农村经纪人是活跃在农村经济生活中的重要力量，他们在赚取经济利益的同时也会为农民带来市场、政策和技术等各方面的重要信息，但是趋利性的价值取向决定了他们偶尔会传递虚假信息，使农民的利益受到损害，因此必须通过法律和制度手段约束其信息行为。最后，还要充分发挥大学生村官的"意见领袖"作用。近年来，各地农村广泛招募的大学生村官以其文化程度高、待人平和、思维灵活等特点受到了农民的普遍欢迎，他们将其奉为农村新兴"意见领袖"。村民们在有困难时，往往会主动向大学生村官求助，因此要充分发挥大学生村官在信息搜集、利用以及新媒体应用方面的优势，通过他们的桥梁作用帮助农民获得实用信息，并最终教会农民查询和辨识信息的能力。

第五，教会农民上网，发挥网络传媒优势。尽管网络在贵州农村的使用率较低，但是网络信息传播的功能却不容小觑。如今，伴随着政府职能向服务性转型，各地的政府网站、微博、微信平台在传播本地新闻及各类信息上起到了非常重要的作用，而且均设有"政民互动"栏目，为社会公众反映各种诉求提供了一个非常好的平台。因此，有必要教会农民上网，并加大对政府网站和涉农网站的介绍和宣传，让农民充分感受到新媒体所带来的便捷和信息的公开、公平。

---

① 罗立娜、刘行：《我国农村信息传播中意见领袖现象分析》，《黑龙江农业科学》2014 年第 6 期。

第六，还要重视发挥各级各类图书馆的作用，形成对农信息传播和信息服务的合力。近年来，伴随着社会主义新农村建设的逐步推进，为农村、为农民提供信息服务已经成为各级各类图书馆的重要任务之一。贵州省遵义市图书馆自 2010 年开始，就积极参与当地千余个农家书屋的可持续发展：一方面，他们选派业务骨干直接深入书屋培训管理员。不仅教会管理员如何对图书资料进行规范化管理，还引导他们如何根据读者需求开展有特色的读者服务工作。另一方面，市图书馆还通过推荐书目以及定期配送相关图书的方式，积极协助各农家书屋根据区域特色和产业发展优势，建立特色藏书。市图书馆的强大支持为遵义市的农家书屋盘活了资源，注入了活力，成为广大农民查书看报的一个好去处。[①] 2015 年 9 月，贵州省贵阳市乌当区图书馆开展了以关注老年人信息生活为主题的免费培训，30 名老人自带智能手机在贵州师范学院志愿者老师的引导下，在图书馆电教室学习如何使用智能手机上网。在为期 9 天的培训中，老人们学习了智能手机的基本操作，连接 WIFI 和使用数据流量上网的方法以及使用微信、QQ 等社交平台的技巧等实用内容。[②] 不仅公共图书馆如此，部分高校图书馆也积极探索为农服务的方法与策略。2013 年，贵州大学图书馆唐圣琴等人针对该省农民信息消费低、增收空间小的困境，提出应通过专门开发面向农民的网络信息服务平台，培养"信息代理人"，培训农民及涉农信息服务人员以及开展图书漂流活动等措施发挥高校图书馆在信息传播中的重要作用，培养农民的信息素养，为消除农村信息荒漠化贡献力量。[③]

（三）加大政府作为力度，优化农村信息传播环境

1. 提升信息质量，降低信息获取成本

如前所述，贵州信息基础设施建设薄弱的局面已发生全面改观，

---

① 《贵州省遵义市图书馆全方位推行延伸服务》，《遵义日报》，http://www.nlc.gov.cn/newtsgj/yjdt/2013n/7y_8612/201307/t20130701_75430.htm。

② 贵阳网—贵阳晚报：《贵州省贵阳市乌当区图书馆：老人进课堂 学玩智能机》，http://www.gywb.cn/content/2016-09/13/content_3806121.htm。

③ 唐圣琴等：《贵州大学图书馆面向农村信息服务的实践与思考》，《安徽农业科学》2013 年第 36 期。

但是由于电脑、智能手机等信息终端价格不菲，且实用的信息资源严重不足，贵州农村信息化的效用未能显著呈现。因此，目前需要从提升信息质量，降低信息获取成本两方面入手加以解决：（1）开发针对性强、通俗易懂的信息资源。电视是贵州农民接触最频繁的媒体，各级电视台应该切实肩负起乡村信息传播的媒体责任，针对目前农民普遍信息占有量少、防范意识弱而导致坑农害农事件屡有发生的现状，专门制作农村防拐防骗、村民权益保护等节目，增强农民自我保护的意识和技能，同时还应该增加农业节目、农业科普知识等的播出时间。各级政府涉农部门也要充分利用农家书屋、信息服务站以及"科技、文化、卫生三下乡活动"等传统渠道宣传科普知识和农技信息，营造良好的信息传播环境，提高农民的信息意识。（2）加大对农民购买智能手机和电脑等信息终端产品的财政补贴，降低信息获取成本。相对于贵州农村人均收入的现状，电脑还属于奢侈品，建议政府对农户购买电脑实行一定数额的补贴，减轻农民的信息投入成本，同时，针对农民对电脑使用的畏难情绪，建议当地政府或电脑销售商免费开展电脑使用和上网的基础知识培训。而国家可通过减免那些愿意开展免费培训并且效果较好的企业的税赋，增强企业对此项工作的积极性。另外，各地通信管理局应在核查及调研农村宽带发展及资费情况的基础上，更多地承担社会责任，进一步让利消费者，降低农村宽带资费，使农村居民不仅用得上而且用得起互联网络。

2. 大力宣传政府涉农网站的各项服务

目前，贵州省已经建成包括贵州农业信息网、贵州果蔬视窗、贵州茶叶新闻网、黔东南州农业信息网、黔南农业信息网、贵阳市农业信息网、黔西南州农业信息网、黔农网等在内的多个农业信息网站，且不少网站在信息资源的深度开发方面做了细致的工作。以黔农网（www. qnong. com. cn／）为例，它是一个致力于提供贵州养殖和种植的农业信息网站，主要包括农业资讯、农业养殖、农业种植、农业知道、农特产品、农人健康等栏目，在每一个栏目之下，均有详细的分类，同时提供方便快捷的检索方式，网站在资源的搜集及组织方面质量较高，有网民评价："可读性高、内容丰富、商品多。"然而，对于大多数农民而言，他们对该网站完全不知晓。受访的农村网民均表示只会使用百度等搜索引擎查找信息，不知道本省或本地还有专门的农业服务网站。另外，通过网页浏览调查，课题组也发现政府涉农网站的不少服务流于形式，没有发挥实效。贵州省农业信息网是贵州省农业信息委员会所属的网站，通过点击其主页上的"美丽黔农"政务微博和"12316三农服务热线"，课题组发现，美丽黔农的关注度和粉丝数都比较低，关注度为122，粉丝数为29990，且该政务微博推送的信息数量少，更新速度慢，平均每月发布的信息大概只有十几条，当日看到的信息大约是十几天以前的。"12316三农服务热线"是由贵州省农业委员会主办，依托贵州省农业科学院专家团队提供智力支持的农业信息咨询服务平台，它面向农民和农业生产企业提供农业政策法规解答、农业生产技术咨询、农资打假投诉举报等方面的服务。农民有需求时，只需通过电话拨打即可，操作简单；且收费也只按市话收取，移动用户办理包月套餐按每月3元收取，费用低廉。而且该平台还承诺，对于不能及时予以解决的问题或事件，将转交相关部门予以答复或安排专家到现场解决。然而，如此方便实惠的信息平台，并没有得到广大农民朋友的青睐，在本次采访中，大多数农民表示当生产中遇到问题时，或者束手无策，或者求助亲朋好友，没人拨打过"12316"求助。问及原因，82.3%的受访者表示不知道有这个电话，还有一成左右的受访者不相信有如此好事，有人觉得这可能是诈骗电话，也有人担心专家服务会另外收取高额费用，还有人觉得专家没有实际种养经验，他们提供的信息未必可靠。因此各级涉农政府部门及组织必须想方设法加大为农服务方式的宣传力度，让各种举措都能真正发挥实效。

3. 加强信息人才队伍的建设

在贵州农村，由于农民对信息的效用认识不足、获取信息的手段有限，因此在遇到问题时往往一筹莫展，这就需要有专门的信息服务人员帮助他们搜集、整理、传递所需信息。可以说，农村信息人才队伍建设的好坏直接关系着各种信息媒介传播的有效性，建议政府各级组织从以下几方面着手：一要制定优惠政策，鼓励农村人才留下来。近年来，国家持续加大对西部农村人力资源的输送，实施了"大学生志愿服务西部计划"，从2003年起，每年招募一定数量的高校应届毕业生，到西部基层开展为期1—3年的教育、卫生、农技、扶贫等志愿服务。其中支农专项行动的志愿者主要是在西部地区贫困县的乡镇农业（林业、水利）技术站从事为期1—2年的农业科技、扶贫工作。① 建议贵州基层政府以此为契机，千方百计为支农的大学生提供各种优惠条件，鼓励他们在工作中充分发挥主观能动性，用自己娴熟的信息检索和分析技能，为当地的农民开展针对性强、及时有效的信息服务。二要积极拓展各类途径，打造农技服务专家团队。一方面，各级组织要加强对科技带头人、涉农企业、村组干部、农民经纪人以及农村信息员的培育和管理，打造一支高素质的"土专家"队伍，为普通农民提供上门指导服务，不断增加和改善信息传播渠道，以真正解决农村信息进村入户的实际问题。② 另一方面，政府各级涉农部门还要善于借助外力，不仅要广泛联合各科研院所中热心助农且技术过硬的专家学者，还要通过减免税收、政策优惠等多种途径，调动包括各类教育培训机构、用人单位在内的社会其他各方的力量积极参与到农民培训工作中来，以便增强农民的信息意识，提高农民的职业技能。同时，为了激发支农为农的社会积极性，政府还应拨出专款，对为农服务较好的"土专家"、带富创业者进行奖励。

---

① 百度百科：《大学生志愿服务西部计划》，http：//baike. baidu. com/link？url = vxz-KoxA_ tOWv4B4DGyvowyFSaWx30_ nwOSb9DNFN_ Gz – F6L1VFyjswwAgBQejobtAjrpN2h7B fgsSaC – ptM1hq。

② 黄河、刘小平、龙海：《贵州省农村信息服务现状调查研究》，《湖北农业科学》2012年第7期。

附录　西部地区对农信息传播 有效性调查问卷

亲爱的农民朋友：您好！

我们是陕西理工大学国家社科基金项目"西部地区对农信息传播有效性研究"（项目号：12BXW034）课题组的调研人员，因研究的需要进行本次问卷调查，以了解西部地区农村信息传播的现状。希望能在您的协助下填写好下面的问卷。填写时请不要有任何顾虑，也不涉及您的任何利益，请按照真实情况回答问题。感谢您的真诚合作！

调查员姓名：　　　　　　　院系：

一　　　省　　　市　　　县（区）　　村基本情况

1. 全村有（　　　）户，（　　　）人

2. 全村固定电话安装（　　　）户

3. 全村手机拥有情况（　　　）

A. 基本上都有；　B. 大多数有；　C. 在外打工的有；　D. 其他

4. 全村有线电视安装（　　　）户，自装卫星接收器收看电视（　　　）户

5. 全村购置电脑（　　　）户，其中上网（　　　）户

6. 全村订报纸期刊（　　）份，农民自费订阅报纸期刊（　　）份主要有：

7. 全村农户经济收入的主要来源是（　　　）

A. 外出打工；B. 养殖；C. 种植；D. 农产品加；

E. 其他非农行业，如_____

8. 全村年人均纯收入（　　　）元

二　入户调查

请在符合您情况的选项上打"√"

1. 您的性别：男；女

2. 您的年龄：A.18—25 岁；B.26—35 岁；C.36—45 岁；D.46—55 岁

3. 您的文化程度：A. 初中及初中以下；B. 高中；C. 大专及大专以上

4. 本人主要从事：A. 种植户；B. 养殖户；C. 打工；D. 经商；E. 村干部；F. 其他

5. 个人年平均纯收入：A.5000 元以下；B.5001—7000 元；C.7001—10000 元；D.10001 元以上

6. 您是否清楚您最需要哪些方面的信息？（请在您需要的信息后面打"√"）

A. 市场类信息：农产品价格行情（　　　）；农产品供求行情（　　　）；农产品市场分析预测（　　　）；化肥、种子、农药价格（　　　）；致富项目（　　　）；就业信息（　　　）

B. 科技类信息：病虫害防治技术（　　　）；旱涝灾害应对技术（　　　）；实用种养殖技术（　　　）；农产品加工技术（　　　）；农产品品种信息（　　　）；清洁能源技术（　　　）

C. 政策类信息：土地政策（　　　）；农业贷款政策（　　　）；医疗政策（　　　）；养老政策（　　　）；计划生育政策（　　　）；补贴政策（农业保险补贴、农资补贴）（　　　）

D. 生活类信息：法律知识（　　　）；消费资讯（　　　）；子女教育信息（　　　）；健康保健知识（　　　）

E. 娱乐类信息：文艺节目（　　　）；电视剧（　　　）

7. 你是否知道通过哪些途径可以获得您所需要的信息？

A. 报纸杂志；B. 广播电台；C. 电视台；D. 网络；E. 手机；

F. 政府（村委）；G. 农科院所；H. 涉农企业；I. 村能人；

J. 亲朋熟人；K. 其他，如_____

8. 当你获取信息后，您能否评价信息的真假、好坏？

A. 能；B. 不能

9. 当你确认信息有用后，你会怎么做？

A. 立即付诸实施；B. 再等等看，条件具备时会付诸实施

C. 告诉他人；D. 继续关注

10. 您使用手机除了打电话以外，还用来做什么？

A. 聊手机 QQ；B. 发送短信；C. 玩游戏；D. 看新闻；

E. 上网查感兴趣的信息；F. 下载音乐；G. 订制有用信息（如农信通）；H. 其他，如_____

三　信息传播的类型（请在您选择对应的方框里打"√"）

1. 您接触信息渠道的频繁程度是

	每天	经常	有时	很少	从不
A. 报刊					
B. 广播					
C. 电视					
D. 网络					
E. 手机					
F. 政府（村委）宣传					
G. 农科院所					
H. 涉农企业					
I. 村能人					
J. 亲朋熟人					
K. 其他					

2. 从您接触渠道那儿获得的信息是否可信？

	非常可信	比较可信	基本可信	不太可信	完全不可信
A. 报刊					
B. 广播					
C. 电视					
D. 网络					

	非常可信	比较可信	基本可信	不太可信	完全不可信
E. 手机					
F. 政府（村委）宣传					
G. 农科院所					
H. 涉农企业					
I. 村能人					
J. 亲朋熟人					
K. 其他					

3. 从您接触渠道那儿获得的信息及时不及时？

	非常及时	比较及时	一般	不及时	很不及时
A. 报刊					
B. 广播					
C. 电视					
D. 网络					
E. 手机					
F. 政府（村委）宣传					
G. 农科院所					
H. 涉农企业					
I. 村能人					
J. 亲朋熟人					
K. 其他					

4. 在您选择的这些渠道中，你认为获取信息的花费是：

	高	较高	适宜	低	没有
A. 报刊					
B. 广播					
C. 电视					
D. 网络					
E. 手机					
F. 政府（村委）宣传					

	高	较高	适宜	低	没有
G. 农科院所					
H. 涉农企业					
I. 村能人					
J. 亲朋熟人					
K. 其他					

5. 您熟悉您接触渠道的联系方式吗？

	非常熟悉	比较熟悉	熟悉	不太熟悉	不熟悉
A. 报刊					
B. 广播					
C. 电视					
D. 网络					
E. 手机					
F. 政府（村委）宣传					
G. 农科院所					
H. 涉农企业					
I. 村能人					
J. 亲朋熟人					
K. 其他					

6. 您经常和以下哪种渠道的信息发布者联系，向他们反映您的意见或疑问？

	每天	经常	有时	很少	从不
A. 报刊					
B. 广播					
C. 电视					
D. 网络					
E. 手机					
F. 政府（村委）宣传					
G. 农科院所					

	每天	经常	有时	很少	从不
H. 涉农企业					
I. 村能人					
J. 亲朋熟人					
K. 其他					

7. 如果您注意到一条对您非常重要的信息，你愿意通过以下哪种渠道继续了解该信息的详细内容？

	非常愿意	比较愿意	愿意	不太愿意	不愿意
A. 报刊					
B. 广播					
C. 电视					
D. 网络					
E. 手机					
F. 政府（村委）宣传					
G. 农科院所					
H. 涉农企业					
I. 村能人					
J. 亲朋熟人					
K. 其他					

8. 如果您需要咨询却没有采取相应的反馈措施，主要原因是：

A. 信息发布者没有提供反馈的途径（如没有公布反馈电话、邮箱等信息）

B. 不知道如何反馈

C. 怕麻烦

D. 不知道如何表达自己的意见

E. 觉得没必要

F. 担心没有人理会自己的反馈

G. 没时间

H. 其他

四　不同媒介沟通的有效性

以下部分是对传播效果的陈述。请根据您接受信息的现状对以下陈述做出赞同或是不赞同，在方框内打"√"。

（一）报刊传播效果评价

		十分同意	同意	说不清	不同意	很不同意
1	报刊是我获取信息的最主要途径					
	请列出您常看的报纸：					
2	报刊上发布的信息都是来源可靠，客观真实的					
3	报刊传递各种信息是非常及时的					
4	我能从报刊上及时获得我所需要的市场信息					
5	我能看明白报刊上的市场信息					
6	报刊上介绍的致富经验对我有很大影响，如果条件具备，我会加以运用					
7	我会把报刊上发布的农产品价格、行情信息运用到农产品销售中					
8	我能从报刊上获得我需要的科技信息					
9	报刊上的科技信息通俗易懂，能看明白					
10	报刊上的科技信息对我很有用，如果条件具备，我会加以运用					
11	我能从报刊上及时了解国家的各项政策信息					
12	报刊上发布的政策信息通俗易懂，我能明白					
13	我会因为电视上发布的政策信息改变我的思想观念					
14	我能从报刊上获得许多生活服务信息					
15	报刊上的生活服务信息我能看明白					
16	报刊上介绍的生活服务信息对我有很大影响，如果条件具备，我会加以运用					
17	我会因为报刊上发布的生活服务信息而改变我的思想观念和生活态度					

		十分同意	同意	说不清	不同意	很不同意
18	我能从报刊上获得许多文艺娱乐信息					
19	我会因为报刊上的文艺娱乐信息而改变我的思想观念和生活态度					

（二）广播传播效果评价

		十分同意	同意	说不清	不同意	很不同意
1	广播是我获取信息的最主要途径					
请列出您常听的广播频道：						
2	广播中播发的信息都是来源可靠，客观真实的					
3	广播传递各种信息是非常及时的					
4	我能从广播中及时获得我所需要的市场信息					
5	我能明白广播中的市场信息					
6	广播中介绍的致富经验对我有很大影响，如果条件具备，我会加以运用					
7	我会把广播中发布的农产品价格、行情信息运用到农产品销售中					
8	我能从广播中获得我需要的科技信息					
9	广播中的科技信息通俗易懂，能看明白					
10	广播中的科技信息对我很有用，如果条件具备，我会加以运用					
11	我能从广播中及时了解国家各项政策信息					
12	广播中发布的政策信息通俗易懂，我能明白					
13	我会因为广播中发布的政策信息而改变我的思想观念					
14	我能从广播节目中获得许多生活服务信息					
15	广播中的生活服务信息我能看明白					
16	广播中介绍的生活服务信息对我有很大影响，如果条件具备，我会加以运用					

	十分 同意	同意	说不清	不同意	很不 同意
17	我会因为广播中发布的生活服务信息而改变我的 思想观念和生活态度				
18	我能从广播节目中看到许多文艺娱乐节目				
19	我会因为广播中的文艺娱乐节目而改变我的思想 观念和生活态度				

(三) 电视传播效果评价

	十分 同意	同意	说不清	不同意	很不 同意
1	电视是我获取信息的最主要途径				
请列出您常看的电视频道:					
2	电视上播发的信息都是来源可靠, 客观真实的				
3	电视传递各种信息是非常及时的				
4	我能从电视上及时获得我所需要的市场信息				
5	我能看明白电视上的市场信息				
6	电视上介绍的致富经验对我有很大影响, 如果条 件具备, 我会加以运用				
7	我会把电视上发布的农产品价格、行情信息运用 到农产品销售中				
8	我能从电视上获得我所需要的科技信息				
9	电视上的科技信息通俗易懂, 能看明白				
10	电视上的科技信息对我很有用, 如果条件具备, 我会加以运用				
11	我能从电视上及时了解国家的各项政策信息				
12	电视上发布的政策信息通俗易懂, 我能明白				
13	我会因为电视上发布的政策信息而改变我的思想 观念				
14	我能从电视节目中获得许多生活服务信息				
15	电视上的生活服务信息我能看明白				

		十分同意	同意	说不清	不同意	很不同意
16	电视上介绍的生活服务信息对我有很大影响，如果条件具备，我会加以运用					
17	我会因为电视上发布的生活服务信息而改变我的思想观念和生活态度					
18	我能从电视节目中看到许多文艺娱乐节目					
19	我会因为电视上的文艺娱乐节目而改变我的思想观念和生活态度					

（四）网络传播效果评价

		十分同意	同意	说不清	不同意	很不同意
1	网络是我获取信息的最主要途径					
请列出您常浏览的网站：						
2	网络上播发的信息都是来源可靠，客观真实的					
3	网络传递各种信息是非常及时的					
4	我能从网络上及时获得我所需要的市场信息					
5	我能看明白网络上的市场信息					
6	网络上介绍的致富经验对我有很大影响，如果条件具备，我会加以运用					
7	我会把网络上发布的农产品价格、行情信息运用到农产品销售中					
8	我能从网络上获得我所需要的科技信息					
9	网络上的科技信息通俗易懂，能看明白					
10	网络上的科技信息对我很有用，如果条件具备，我会加以运用					
11	我能从网络上及时了解国家的各项政策信息					
12	网络上发布的政策信息通俗易懂，我能明白					
13	我会因为网络上发布的政策信息而改变我的思想观念					

		十分同意	同意	说不清	不同意	很不同意
14	我能从网络节目中获得许多生活服务信息					
15	网络上的生活服务信息我能看明白					
16	网络上介绍的生活服务信息对我有很大影响，如果条件具备，我会加以运用					
17	我会因为网络上发布的生活服务信息而改变我的思想观念和生活态度					
18	我能从网络节目中看到许多文艺娱乐节目					
19	我会因为网络上的文艺娱乐节目而改变我的思想观念和生活态度					

（五）政府（村委会）传播效果评价

		十分同意	同意	说不清	不同意	很不同意
1	村委会是我获取信息的最主要途径					
	请选出您认为村委会发布信息的最有效的方式： A. 农村广播站　B. 村委宣传栏　C. 村民会议　D. 村干部挨家挨户宣传					
2	村委会发布的信息都是来源可靠，客观真实的					
3	村委会传递各种信息是非常及时的					
4	我能从村委会及时获得我所需要的市场信息					
5	村委会发布的市场信息通俗易懂					
6	村委会介绍的致富经验对我有很大影响，如果条件具备，我会加以运用					
7	我会把村委会发布的农产品价格、行情信息运用到农产品销售中					
8	我能通过村委会的帮助（如聘请农技专家）获得我需要的科技信息					
9	通过村委会获得的科技信息有专人指导，容易理解					

	十分同意	同意	说不清	不同意	很不同意
10	通过村委会获得的科技信息对我很有用，如果条件具备，我会加以运用				
11	我能从村委会及时了解国家的各项政策信息				
12	村委会发布的政策信息通俗易懂，我能明白				
13	我会因为村委会发布的政策信息而改变我的思想观念				
14	我能从村委会获得许多生活服务信息				
15	村委会发布的生活服务信息通俗易懂				
16	村委会介绍的生活服务信息对我有很大影响，如果条件具备，我会加以运用				
17	我会因为村委会发布的生活服务信息而改变我的思想观念和生活态度				
18	村委会经常组织许多文艺娱乐活动				
19	我会因为村委会组织的文艺娱乐活动而改变我的思想观念和生活态度				

（六）农村人际传播效果评价

	十分同意	同意	说不清	不同意	很不同意
1	亲朋熟人是我获取信息的最主要途径				
2	亲朋熟人传递的信息都是来源可靠，客观真实的				
3	亲朋熟人传递各种信息是非常及时的				
4	我能从亲朋熟人那里及时获得我所需要的市场信息				
5	亲朋熟人传递的市场信息很好懂				
6	亲朋熟人介绍的致富经验对我有很大影响，如果条件具备，我会加以运用				
7	我会把亲朋熟人传递的农产品价格、行情信息运用到农产品销售中				

		十分同意	同意	说不清	不同意	很不同意
8	我能从亲朋熟人那里获得我需要的科技信息					
9	亲朋熟人介绍的科技信息通俗易懂，我能明白					
10	亲朋熟人介绍的科技信息对我很有用，如果条件具备，我会加以运用					
11	我能从亲朋熟人那里及时了解国家的各项政策信息					
12	亲朋熟人传递的政策信息通俗易懂					
13	我会因为亲朋熟人传递的政策信息而改变我的思想观念					
14	我能从亲朋熟人那里获得许多生活服务信息					
15	亲朋熟人介绍的生活服务信息通俗易懂					
16	亲朋熟人介绍的生活服务信息对我有很大影响，如果条件具备，我会加以运用					
17	我会因为亲朋熟人传递的生活服务信息而改变我的思想观念和生活态度					
18	我能从亲朋熟人那里获得许多文艺娱乐信息					
19	我会因为亲朋熟人介绍的文艺娱乐信息而改变我的思想观念和生活态度					

参考文献

方晓红：《大众传媒与农村》，中华书局 2002 年版。

方晓红：《农村传播学研究方法初探》，人民出版社 2008 年版。

李红艳：《乡村传播与农村发展》，中国农业大学出版社 2007 年版。

谢咏才、李红艳：《中国乡村传播学》，知识产权出版社 2005 年版。

谭英：《新农村"自下而上"信息传播范式研究》，中国农业大学出版社 2010 年版。

谭英：《中国乡村传播实证研究》，社会科学文献出版社 2007 年版。

仇学英：《社会主义新农村发展传播模式论》，中国传媒大学出版社 2011 年版。

王德海：《农村发展传播学》，中国农业大学出版社 2012 年版。

骆浩文、黄修杰、苏柱华：《农业传媒与传播》，中国经济出版社 2012 年版。

黄平等：《西部经验：对西部农村的调查与思索》，社会科学文献出版社 2006 年版。

尤游：《大众传媒在农村社区的角色变迁》，上海交通大学出版社 2011 年版。

徐振宇：《中国农村居民消费发展报告》，知识产权出版社 2010 年版。

李志刚：《农村信息化发展的动力机制及知识服务体系构建研究》，巴蜀书社 2010 年版。

费孝通：《乡土中国》，人民出版社 2008 年版。

张培刚：《农业与工业化》，华中科技大学出版社 2002 年版。

石义彬：《单向度，超真实，内爆——批判视野中的当代西方传播思想研究》，武汉大学出版社 2003 年版。

尹世杰：《消费经济学》，高等教育出版社 2003 年版。

薛亮、方瑜：《农业信息化》，京华出版社 1998 年版。

胡卓红：《农民专业合作社发展实证研究》，浙江大学出版社 2009 年版。

李道亮：《中国农村信息化发展报告（2011）》，电子工业出版社 2012 年版。

刘军、方明：《新农村建设政策理论文集》，中国建筑工业出版社 2006 年版。

郭作玉：《中国农村市场信息服务概论》，中国农业出版社 2005 年版。

张国良：《现代大众传播学》，四川人民出版社 1998 年版。

贾国飚：《媒介营销》，湖南人民出版社 2003 年版。

郭玉锦、王欢：《网络社会学》，中国人民大学出版社 2005 年版。

周葆华：《效果研究：人类传受观念与行为的变迁》，复旦大学出版社 2008 年版。

刘晓红、卜卫：《大众传播心理研究》，中国广播电视出版社 2001 年版。

刘海龙：《大众传播理论：范式与流派》，中国人民大学出版社 2008 年版。

郭亚军：《综合评价理论、方法及拓展》，科学出版社 2012 年版。

邱均平、文庭孝：《评价学：理论·方法·实践》，科学出版社 2010 年版。

谢季坚、刘承平：《模糊数学方法及其应用》，华中科技大学出版社 2006 年版。

林之达：《传播心理学新探》，北京大学出版社 2004 年版。

刘京林：《大众传播心理学》，中国传媒大学出版社 2005 年版。

凤笑天：《社会学研究方法》，中国人民大学出版社 2009 年版。

朱庆华：《网络信息资源评价指标体系的建立和测定》，商务印书馆 2012 年版。

郑红维、李颢：《中国农村信息服务体系综合评价与发展研究》，中国农业科学技术出版社 2010 年版。

杜栋、庞庆华、吴炎：《现代综合评价方法与案例精选》，清华大学出版社 2008 年版。

马费成：《信息资源开发与管理》，电子工业出版社 2004 年版。

贾俊平：《统计学》，中国人民大学出版社 2010 年版。

靖继鹏、张向先、李北伟：《信息经济学》，科学出版社 2007 年版。

田智辉：《新媒体传播——基于用户制作内容的研究》，中国传媒大学出版社 2008 年版。

彭增军：《媒介内容分析法》，中国人民大学出版社 2012 年版。

吴明隆：《统计应用实务》，中国铁道出版社 2000 年版。

杨善华：《城乡日常生活——一种社会学分析》，社会科学文献出版社 2008 年版。

李小云、左亭：《2008 年中国农村情况报告》，社会科学文献出版社 2009 年版。

梁漱溟：《乡村建设理论》，上海人民出版社 2006 年版。

潘忠党：《媒介效果实证研究的话语》，华夏出版社 2009 年版。

傅殷：《中国数字电视研究开发及产业化探索》，广东经济出版社 2001 年版。

朱智贤、林崇德：《思维发展心理学》，北京师范大学出版社 2009 年版。

陈崇山、弭秀玲：《中国传播效果透视》，沈阳出版社 1989 年版。

刘岳、宋棠：《国家政策在农村实践过程的理解社会学》，云南出版集团公司 2006 年版。

薛毅：《乡土中国与文化研究》，上海书店 2008 年版。

樊葵：《媒介崇拜论：现代人与大众媒介的异态关系》，中国传媒大学出版社 2008 年版。

翟杰全：《科技传播与科技传播学》，北京理工大学出版社 2002 年版。

孙立平：《失衡：断裂社会的运作逻辑》，社会科学文献出版社 2004 年版。

［美］柯克·约翰逊：《电视与乡村社会变迁：对印度两村庄的民族

志调查》，展明辉、张金玺译，中国人民大学出版社 2005 年版。

[法] H. 孟德拉斯：《农民的终结》，李培林译，社会科学文献出版社 2010 年版。

[美] 格兰·斯帕克斯：《媒介效果研究概论》，何朝阳、王希华译，北京大学出版社 2008 年版。

[美] 简宁斯·布莱恩特：《媒介效果：理论与研究前沿》，石义彬译，华夏出版社 2009 年版。

[美] 斯蒂文·小约翰：《传播理论》，陈德民等译，中国社会科学出版社 1999 年版。

[美] 琼恩·基顿：《传播研究方法》，邓建国、张国良译，复旦大学出版社 2009 年版。

[美] 威尔伯·施拉姆、威廉·波特：《传播学概论》，何道宽译，中国人民大学出版社 2010 年版。

[美] 丹尼斯·麦奎尔、斯文·温德尔：《大众传播模式论》，祝建华、武伟译，上海译文出版社 1997 年版。

[美] 沃尔特·李普曼：《公众舆论》，阎克文等译，上海人民出版社 2002 年版。

[美] 罗伯特·拉罗斯：《今日媒介：信息时代的传播媒介》，熊澄宇译，清华大学出版社 2004 年版。

[美] 费雷德里克·威廉姆斯、彼特·蒙日：《传播统计法》，苏林森译，清华大学出版社 2011 年版。

[美] 奥格尔斯等：《大众传播学：影响研究范式》，关世杰等译，中国社会科学出版社 2000 年版。

[英] 尼克·史蒂文森：《认识媒介文化——社会理论与大众传播》，周宪、许均译，商务印书馆 2001 年版。

[加] 马歇尔·麦克卢汉：《理解媒介——论人的延伸》，何道宽译，南京大学出版社 2000 年版。

[英] 克里斯托夫·霍洛克斯：《麦克卢汉与虚拟实在》，刘千立译，北京大学出版社 2005 年版。

[美] 迈克尔·E. 罗洛夫：《人际传播：社会交换论》，王江龙译，上海译文出版社 1991 年版。

后　记

　　对于农村信息传播有效性问题的关注，缘于我的农村情结。40多年前，我被席卷全国的"知识青年上山下乡运动"风暴抛到陕南一个小山村里插队落户。那里地处偏远，农民的主粮是红薯，一年里有八九个月要靠红薯度日，生活极为贫苦，信息极为闭塞。去一趟公社得翻山越岭走上大半天，进一次县城往返起码要三天，能看到半月前的一张报纸便甚觉新鲜。正是那段知青岁月，让我看到了中国农村的真实景象和农民的真实生活。后来因为工作关系也时常下乡和农民打交道，交了不少农民朋友，对于中国农民为中国改革开放付出的辛酸和苦难有较多的了解和体验。因此当从媒体知晓时任湖北省监利县棋盘乡党委书记的李昌平上书中央，用"农民真苦，农村真穷，农业真危险"13个字概括出中国"三农"问题的真实境况时，更引发了我强烈的共鸣和思考。

　　从2004年的"中央1号"文件始，党中央、国务院已连续发布了14个指导"三农"工作的"1号文件"，这在新中国成立以来绝无仅有，足见"三农"工作在国家发展中的战略地位。在解决"三农"问题，深化农村改革，推进农村现代化的进程中，传播是一个不能忽视的因素，更是一种重要的力量，国内外对此已经做了大量的研究和充分的证明。但是直到今天，中国农村特别是西部农村，对农信息传播和信息服务仍然不能适应当前农村经济社会发展的需要，无法满足农民的信息需求，农民依然承受着信息稀缺、信息失衡的落寞。鉴于此，自2004年开始，我将自己的研究方向转向了农村的信息传播研究。由于学校地处经济文化都极不发达的中国西部秦巴山区，研究中遇到许多难以诉说的困难。但是也正因为这种地缘环境，又使得研究有了很多在大城市无法具备的条件。比如，与西部农村和农村文化的地理接近性，对西部农民生活和思想观念的熟悉程度，对西部乡村文化、人文传统、风土人情的了解等，又都有其得天独厚、无可替代的优势。已年过花甲的我和几位志同道合的青年教师，从陕南农村的信息传播现状和传播生态调查入手展开研究，继而扩展到全省，最后将整个西部纳入我们的研究视野。在研究过程中，长期困扰我们的一个问题是，自西部大开发战略实施以来，对于西部农村的信息化建设，政府的重视程度不可谓不高，国家财政和企业的投入不可谓不大，但是究竟效果如何，却一直是一笔说不清道不明的糊涂账。因而西部农村信息传播的有效性就成为一个亟待解决而又很有研究价值的课题。

21世纪中国的涉农传播研究较过去有了长足发展，在各种不同的研究视野下，很多学者对农村信息传播的基本问题和相关现象进行了广泛的探索，也取得了不少成果。但是对于新媒体环境下的农村大众传播、人际传播、组织传播和群体传播等传播形式的特点、作用与优化模式的研究还很薄弱，特别是当网络、手机、移动电视等新媒体在农村日益普及和渗透的传播环境下，对农传播的有效性研究更是几近空白，成了一个无人问津的领域。究其原因，主要还是对农村信息传播的有效性缺乏正确的认识和足够的重视，再加之由于各种传播媒介的不同特点及受众的多样性、复杂性和不同信息需求诸多因素，使信息传播有效性的测度复杂而艰难，很难用量化的数据去测定某种媒介、某条信息的传播效果如何，可能这就是在传播效果研究领域里历来很少有人涉足于此的主要原因。

在当前形势下，开展新媒体环境下农村信息传播有效性的研究，有利于我们对农村信息传播的内在规律进行更为深入的认识和探索，对农村信息传播的现状及未来的发展方向有清晰的把握，从而指导农村信息传播的实践，探索提高农村信息传播有效性的路径与方法，同时也为农村的传播效果研究提供一种新的范式。

本书是由我主持的国家社会科学基金项目"西部地区对农信息传播有效性研究"（立项号：12BXW0334，结项证书号：20162063）的最终成果，该项目于2012年8月立项，经过了三年多的艰苦工作，于2016年12月通过了全国哲学社会科学规划办公室组织的成果鉴定评审，鉴定等级为良好，现在终于正式出版。回顾三年来的研究历程，有太多的感受，这是一次充满了挑战和困难，而又让人毕生难以忘怀的科研实践活动。

研究工作伊始，我们就面临着五大难题，即概念界定难、指标设定难、表述概括难、问卷设计难和调查取样难。

概念界定难。"农村信息传播有效性"是一个笼统的概括，人人意中有，个个笔下无。其概念内涵是什么，其外延又应该如何界定，不同的人有不同的看法，见仁见智，难以统一。为概念的确立，课题组有过无数次的讨论和激辩，最终才得以确定。这个概念可能离严格的学术定义还有一定的差距，但希望它能够抛砖引玉，引发学界的关注和讨论。

指标设定难。研究的核心部分是设计信息传播有效性的评估指标体系，它是整个课题研究工作的重中之重，也是课题组投入力量最大、耗费时间最长的一项内容。我们知道，信息传播主体、主体关系以及传播途径共同构成信息传播的结构空间，形成信息传播的社会网络，通过影响客体的态度和认识并使其在特定情境下的行为模式发生改变，才能体现信息传播的有效性，也才能实现传播效果。因此，对信息传播有效性的评估是农村信息传播中必不可少的一个环节，更是无法回避的一个问题。由于对信息传播有效性的评估是一个相当复杂的过程，很难用一两个指标全面地反映出来，因此评估指标体系必须具有全面性、动态性和系统优化性，能够体现出信息传播有效性的过程与结果。这就需要在考虑信息传播过程各影响因素和相互关系的情况下设置相应的指标来全面、完整地反映信息传播的有效程度。可以说，如果没有这个评价指标体系，本课题研究就无法进行。

信息传播有效性应该有些什么样的评价标准？应该从哪些方面设定指标？所设指标能不能满足有效性程度检测的要求？诸如此类的问题始终盘旋在脑际。由于这是一项从未有人做过的事情，既缺乏经验，更无前人的研究可资借鉴，农村信息传播有效性的各项测评指标设计难度远远超过我们的预计和想象，研究工作甚至一度停滞不前。后来我们采取了文献梳理、专家咨询和实证调查相结合的方法。通过征询专家意见，结合入户访谈和问卷调查，制定了农村信息传播有效性的评价准则，将关于评价准则的描述编制成"西部农村信息传播有效性测评初步指标"，邀请包括专家学者、业内人士、乡镇村基层干部、普通农民、政府农业和信息行政管理部门领导在内的 500 多名受访者对量表的每一个题项进行重要性程度评分。然后对量表数据进行分析，通过对信息传播的真实性、完整性、可存取性、流通性、适用性、信息到达和接受率、使用率等各项指标的相关系数作为信息有效性的检验参数，才最终设定了农村信息传播有效性评价指标体系。

表述概括难。"信息传播有效性"是一个很抽象的概念，要进行田野调查并让受访者能够准确把握，需要给出准确、具体、明白无误的表述，既不能太过笼统抽象和专业，也不能过于琐碎。经过多番讨论，几易其稿，最后的版本虽不尽如人意，但总算使得受调查者有所遵循，不至于发生理解歧义和困难。

问卷设计难。因为要对各项提问进行量化评分并得出数值结果，在问卷设计上也是左右为难，既怕太复杂了使受调查对象失去耐性而随意答题，影响调查结果的真实性；又怕过于简单而得不出有价值的结果。在开始大规模的调查之前，我们先行在陕南、陇西、川北等地农村进行小范围的试调查，每次发放问卷 80—100 份，回收后通过数据统计和倒查以发现问题，然后做进一步的修正。这样的试调查共进行了三次，在近一年的时间里，课题组成员多次到农村开展田野调查，采用了问卷调查、参与式观察、深度访谈、查阅相关档案资料与文件等多种方式收集材料，验证问卷的设计，问卷也经过多次调整和修改才得以定稿。问卷按照信息传播的一般规律和逻辑，从信息传播者、信息渠道、信息内容、受众和信息传播环境五个层面展开，重点在受访者对信息的接收使用情况和传播效果的认识评价，全卷共计 30 道大题 102 道小题，涵括了从传播媒介、信息产品到信息设施和信息受众，基本上没有遗漏重要方面和重要领域。

调查取样难。西部地域辽阔，交通不便，研究的调查取样困难重重。既要在有限的时间内完成调查，又要保证对各省、市、自治区的覆盖面，体现调查样本的代表性，就更是难乎其难。问卷设计完成后，通过各院系的党团组织，在全校范围内选聘了 200 余名高年级学生担任调查员。经过严格的培训，在老师的指导下，于 2013 年 1 —3

月对西部农村实施了问卷调查。为了保证样本的代表性，在确定各地投放样本数时，通过查询国家统计局发布的地区数据，根据西部各省、市、自治区的乡村人口数确定了问卷投放比例。调查地域覆盖了西部的十二省、自治区和直辖市中的 76 个市、212 个县（区）、761 个村。本次调查共发放问卷 2400 份，回收 2027 份，其中有效问卷 2024 份，有效回收率为 84%。根据现有的资料看，在国内对农传播研究领域，进行如此大规模的调查，覆盖地域之广，调查样本之多，似乎还没有先例。

在完成了问卷调查和现场一手资料收集后，课题组的中心工作转入数据统计、资料分析与书稿写作，终于在 2016 年新年到来之际，完成了本书的写作。分工如下：

导　　论　　闵阳

第一章　　闵阳

第二章　　闵阳

第三章　　闵阳

第四章　　黄丹

第五章　　黄丹　杨彩虹

第六章　　岳琳

第七章　　李静

闵阳负责本书的框架构建、体例安排并承担了全书的统稿和最后修订工作。

三年来，课题组走过了一条异常艰辛而又极富挑战性的研究之路：多少次通宵达旦的课题研讨、反复肯定又再否定的研究设计；烈日炎炎下和大雪纷飞中的田野调查、水土不服的乡村生活、高原反应引发的身体不适；庞杂繁重的数据录入、通宵不眠的计算和写作……要特别一提的是，课题组共 5 位成员，除我之外全是女性，她们平均年龄 36 岁，正处在"上有老下有小"，家庭、工作和事业负担最重的所谓人生"爬坡"阶段。但是，由于对中国西部农村这片热土的挚爱，她们放弃了许多。正是她们的努力与坚持，才有了今天这本书的付梓，我感谢她们。

同时感谢南京师范大学新闻与传播学院院长方晓红教授，兰州大学新闻与传播学院常务副院长李惠民教授、王芳教授，安康学院院长王兴林教授，陕西师范大学人文学院院长王晖教授以及西北大学新闻学院、西安交通大学新闻传播学院等高校同行，他们对本课题研究做了很多指导和帮助，提出了许多极有价值的意见和建议。

感谢陕西、甘肃、四川、青海、新疆、贵州、西藏等地新闻出版、广播电视界的领导和同志们，还有各地方政府的宣传、农业、信息等行政管理部门以及各乡镇的基层干部，对我们的研究工作给予了大力支持和热情的帮助，提供了许多方便。更要感谢那2000多户接受问卷调查的农民和村干部，没有他们的支持与配合，就难以完成课题的资料收集与实地调查工作。

还要特别感谢的是两位农民朋友：一位是十一届全国人大代表、甘肃省平凉市崆峒区白庙乡白庙村的毕红珍同志，曾在全国"两会"上数次提交关于加强西部农村信息基础设施建设的提案并创办"农民信息之家"，为解决农产品的"卖难"问题，她还投资开办了"农享网"。另一位也是全国人大代表，甘肃省定西市安定区马铃薯经销协会会长、人称"洋芋大王"的刘大江同志，在甘肃调研期间，他（她）们为我们收集了大量鲜活的一手资料，并给予了许多帮助。

衷心感谢那200多位学生调查员，他们牺牲了宝贵的假期，奔走在辽阔西部的田野阡陌，出入于农村的竹篱茅舍，走村串户发放和回收问卷，获取了大量的数据资料，为课题研究做出了重要贡献。陕西师范大学新闻传播学院和陕西理工大学研究生院新闻传播专业的辛尔露、刘萍、张露、藏晓雯、桐羽、索琼瑶、王丹、尹帅平、王萌、周旭光、任冰蕊、刘晓敏等同学参与了本项目的资料整理，数据计算与复核，这是一项极为繁浩的工作，他们为此投入了大量的时间和精力，在此也表示诚挚的谢意。

最后要感谢陕西理工大学的领导和同事，如文学院院长付兴林教授、原科技处处长黄新民教授、文学院党总支副书记王志文研究员、文旅学院院长梁中效教授等，他们都非常关心我们的研究工作，给课题组提供了许多精神与物质的支持。在办公用房很紧张的情况下，文学院特别为课题组挤出一间办公室，使课题组有了安身之所，大量的问卷和文献资料得以妥善存放，也有了开会讨论的地方。

上述种种，说明本书的完成实际上凝聚着许多人的心血和努力，对各位同事和朋友们的深情厚谊也很难用一句感谢之语来表达。

当前中国农村正在进行着深刻的变革和社会转型。传统农业社会的结构变迁，农村利益格局的重组，农民群体构成的变化和多元化的价值观等，都使得这场变革显得复杂异常。但是无论如何，中国的改革必将继续深入。40 年的改革开放使西部农村发生了翻天覆地的变化，西部农村还会有更多的变化。参与到这场历史性的变革之中并自觉地推动西部农村社会经济的发展，既是我们的使命，也是一种责任。

2017 年 3 月